Sathya Sai Baba spricht

Band IX

Zusammenstellung von
Prof. N. Kasturi

Herausgeber des Originals:
Sanathana Sarathi
Prasanthi Nilayam

Von der englischen Sprache
in die deutsche Sprache übersetzt

Sathya Sai Vereinigung e. V.
Bonn

Deutsche Übersetzung:
Ludger Philips, 4400 Münster, Germany (West)
Germany (West)

2. Auflage 1987

Verlag: Sathya Sai Vereinigung e.V. Bonn
Sathya Sai Baba Buchzentrum Deutschland
Grenzstr. 43, D-6057 Dietzenbach
ISBN 3-924739-07-2

Herstellung:
Hans Richarz Publikations-Service, Sankt Augustin

Inhaltsverzeichnis

Vorwort

Dieses Buch ist, verehrter Leser, ein Schatzkästlein von fünfzig „Gesprächen", die Baba gegeben hat, und bei denen Ihm jedes Mal Tausende eifrig zuhörten. Baba nennt Seine Vorträge nicht „Ansprachen", sondern „Gespräche", denn jedesmal entscheiden die Zuhörer über das Thema, das Er bespricht. Ihre Ansichten und Standpunkte, ihre Vorstellungen und Eigenschaften, ihr Enthusiasmus und ihre Aufnahmefähigkeit, ihr Glauben und ihre Seelenstärke formen den Stil, den Inhalt und den Verlauf von Babas Ratschlägen. Meistens entnimmt Er die Zweifel, die die vor Ihm versammelten Tausende plagen, ihren Köpfen und Herzen und spricht über die Vorurteile, die sie schwächen, und die Wünsche, die sie gefangenhalten. Und wenn Er seine heilsamen Gespräche mit einem hinreißenden Gesang beendet, sind die Zweifel beseitigt, die Vorurteile aufgelöst und die Wünsche als wertlos enthüllt. Seine Worte haben Kraft, selbst wenn sie geschrieben gelesen werden. Ich bin deshalb erfreut, daß sie dieses wertvolle Geschenk der Gnade erhalten haben, um den Nektar der Unsterblichkeit zu trinken, den es anbietet.

Ihr Bruder in Sai
N. Kasturi

Gurus – Nicht Lehrer

Erziehung verleiht Bescheidenheit, gibt das Recht, eine beherrschende Stellung zu bekleiden. Daraus ergibt sich der berechtigte Anspruch auf Wohlhabenheit. Mit Hilfe eines solchen Reichtums können Mildtätigkeit und Mitgefühl praktisch verwirklicht werden, und hierdurch kann das Glück in dieser Welt und der Frieden der kommenden gewonnen werden. Die Erziehung ist somit eine große konstruktive Kraft für die Menschheit. Aber Reformer und Erneuerer haben so viel mit dem Erziehungsvorgang gepfuscht, daß er nun zu einer Karikatur seiner selbst reduziert ist. Die Effektivität des Erziehungssystems und seines Segens für die Menschheit sind mißachtet und vernachlässigt worden. Nun wird mit seinem Namen die Kunst der Sammlung von Informationen über die objektive Welt benannt. Die weit wichtigere Aufgabe, die menschliche Natur zum Göttlichen zu verwandeln, wird als nicht zu seinem Aufgabenbereich gehörig aufgegeben.

Der Unterschied zwischen den alten Idealen der Erziehung und den modernen Praktiken ist erschreckend. Heute wird der Erziehungsprozeß einem Bewerber, der seine Gebühren nicht zahlen kann, verweigert; auch der Lehrer glaubt, daß er seiner Pflicht zu lehren enthoben ist, wenn in einem Monat sein Gehalt nicht gezahlt wird. Die Schüler bezahlen für das Lernen; die Lehrer werden für das geleistete Lehren bezahlt. Das Geld entscheidet, was gelehrt wird und wie es gelernt wird. „Bezahle und erhalte; werde bezahlt und gib“. Das ist die Bindung zwischen dem Lehrer und dem Belehrten. „Liebe, Verehrung, Zuneigung“ haben in der Transaktion keinen Platz. Wie kann da Erziehung fruchtbar sein? Gokak sagte gerade, wenn die Lehrer die Kinder lieben, werden sie durch die Liebe der Kinder, die um sie sitzen, belohnt. Nun liebt man sie um des Geldes willen, das sie bringen, und somit ist die Beziehung künstlicher Natur und ohne Wurzeln im Herzen.

Lehrer und Schüler werden nur dann voller Freude sein, wenn sie eine Liebe verbindet, die keine Belohnung erwartet. Wenn materieller Gewinn das Ziel ist, gründet die Freude nur auf Materiellem und nicht auf dem Erschauern des Geistes. Sie kann nicht rein, stetig und ernsthaft sein.

Als Lehrer der Bala-Vikas-Klassen des ganzen Landes schaut ihr nicht auf geldliche oder materielle Vorteile, und somit habt ihr reichlich Gelegenheit, durch die Strahlen der Liebe das Herz und den Intellekt des

Kindes erblühen zu lassen. Ich möchte euch sagen, daß sich heutzutage die meisten Lehrer auf westliche Schulungsmethoden spezialisiert haben, und dadurch haben sie ihre Verwurzelung in unserer eigenen Kultur verloren und sind sich der tieferen Quellen des Geistes nicht bewußt.

Sie sind materialistisch, weltlich und egoistisch geworden. Sie werden in der Suche nach sinnlichen Freuden und nach Geldverdienen gefangen. Sie wissen nicht, daß wirkliche Erziehung darin besteht, dem Kind zu helfen, die in ihm verborgene Göttlichkeit zum Ausdruck zu bringen. Denkt daran, daß die Kinder, die zu euch kommen, alle Erben des reichsten kulturellen Erbes sind, das die Welt geben kann. Sie werden von Weisen und Gelehrten in den alten Schriften als die ,,Kinder der Unsterblichkeit" gepriesen. Verwandelt sie nicht in Mathematikexperten, die noch nicht einmal in der Lage sind, eine einfache Haushaltsrechnung zusammenzuzählen; sie kennen die Geographie von Amerika, können aber noch nicht einmal einem Pilger die Richtung angeben, in der Kashi liegt; sie sind Wunderkinder in Algebra, die hilflos sind, wenn sie ihr eigenes Zimmer abmessen sollen; sie sind Meister in Drill und Gymnastik, aber sind vollständig am schwimmen, wenn sie in der Padmasana-Stellung (Lotussitz) sitzen sollen; sie haben große Fertigkeiten in Botanik, jedoch kennen sie den Gebrauch der normalen Tulsi-Pflanze nicht, die im Hof eines jeden indischen Hauses wächst! Sie können realistische Bilder von Hunden und Füchsen zeichnen, aber ihre Handschrift bleibt ein unleserliches Gekrakel. Wie können wir erwarten, daß solche Erzeugnisse unseres Erziehungssystems die indische Kultur erhalten und fördern? Die Schuld liegt gleichermaßen bei den Lehrern, die sie in diese üble Lage gebracht haben, und den Verwaltern der Erziehung, die das System ersonnen haben.

Um diese Fehler zu korrigieren, muß man mit den Lehrern beginnen. Sie müssen sich des hohen Zwecks der Erziehung bewußt werden sowie des Zieles, zu dem sie die Kinder des Landes führen müssen.

Ich weiß, daß bei den Schülern und Lehrern unserer Bala-Vikas-Klassen heute große Begeisterung für die spirituellen Ideale herrscht, die in diesem Land seit alten Zeiten hochgehalten werden. Dennoch muß ich sagen, daß für euch Lehrer eine große und dringende Notwendigkeit besteht, eine Ausbildung in den Methoden der Kindererziehung zu erhalten. Wenn ihr zum Beispiel die Rezitation von Bhajans (Gesängen), Gedichten oder Hymnen lehrt, müßt ihr auf die richtige Aussprache eines jeden Lautes, auf die richtige Artikulation eines jeden Buchstaben achten; denn sonst wird der Sinn unkenntlich gemacht und entstellt.

In alten Zeiten kümmerten die Lehrer sich besonders darum, den Schülern den Ursprung und die Wurzeln eines jeden neuen Wortes zu erklären, selbst von Wörtern wie Sah und Thwam. Sie lehrten nicht nur die Bedeutung des Wortes, sondern untersuchten seine Wurzeln und eröffneten dem Schüler einen weiten Ausblick auf verwandte Worte und ein großes Ausmaß an bedeutsamem Vokabular. Da manche Worte indischer Sprachen sich wandeln, wenn sie geschrieben oder in Zusammenhang mit anderen Worten ausgesprochen werden, habt ihr die Verwantwortung, zu lehren, wie sie getrennt erkannt und identifiziert werden. Die Jungen schreiben vielleicht *Ramunithoka pivarudu itlaniya* (was bedeutet: ,,Ramas Schwanz, so sprach Pivara", was sinnlos ist), anstatt *Ramunitho kapivaruditlaniye* (was bedeutet: ,,Der Herr der Affen sprach folgendermaßen mit Rama", was so richtig ist). Das Wort *Santha Pakodilu,* was ich einmal benutzte, um den Irrtum aufzuzeigen, den Leute begehen, wenn sie den wahren Pfad verlassen, um sich erniedrigenden objektiven Freuden zu widmen, verglich ich mit den Pakodilu (Appetithappen), die im Santha (Jahrmarkt) verkauft werden, denn sie locken durch ihre Farbe an, enthalten schädliche Bestandteile und zerstören die Gesundheit. Kasturi, der nicht viel Telugu kennt, teilte das Wort in Santhapa und Kodilu, was unsinnig ist, denn Kodilu bedeutet Geflügel und Santhapa hat wie Pivarudu keine Bedeutung, sondern ist ein bloßes Lautgemenge. Wenn nicht mit lautem Lesen gelernt wird und mit gleichzeitiger auf die Bedeutung der Worte und Sätze gerichteter Aufmerksamkeit, treten solche Fehler notwendigerweise auf.

Auch Schreiben muß gut gelehrt werden, denn alle müssen das Wissen um die richtige Form eines jeden Buchstabens meistern. Sonst kann auch hier ein kleiner Ausgleiter eine tiefe Idee in einen lächerlichen Ausdruck verwandeln. Wenn man Rishikoti in Telugu falsch schreibt und, wie dies einmal geschehen ist, eine einzige aufsteigende Kurve fortläßt, so wird es zu ,,Buschmantel" verformt, und der ganze Satz wurde dadurch lächerlich! Nur große Sorgfalt und stetige Aufmerksamkeit lassen die Schüler solche Fehler vermeiden.

Ein Punkt, den ich hier betonen muß, ist, daß ihr vorsichtig seid im Umgang mit manchen Schulbüchern, die heutzutage von sogenannten Gelehrten für den Schulgebrauch herausgegeben werden. Sie zweifeln an der Wahrheit der großen Epen wie dem Ramayana und behaupten, daß Dasaratha und Ravana in der authentischen Geschichte nicht existierten. Sie charakterisieren sie als Repräsentanten oder Symbole einander entgegengesetzter Kulturen, der arischen und der nicht-arischen, und säen den Samen des Hasses und der Uneinigkeit. Durch solche Schriften fangen die Kinder an, die eigentlichen Grundlagen von Güte, Wahrheit und Schönheit zu bezweifeln, und bei der Entscheidung über richtiges Betragen und Verhalten, über rechte Ideale und Lebensweisen sind sie irritiert.

Ihr müßt jede Geschichte oder Erzählung, die ihr den Kindern vorbringt, vom Standpunkt des individuellen Glaubens und der sozialen Harmonie aus untersuchen. Führt sie das Kind zu einem besseren, harmonischeren, einem mehr Gott-orientierten Leben? Das ist die Frage, die ihr euch selbst stellen solltet. Prahlada hat dieses Prinzip wunderbar in dem Vers zum Ausdruck gebracht, in dem er im Bhagavatam zu seinen Spielgefährten über die Disziplinen spricht, die befolgt werden sollten. „Das Studium der Bücher, die die Herrlichkeit Gottes beschreiben, ist das einzig wertvolle Studium. Den Lehrer sollen wir suchen und verehren, der uns von der Herrlichkeit Gottes erzählt. Der Vater, der euch zu Gott führt, ist der Vater, der Verehrung und Gehorsam der Kinder verdient, und kein anderer."

Hügel und Berge liegen voller Felsen und Blöcke. Der Bildhauer sammelt sie und formt, je nach Natur und Eigenschaft des Steins, einen jeden zu etwas Nützlichem und Schönen. Aus einem Block mag der Künstler einen großen Mörser und Stößel für die Küchenecke eines großen Hauses machen. Aus einem anderen macht der Steinmetz vielleicht einen grob behauenen Wasserspeier, der in einem Gebäude als ein Furcht einflößendes Objekt eingebaut wird, um das böse Auge abzuwehren. Ein dritter Stein mag in eine charmante kleine Tänzerin verwandelt werden, um das Regal eines Museums zu verschönern. Ein weiterer Stein, der das Auge und die Aufmerksamkeit eines geschickten Bildhauers fängt, mag zu dem Idol einer göttlichen Manifestation erhoben werden, um in einem Tempel zu stehen, wo er Generationen lang die Verehrung von Millionen erhält.

Obwohl sie von einem Berg stammten, hatte ein jeder ein unterschiedliches Schicksal, je nach Sorgfalt und Segnung, die ihm vom Steinmetz zuteil wurde. Lehrer sind die Steinmetze, die die Felsen zu schönen und bedeutungsvollen, zu nützlichen und inspirierenden Dingen formen. Sie studieren die Natur und Anlagen der Schüler und entscheiden über ihre Rollen in der Gesellschaft, ihre Wege und die Phasen ihres Fortschritts.

Aber es muß herausgestellt werden, daß Steinmetz oder Lehrer nicht der einzige Faktor ist, mit dem im Erziehungsprozeß zu rechnen ist. Auch die Mutter und der Vater des Kindes haben wichtige Rollen in diesem Prozeß. Das Positive und das Negative müssen sich treffen, um elektrischen Strom hervorzubringen; selbst Gott braucht das Verlangen und das Bestreben des nach Gott Verlangenden, um Seinen Willen, ihn vor dem Verderben zu retten, zu erfüllen. Ihr mögt die Blumen, ein Stück Schnur und eine Nadel haben, aber wie können die Blumen ohne den, der die Girlande macht, auf die Schnur gezogen werden? Ihr mögt eine Lampe, Öl und Docht haben; aber Licht bekommt ihr erst, wenn jemand eine Flamme anmacht und die Lampe entzündet. So müssen Lehrer und Schüler zusammengebracht und ermutigt werden, zu lehren und zu lernen, auf liebevolle Weise ihr Wissen und ihre Erfahrung mit den Eltern zu teilen, damit die Erziehung einen Fortschritt machen kann und das Kind das Erbe seiner Vorväter übernimmt. Der Lehrer muß die Verehrung des Schülers gewinnen, indem er ihn mit seiner Liebe überschüttet; der Schüler muß die Liebe des Lehrers gewinnen, indem er ihn verehrt und ihm zugeneigt ist. Es ist ein wechselseitiges Geschäft, in dem die Empfindungen des Herzens geteilt werden. Wie kann eine geeignete und angemessene Atmosphäre für Studium und Lehre auf der Grundlage von Zweifel und Haß aufgebaut werden? Heutzutage ist die Atmosphäre verschmutzt durch die Furcht und das Mißtrauen der Lehrer und die Feindseligkeit und Frechheit der Studenten. Es ist keine Liebe da, um die Beziehung zwischen Lehrer und Belehrten zu vertiefen.

Wir haben gehört, daß der Guru selbst als gottgleich gepriesen wird. Gokak zitierte den Vers, in dem der Guru auf verehrungsvolle Weise mit Brahma, dem Ersten der Dreieinigkeit, dem, der erschafft, verglichen wird; mit Vishnu, dem Zweiten der Dreieinigkeit, dem der die Schöpfung erhält und beschützt; und mit Maheshwara, dem Letzten der Dreieinigkeit, dem, der zerstört und auflöst. Diese Beschreibung ist symbolisch korrekt, wie wir sehen können, wenn wir die Arbeit untersuchen, die vom Lehrer oder Guru erwartet wird. Der Guru sät in das Herz des Schülers den Samen der Tugend, der Weisheit und des Glaubens. Er ist deshalb Brahma, die Natur des Schöpfers. Er ist wie der Bauer, der die Schößlinge in den wohlbereiteten Boden seines Ackers pflanzt. Aber der Bauer sitzt danach nicht mit gefalteten Händen herum, er kümmert sich unermüdlich um die Saat, damit sie gut und kräftig wächst, und er achtet darauf, daß die Ernte bewässert wird und zu den rechten Zeiten Düngung erhält. Dies ist, was die Erziehung und den Erzieher betrifft, die Rolle Vishnus. Der Guru kann sich nicht zurücklehnen und nach den ersten paar Lektionen das Schicksal des Schülers beobachten. Er muß bei jedem Schritt den Schüler ermutigen, gute Gewohnheiten, gesundes Denken und echte Empfindungen fördern und ermutigen und als Vishnu, dem Zweiten der Dreieinigkeit, handeln.

Der Guru trägt ebenfalls die Verantwortung für jeden Schritt des Schülers und muß ihn warnen, wenn er einen falschen Schritt unternimmt, ein schlechtes Verhalten entwickelt oder schädliche Zweifel hegt. So wie der Bauer auf Unkraut und Schädlinge aufpassen muß, so muß der Guru ebenfalls darauf achten, die Schädlinge der Laster und das Unkraut der Faulheit und Unstetigkeit zu vernichten. Das Wort „Lehrer" kann diese hohe Rolle nicht bezeichnen, es benennt nur denjenigen, der Informationen vermitteln und Fertigkeiten ausbilden kann. Ich ordne an, daß die Bala-Vikas-Lehrer von nun an mit dem viel angemesseneren Namen Guru bezeichnet werden, damit ihr euch immer der spirituellen Rolle, die ihr übernommen habt, und ihrer Verantwortlichkeit und ihres Wertes bewußt seid. Ihr habt die Lampen, von denen ihre zarten Herzen Licht und Liebe erhalten müssen. Dadurch, daß ihr an Wahrheit, Rechtschaffenheit, Frieden und Liebe festhaltet, belebt ihr diese Qualitäten in den Kindern, die zu euch kommen, und in den Häusern, aus denen sie kommen.

Es gibt viele, die bei dem Ausblick auf die Zukunft dieses großen Landes zittern. Ihr sollt nie solche Zweifel und Befürchtungen haben; denn ihr erbaut jene Zukunft, und ihr wißt, daß sie herrlich sein wird. Die Bala-Vikas-Kinder, die ihr leitet und inspiriert, werden in diesem Land die Führer von morgen sein. Die Tugenden, die ihr in sie einpflanzt, der Rat, den ihr ihnen gebt, und die Beispiele, die ihr ihnen vor Augen stellt, werden in ihrem Gedächtnis eingraviert bleiben und ihre Ansichten und ihr künftiges Verhalten umwandeln. Fragt irgend jemanden von den hier Versammelten, ob er sich an das Buch, das er heute morgen gelesen hat, erinnern kann; 95 % dieser großen Versammlung werden bei diesem Test scheitern. Aber bittet sie, aus dem Gedächtnis eine Hymne, ein Stotra (Geschichte aus den heiligen Schriften) oder einen Vers einer Verhaltensregel zu wiederholen, die sie ihr Großvater oder ihre Großmutter gelehrt hat, als sie als kleine Kinder auf ihren Knien saßen, und ich bin sicher, daß die meisten von euch den Vers oder die Zeile rezitieren können. Die Dinge, die in jenen frühen Jahren gelernt werden, bleiben im Gedächtnis und wirken subtil und still auf den wachsenden Geist, um das Verhalten der späteren Jahre zu verändern und zu reinigen.

Einige kurzsichtige Kritiker erklären, man solle Kindern keine spirituellen Dinge mitteilen, da sie zu jung und unerfahren seien, um von der Unterweisung einen Nutzen zu haben. Aber wenn etwas wert ist, getan zu werden, so ist es um so besser, je früher wir damit beginnen. Der Spruch „Starte früh, fahre langsam, komme sicher an" kann nicht nur auf Reisen auf der Straße oder mit der Bahn angewandt werden: Er gilt ebenfalls für die Reise von der Unwahrheit zur Wahrheit, von der Dunkelheit zum Licht und vom Tode zur Unsterblichkeit. Unruhe, Angst, Furcht und Haß, die heute die Welt plagen, sind zum großen Teil durch die Nachlässigkeit entstanden, die vom heranwachsenden Kind die Disziplinen fernhielt, die die Leidenschaften und Emotionen des Menschen regulieren können. Es ist unser Risiko, wenn wir diese wesentliche Aufgabe der Erziehung aufschieben; denn wenn die Kinder durch Disziplin gerüstet sind, Ausgewogenheit, Gleichmut, Harmonie und Frieden zu erwerben, können sie nicht mehr in wilde Abenteuer und unfruchtbare Aktivitäten gezogen werden. Zusammen mit den informationsvermittelnden Fächern des Lehrplans müßt ihr spirituelle Disziplinen lernen. Ihr müßt euch das hohe Diplom verdienen, das die Upanischaden euch anbieten, nämlich Amrthasya Putrah, ‚Kind der Unsterblichkeit', zusammen mit den Graden M.A., B.Sc., usw., die euch bis zu einer bestimmten Ebene des Lebens einen Lebensunterhalt verschaffen.

Aber denkt daran, daß ihr die Fäden des spirituellen Sadhanas (geistige Übung) nicht plötzlich nach dem Rückzug aus dem aktiven Dienst aufnehmen könnt! Ihr könnt spirituelles Sadhana nicht lernen, wenn ihr physisch gebrechlich und vom Nahen des Todes überwältigt seid. Wie kann ein Mensch an Gott, seinen Retter, denken, wenn die Sorge ihn quält, diese Welt verlassen zu müssen, und wenn all seine Verwandten und Bekannten rings umher laut und ausdauernd weinen und wehklagen?

Nein. Jeder muß das Geheimnis des Glücks lernen, das darin besteht, sich zu weigern, vor etwas Niedrigerem als Gott Tränen zu vergießen. Ihr habt diesen menschlichen Körper, dieses menschliche Leben als eine Belohnung dafür gewonnen, daß ihr viele Leben lang Verdienste erworben habt. Ihr habt diese Gelegenheit, dieses einzigartige Glück gewonnen, den Darshan von Sai bekommen zu können. Ihr seid tief in die Wasser dieses stürmischen Ozeans des Samsar (Kreislauf von Geburt und Tod) getaucht und seid wie Helden mit dieser seltenen Perle aus seinen Tiefen aufgetaucht – mit der Gnade Sais. Erlaubt ihr nicht, eurem Griff zu entgleiten und wieder in die Tiefe zu fallen; haltet sie fest. Betet darum, daß ihr sie immer behalten möget und mit der Freude gefüllt werdet, die sie verleiht. Auf diese Weise könnt ihr dieses Leben fruchtbar machen.

Unterweist die Kinder der Bala Vikas, ihre Eltern zu verehren. Dies ist das Erste, was zu tun ist. Es ist ein einfacher Akt der Dankbarkeit denjenigen gegenüber, die sie mit dem materiellen Instrument des Lebens ausgestattet haben. Aber der Besitz des menschlichen Körpers allein, wie wunderbar er auch sein mag, ist nicht genug für den eigenen Frieden und die eigene Freude. Man muß wissen, wie man seine Mysterien enthüllt und wie man seine eigenen Impulse und Begierden reguliert. Dieser Vorgang wurde durch den Guru erreicht, und deshalb müssen die Schüler unterwiesen und ermutigt werden, den Guru aus Dankbarkeit für den Dienst, den er leistet, zu verehren. Die Erziehung muß darauf abzielen, dem Kind nicht den Lebensunterhalt sicherzustellen, sondern ein lebenswertes Leben. Dafür reicht es nicht aus, Geschicklichkeit im Handeln oder Denken zu erwerben. Glauben an sich selbst und an die eigene Göttlichkeit sind absolut wesentlich. Das ist der wertvolle Schatz der Weisheit, der in unseren alten Schriften und in der Erfahrung der Heiligen und Weisen aller Völker und aller Glaubensrichtungen aufbewahrt ist.

Es gibt noch einen weiteren Punkt, den ich gern betonen möchte. Manche Lehrer haben Mich gefragt, ob die Bala-Vikas-Klassen für die Kinder aller Glaubensrichtungen da sind, oder ob sie nur Kinder des Hindu-Glaubens zulassen können. Die Frage entstand, weil die Fragesteller die eigentlichen Grundlagen des Hindu-Glaubens nicht kennen. Es gibt nur eine Religion, denkt daran, und das ist die Religion der Liebe; es gibt nur eine Kaste, und das ist die Kaste der Menschheit. Ihr müßt dafür Sorge tragen, in den Bala-Vikas-Klassen nicht die kleinste Spur von „Unterschied" aufgrund von Religion, Kaste, Glaubensbekenntnis oder Hautfarbe zuzulassen oder zu unterstützen.

Verdunkelt nicht den fleckenlos reinen Geist der Kinder, indem ihr sie mit einem Sinn zur Unterscheidung zwischen den einzelnen Kindern beeinflußt. Gebt Unterweisungen und Inspiration an alle gleichmäßig.

Wählt Geschichten aus den Schriften aller Religionen, um die Kinder für die Werte eines guten Lebens zu interessieren. Sprecht zu ihnen über die Helden sittlichen Verhaltens aller Länder, die Heiligen aller Glaubensrichtungen. Denn sie sind alle von gleicher Art. Keine Schrift befiehlt Gewalt oder bestimmt Unwahrheit als einen Lebensweg. Alle Religionen preisen Wahrheit, Rechtschaffenheit, Frieden, Brüderlichkeit und Liebe. Alle Heiligen sind Verkörperungen von Dienst, Mitleid und Entsagung.

Vergleicht nicht die verschiedenen Manifestationen des Göttlichen und sprecht nicht Urteile aus, indem ihr sagt, daß Rama größer ist als Krishna oder daß Shiva Vishnu überlegen ist. Diese Art von Gedanken ist giftig und schädlich für den frommen Sucher. Ihr kennt euch selbst nicht; wie könnt ihr aber da wagen, ein Urteil über Wesenheiten und Kräfte auszusprechen, die ihr nicht erlebt oder verstanden habt. Rama ist euch so unbekannt wie Christus, und so ist es am besten, still zu sein und beide mit gleichem Eifer zu verehren. Denn alle sind Manifestationen des gleichen göttlichen Glanzes.

Ich segne euch, damit ihr Erfolg in der großen Aufgabe habt, die ihr auf euch genommen habt, und damit ihr in der Lage seid, den Kindern dieses Landes auf dem Weg in die herrliche Region nie endender Freude zu leuchten.

Rajahmundry, 3. 1. 74

Näher und näher

Verkörperungen des Höchsten Atma! Schaut euch den heutigen Zustand der Menschen in diesem alten Land Bharath an. Sie sind betrübt durch die sich vermehrenden Wünsche; sie glauben nicht an ein Erleben jenseits des Sinnlichen; sie verachten die heiligen Schriften ihrer Ahnen, sind durch Furcht, Angst und mangelndes Vertrauen, diese überwinden zu können, geschwächt; sie wissen nichts von dem Quell der Stärke und leugnen selbst die Existenz eines Quells, der durch Gebet erreicht werden kann; sie schwelgen in Unwahrheit, Unrecht und Unruhe. Sie werden selbst von Ruhelosigkeit herumgestoßen und gönnen auch anderen keine Ruhe und keinen Frieden. Hier war in vergangenen Tagen Karmakshetra Dharmakshetra; das Feld des Handelns war auch das Feld der Rechtschaffenheit. Aber diese Leute erklären nun, daß Handeln und Rechtschaffenheit nicht zusammen existieren können und machen so dem Namen Bharat Schande.

Natürlich versuchen viele, die an dem Ruhm des einstigen Indien hängen, diesen durch Mittel und Methoden ihrer geistigen und intellektuellen Fähigkeiten wiederzubeleben. Aber so lange man die Krankheit nicht von der Wurzel her beseitigt, ist es gleich, wie sehr man sich um den Stamm, die Zweige und Blätter bemüht, dies kann den Baum nicht retten. Die Schädlinge sitzen tief unten in den Wurzeln. Sie haben die zwei Hauptwurzeln der indischen Kultur – Brahmanyam und Brahmacharyam – befallen und geschwächt. Wir müssen in diesem Land den Brahmanen wiederhaben, der so heißt, weil er auf dem Pfad Brahmans, des höchsten Absoluten, wandelt. Wir müssen ebenfalls das ideale studentische Leben aufblühen lassen: ernstes, bescheidenes, eheloses und konzentriertes Studium. Dieses Navabharath Gurukul, wo wir uns für diese Konferenz versammelt haben, ist ein Beispiel dafür, wie ein Studentenleben nach den rechten Grundsätzen zu verlaufen hat.

Diejenigen, die Brahman suchen und die Gelehrten, die in den Schriften über Brahman bewandert sind, haben Status und Ehre verloren, weil sie nicht nach den Wahrheiten lebten, die sie darlegten.

Charakter, Betragen, tägliches Verhalten, das Benehmen anderen gegenüber – diese sind am Wichtigsten, denn Dharma ist im Wesentlichen sozial sittliches Verhalten. Die Sruti sagt: *Dharmo Viswasya Jagathah Prathistah*, die Welt gründet in Dharma. Dharma verleiht dem Menschen Freude und hält Sorgen fern. Jedes Wesen der Welt, ob es sich dessen bewußt ist oder nicht, hängt für seinen Frieden und sein Glück von Dharma ab. Alle Triumphe werden nur durch Dharma gewonnen, ob man dies anerkennt oder nicht.

Dharma wird von den Weisen als ein allgemeines und ein spezielles bestimmt. Das allgemeine schließt die Tugenden der Wahrheit, Liebe, Barmherzigkeit usw. ein, die jeder entwickeln und wertschätzen muß; das spezielle bezieht sich auf jene Pflichten, die einem als ein Ergebnis der eigenen sozialen Verpflichtungen, des beruflichen Status usw. obliegen, wie es das spezielle Dharma eines brahmanischen Hausvaters ist, das heilige Feuer durch rituell vorgeschriebene Zeremonien am Brennen zu halten. Die Veden legen die Zeremonien fest; sie sprechen von der engen Verbindung zwischen den Brahmanen und den Riten der Feuerverehrung.

Ihr wißt, daß es gegenwärtig sowohl innerhalb als auch außerhalb Indiens in tausenden von Herzen eine Welle spiritueller Unzufriedenheit gibt, und als eine Folge davon haben wir eifrige Gruppen, die alles Weltliche aufgeben und Gott und göttliche Lehrer suchen. Aber viele glauben, daß diese Suche nur das Individuum betrifft und daß die Gesellschaft mit ihrem Verlangen oder ihren Bemühungen nichts zu tun zu haben braucht. Dies ist genauso dumm, wie wenn man sagt, man brauche sich nicht um die Dunkelheit außerhalb der eigenen Mauern zu kümmern. Das Individuum und die Gesellschaft sind unauflöslich miteinander verbunden. Für beide muß es Erleuchtung geben. Ananda (Seligkeit) muß aus dem Individuum aufsteigen und den See der Gesellschaft füllen und von dort in den Ozean der Gnade strömen. ‚Gesellschaft' ist nur ein Name für eine Gruppe von Individuen; sie hat jedoch keinen materiellen Körper. Die Individuen sind die Glieder, die den ‚Körper', der ‚Gesellschaft' genannt wird, nähren und erhalten.

Die Gesellschaft formt das Individuum, liefert die Arena für seine Entwicklung und schafft die Ideale, die der Einzelne vor sich stellen soll. Wenn der Einzelne stärker, intelligenter, dienstbereiter und als Arbeiter effektiver ist, hat die Gesellschaft Nutzen davon; wenn die Gesellschaft sich ihrer Rolle mehr bewußt ist und auch der Notwendigkeit, dieser Rolle durch Demut und Weisheit zu Reinheit zu verhelfen, zieht der Einzelne Nutzen daraus.

Sai hat sich entschlossen, das Individuum und die Gesellschaft durch Förderung dieser gegenseitigen Wiederbelebung, also durch die Wirkung des einen auf das andere, umzuformen; dazu wurde diese Organisation gebildet und Einheiten von ihr in allen Ländern gegründet, um das Menschliche zum Göttlichen zu veredeln

Ich muß euch jedoch sagen, daß die Einheiten dieser Organisation noch nicht viel Fortschritte in der von ihnen erwarteten Aufgabe gemacht haben. Ihr müßt den Grund hierfür herausfinden und von dem notwendigen Enthusiasmus und Begeisterung erfüllt sein. Begreift die wahre Situation und findet die Mittel, um die diagnostizierte Krankheit zu heilen. Was immer ihr in eurem eigenen Fall als gut ansehen würdet, wenn es von anderen getan würde, das seid bemüht, für andere zu tun. Weist nicht andere an, ermahnt und dirigiert sie nicht, ohne selbst diesen Anweisungen zu folgen. Weiterhin werden viele von euch entmutigt, wenn sie auf Zynismus oder Kritik treffen.

Vor ein paar Tagen kam jemand zu Mir und fragte, ,,Swami! Sind all die vielen Tausend, die sich um diese Organisation kümmern, voller Gottesliebe und Hingabe, voller Glauben an die Veden und Sastras (heilige Schriften), an die Wirksamkeit der Rechtschaffenheit und der Herrlichkeit und Gnade Gottes?" Ich sagte ihm, daß der Vorgang selbst, an den Aktivitäten der Organisation teilzunehmen und sich mit diesen Aktivitäten zu beschäftigen, Glauben hervorbringen und Widmung und Hingabe fördern wird und sie zu besseren und nützlicheren Bürgern und glücklicheren und friedlicheren Menschen machen wird. Dann fragte Ich ihn, zu welcher Organisation er gehöre. Er sagte, er sei von einer politischen Organisation, die ungefähr 5 Millionen Mitglieder hat; Ich fragte ihn: ,,Ist ein jeder von ihnen ein wahrer Patriot? Folgen sie alle dem Pfad, ohne abzuweichen? Widmen sie sich alle der Nation? Oder der Macht? Oder gewinnbringenden Stellungen? Warum sehe Ich, daß du, nach den Regeln eurer Organisation, etwas hier Hergestelltes trägst, doch als Unterwäsche einen in einem fremden Land hergestellten Stoff hast? Die Loyalität, die du den Idealen der Organisation gegenüber hast, der du dienst, ist nur eine oberflächige Show."

Die Sathya Sai Seva Organisation muß insofern einzigartig sein, als sie frei ist von der kleinsten Spur von Heuchelei und von dem Versuch, Fehler und Fehltritte rational zu erklären. Viele Organisationen arbeiten in diesem Lande mit Erfolg im Namen des sozialen Dienstes; aber betrachtet zum Beispiel einmal den sozialen Dienst, der von den Sathya Sai Seva Einheiten in diesem Ost-Godavari Gebiet geleistet wird. Ganz spontan sind Tausende von Mitgliedern zu diesem Ort, an dem die Konferenz einberufen war, gekommen und haben so voller Ernst und Effektivität ihre Dienste frei angeboten, daß die Organisatoren nicht einen Paisa als Lohn für all diese Arbeit ausgegeben haben – diesen großen Platz zu reinigen, diese imponierenden Schuppen zu errichten, Kabel und Leitungen zu verlegen und eine Menge anderer anstrengender und teurer Unternehmen, damit die Tausende von Delegierten aus allen Staaten Indiens bequeme Unterkunft und genügende Verpflegung bekommen, taten sie diesen Seva (Dienst) ohne den Wunsch, dadurch bekannt zu werden; sie folgten einfach dem spirituellen Drang, in dieser Form Sadhana zu leisten.

Dies ist echter Karmayoga, Karma, das auf solche Weise motiviert ist, wird den Geist schneller und besser als andere Sadhanas reinigen; der gereinigte Geist kann das Licht der Weisheit klarer reflektieren; das Licht der Weisheit wird die Wahrheit offenbaren und der Mensch wird von den Konsequenzen der Unwissenheit, die ihn verfolgen, gerettet. Deshalb wird selbstloser, ernsthafter Dienst willkommen geheißen und praktiziert. Jeder Akt des Dienens ist ein Schritt zum Ziel der Befreiung.

Die Ziele, Regeln und Anweisungen, die die Organisation festgesetzt hat, müssen von euch allen sorgfältig beachtet werden, was auch immer die Schwierigkeiten, was auch immer die Reaktionen der anderen sind. Tragt Verleumdung, Kritik und Verachtung voller Mut; laßt sie nicht euren Gleichmut beeinflussen.

Das Gute, das ihr tut, wird euch beschützen; verwurzelt diesen Glauben in eurem Geist. Frohlocket nicht, wenn euer Wunsch erfüllt wird; seid nicht entmutigt, wenn er nicht verwirklicht wird. Der Glaube muß auf stärkeren Fundamenten ruhen. Wenn man einen Augenblick glaubt und im nächsten zweifelt, so ist dies wie abwechselnd leben und sterben. Glaube ist der Atem des Seva (Dienstes), Zweifel dessen Tod. Jemand, der schwankt, ist nutzlos wie ein lebendiger Leichnam.

Wenn ihr euch dem Seva Samithi anschließt und an seinen Aktivitäten teilnehmt, so tut ihr es nicht für Swami noch für die Menschen, sondern für Dharma (rechtes Handeln), das zu erhalten und zu fördern eure Pflicht ist. Dem Dharma zu folgen, Dharma und seine verschiedenen Manifestationen als Seva und Prema (Dienst und Liebe) zu praktizieren, dies allein hilft, Manava (den Menschen in Madhava (Gott) zu verwandeln. Die Zerstörung des trügerischen Giftes des Egoismus ist wesentlich für die Wiederherstellung der Gesundheit und des Glücks des Geistes. Solange ihr nicht den inneren Quell der Freude in eurem eigenen Satchitananda (Sein-Bewußtsein-Seligkeit) erreicht, solange könnt ihr nicht in Ananda (Seligkeit) gegründet sein. Dies ist der beste Weg für euch, eurem Mutterland den höchstmöglichen Seva zu erweisen. Denn Indien ist seit Jahrtausenden Yogabhumi (das Land des Yoga), Thyagabhumi (das Land des Thyaga, Loslösung) und Karmabhumi (das Land der zu Gott führenden Handlungsweisen).

Vivekananda fragte Max Müller in London, wo er ihn bei einem von dem großen Orientalistik-Gelehrten ihm zu Ehren gegebenen Dinner traf, ,,Wann planen Sie, Indien zu besuchen?“ Und die Antwort war, ,,wie könnte ich je daran denken, aus Indien zurückzukehren, wenn ich dieses heilige Land erst einmal erreiche? Ich möchte lieber meine Asche dort lassen als von dort zurückzukommen. In der ganzen Welt ist Indien der einzige Himmel.“ Er erklärte, ,,Was es nicht in Indien gibt, das gibt es nirgends“, womit er meinte, daß das, was Indien nicht lehrt, nicht wert ist, gelernt zu werden. Wenn diejenigen, die tief in die heiligen Schriften unseres Landes eingetaucht sind, es verehren wie dieser deutsche Gelehrte, wie dumm sind dann die Söhne und Töchter unseres Mutterlandes, wenn sie in ihrer Blindheit deren Ruhm und Größe verleugnen!

Ich stelle fest, daß selbst ihr, die ihr als von euren Mitgliedern gewählte Abgeordnete hierher gekommen seid, nicht die euch auferlegten Disziplinen streng befolgt. Was sollen wir dann vom Rest sagen? Denkt daran: Pflicht, Disziplin und Hingabe, alle drei sind für jeden in unserer Organisation absolut wesentlich. Ihr mögt Hingabe haben, ihr mögt die euch auferlegte Pflicht erfüllen, aber solange ihr nicht von Disziplin durchdrungen seid, sind die anderen beiden nutzlos. Viele von euch liefen schnell nach vorn, als Ich heute morgen den Gang entlang ging, und versuchten, ihre Hände auszustrecken, um Meine Füße zu berühren, und fielen dabei über andere. Dies ist ein deutlicher Fall von Hingabe ohne Disziplin. Disziplin muß nicht nur eure Aktivitäten als Mitglieder der Organisation regulieren und kontrollieren, sondern jede Aktivität eures Lebens.

Ich habe euch seit Jahren gesagt: Pflicht ist Gott, Arbeit ist Verehrung. Aber es ist deutlich, daß ihr euch dies noch nicht zu Herzen genommen habt; ihr habt es nur mit dem Ohr aufgenommen. Pflicht schließt treue Befolgung der Regeln und Anweisungen mit ein, die für effektives Arbeiten der Organisation entworfen worden sind. Betrachtet sie mit klarem Blick, beständigem Geist und mit einer verehrungsvollen Haltung des Herzens. Sprecht nicht mit Verachtung und schlecht über andere, haltet nicht jemanden für schlecht oder mittelmäßig. Christus sagte ,,Alle sind eins; verhalte dich jedem gegenüber gleich.“ Einen Menschen, eine Institution oder eine Religion zu hassen ist etwas Niedriges. Der Atma ist in jedem; er ist der göttliche Funken, der ihm Licht, Liebe und Freude gibt.

Begnügt euch nicht damit, Versammlungen von der Bühne aus mit

„Brüder und Schwestern" anzusprechen. Das ist ein bloßes Schauspiel, wenn ihr nicht die Brüderschaft des Menschen und die Vaterschaft Gottes fühlt. Wenn ihr in eurem Herzen nicht das Ananda (Seligkeit) der Erkenntnis fühlt, das *Isavasyamidam Sarvam*... ‚Alles in Gott eingehüllt ist', daß *Iswarassarvabhūthanam*... ‚Gott in Herzen aller Wesen wohnt', oder *Vasudevassarvamidam* ‚All dies Gott ist', dann verdient ihr es nicht, diese Worte bei einer Ansprache zu benutzen.

Ihr verlangt von anderen Dankbarkeit, Liebe und Respekt; aber wenn ihr Gelegenheit habt, ihnen dies entgegenzubringen, zögert ihr oder verweigert es ihnen. Dies ist falsch, denn es ist kein einseitiges Geschäft! Geben und nehmen, das ist die Regel. Schätzt bei dieser Konferenz ein, wie weit ihr die Regeln, die auf der 5. Gesamtindischen Konferenz formuliert worden sind, in die Praxis umgesetzt habt; untersucht, wo ihr gescheitert seid oder nur teilweise Erfolg gehabt habt und warum. Wenn dies nicht getan wird, sind Konferenzversammlungen wie diese eine reine Verschwendung von Zeit, Energie und Geld. Das Geld könnte besser für die Ernährung der Armen oder für eine andere Form von Hilfe ausgegeben werden. Mit jeder Konferenz müßt ihr dem Ziel näher und näher kommen, sonst wird es zu einem Mißbrauch von Zeit, Energie und Geld.

Im ganzen Land haben wir nun Bhajan Mandalis, Studienkreise, Mahila Vibhags, Seva Dals und Seva Samithis, außer Schulen, Büchereien usw., die das gesamte Gebiet überziehen. Einige von ihnen, die trotz der vor sie gestellten Ideale in falsche Wege abgeglitten sind, müssen auf den rechten Pfad zurückgeführt werden. Mehr noch als alles andere müssen die Bala-Vikas-Klassen vermehrt werden, damit die Kinder gerettet und ausgebildet werden, um sich als die wahren Erben der Bharathiya Kultur zu erweisen. Möge die Kultur Indiens, die in ihrem eigenen Ursprungsland schnell verdorrt, durch eure liebevollen und treuen Bemühungen ihre alte Kraft und Reinheit zurückgewinnen. Ich segne euch, damit ihr Erfolg habt.

Rajahmundry, 4. 1. 1974

Das fünfjährige Kind

Der Geist des Menschen ist ein Bündel von Wünschen, ständig erregt und immer hinter Dingen und Empfindungen her. Wenn der Mensch seinen Launen nachgibt, kommt er zu Fall. Aber er kann den Geist meistern, ihn bezwingen und ihn selbst als ein Instrument gebrauchen, um Befreiung von Dingen und Empfindungen zu erlangen! Man sagt, der Geist sei die Ursache sowohl von Bindung wie von Befreiung. Wenn ich einen Menschen sehe, der hilflos von seinem Geist versklavt ist, dann erscheint er mir wie eine aufgemachte Puppe, in der eine Sprechplatte ist, die läuft und die Puppe quäken und sprechen läßt. Er handelt mechanisch und so, wie an den Schnüren, dem jeweils dominierenden Wunsch, gezogen wird, er spricht, wie es von jenem Meister diktiert wird; er denkt nach den Richtlinien des Wunsches: es ist deshalb viel Künstlichkeit und Falschheit dabei.

Wir wissen, daß die Bilder, die in einem Film auf die Leinwand projiziert werden, in Wirklichkeit jedes für sich feststehend ist. Aber da sie alle schnell nacheinander durch eine Lampe projiziert werden, erscheint es, als ob Männer und Frauen gehen oder kämpfen. Die Tonspur gibt die entsprechenden Stimmen und Geräusche zur entsprechenden Zeit, und so scheint es, als ob die Männer und Frauen sprechen und singen. Jeder weiß zwar, daß die Bilder auf diese Weise auf die Leinwand projiziert werden, aber wenn man den Film sieht, ist man von Kummer oder Freude, Haß oder Sympathie bewegt.

Der Geist ist erregt, und dadurch seid ihr ebenfalls zu Leidenschaften und Emotionen veranlaßt. Wenn das Brett, auf dem ihr sitzt, sich bewegt, bewegt ihr euch auch; wenn ihr in einem Abteil sitzt und der Zug schnell fährt, meint ihr, daß die Bäume sich auch mit euch bewegen. Andererseits läßt euch der Geist glauben, ihr würdet fest auf dem Boden stehen, obwohl die Erde sich schnell um ihre eigene Achse und ebenfalls um die Sonne dreht. Dies sind alles Tricks des Geistes, der die Wahrheit verbirgt und seine eigenen Illusionen eurer Erfahrung auferlegt. Die eigentliche Wahrheit ist verschieden von dem Bild der Wahrheit, die der Geist darstellt.

Die Freuden und Leiden, durch die man im Leben geht, der Natur der individuellen Seele zuzuschreiben, ist ein Akt der Unwissenheit. Man muß eins vom anderen trennen. Hochstimmung und Depression, Freude und

Schmerz, Vergnügen und Kummer sind Modifikationen des Geistes, nicht des Jivi, der individuellen Seele. Der Geist reagiert auf äußere Objekte und Ereignisse und erklärt sie als wünschenswert oder unerwünscht, als gut oder schlecht. Dies erklärt, warum Kontrolle über die Launenhaftigkeit des Geistes erreicht werden muß.

Wer den Geist meistert, kann sein Leben stetig und geradeaus auf dem Pfad von Wahrheit, Rechtschaffenheit, Frieden und universaler Liebe lenken. Er kann ein Amrtha-Putrah, ein Kind der Unsterblichkeit werden. Unsterblich zu werden bedeutet nicht, daß man den Tod vermeiden kann und für alle Zeiten fort in dem physischen Körper lebt. Es bedeutet nur, daß sein Name und Ruhm im Gedächtnis der Menschen leuchtet, wenn sein Charakter und seine Taten nobel und wohltätig sind. Wenn eure Taten heilig sind, werden kommende Generationen ihnen nacheifern und für das Beispiel dankbar sein. Aber wenn sie schädlich sind, werden selbst eure Zeitgenossen euch verachten und wünschen, ihr wäret nie geboren.

In der Sathya Sai Seva Organisation habt ihr alle die Möglichkeiten, die ihr braucht, und all die Führung und Ermutigung, die ihr wollt, damit eure Namen von kommenden Generationen hochgeschätzt werden. Denn die Organisation erstrebt Weltfrieden und Wohlstand, fördert gegenseitigen Dienst in der Gesellschaft und kultiviert im Einzelnen selbstlose Liebe. Ihr braucht nur voller Freude und in vollkommener Bescheidenheit an den verschiedenen Aufgaben teilzunehmen.

Was ist das „höchste Ziel" des Menschen? Was ist sein wertvollstes Ideal? Die Veden erklären, *Sathyaanaasthi paro dharmah* – ‚Es gibt keinen höheren Grundsatz als Wahrheit'. Dieses Haus namens Universum steht auf dem Fundament von Wahrheit, Sathya. Ihr seid alle Mitglieder der ‚Sathya' Sai Seva Organisation; denkt daran, daß Mein Name ‚Sathya' ist. Es ist das erste und vorderste Ideal, das alle Aktivitäten der Organisation sowie eines jeden ihrer Mitglieder formen und tragen muß. Gebt Sathya den ersten Platz in eurem Denken, Sprechen und Tun.

Es gab in alten Zeiten einen König namens Sathyavratha. Er hieß so, weil Wahrheit sein Lebensweg, sein Ziel und Sein Führer war. Er erfuhr große Freude durch die strikte Befolgung der Wahrheit. Eines Tages ging er ein paar Stunden vor der Morgendämmerung, während des Brahmamuhurtha (der für Meditation über Gott gewidmeten Zeit) allein durch das Löwentor seiner Festung, um ein heiliges Bad in dem See zu nehmen, denn der Tag war im Kalender als für solches Baden heilig vermerkt.

Als er durch das Tor ging, sah er, wie ein hübsches Mädchen, das von einem glänzenden Schein umgeben war, herausging. Da er neugierig war zu wissen, wer sie sei und warum sie so früh herausginge, trat er zu ihr. Sie antwortete, sie sei die Göttin des Reichtums, Dhanalakshmi. ,,Ich war lange hier, jetzt möchte ich gern einen Wechsel. Ich bleibe nie lange an einem Platz." Sathyavratha sagte zu ihr, ,,Geh! Geh! Ich habe nichts dagegen einzuwenden, noch hindere ich dich." Da sah man, wie eine charmante männliche Person ruhig durch das Löwentor ging. Der König fragte ihn, wer er sei und mit welchem Auftrag er davongehe. Er antwortete, ,,Ich bin die Wohltätigkeit; was soll ich hierbleiben, wenn Dhanalakshmi davongeht." Der König erlaubte ihm zu gehen, und er ging davon.

Ein paar Augenblicke später kam eine andere bezaubernde Person daher. Der König fand, das es Sadachara war, der die Gottheit des sozialen Verhaltens darstellt. ,,Wie können gute soziale Verhältnisse ohne Reichtum und die Eigenschaft der Wohltätigkeit bestehen?" fragte er. ,,Ich gehe, weil die zwei anderen nicht mehr da sind", erklärte er. Der König stimmte ihm bei, und er ging davon. So klagte auch der nächste Emigrant, Ruhm, über das Verschwinden der anderen drei und wollte auch selbst gehen. Der König ließ ihn gehen. Er sagte, ,,Wie kann Ruhm überleben, wenn Reichtum, Wohltätigkeit und glückliches Leben davongegangen sind?" und der König fühlte, daß er recht hatte.

Schließlich kam eine Person mit überwältigendem Glanz zum Tor der Festung in der Absicht, die Stadt zu verlassen. Auf die Frage, wer sie sei, sagte sie, ,,Ich bin die Wahrheit". Da bat der König sie, in der Stadt, dem Königreich, dem Palast und dem Heim der Leute zu bleiben. Er sagte, wenn sie davonginge, wäre der Verlust unwiderruflich, und das Leben wäre nicht mehr lebenswert. Da entschied sich die Wahrheit zu bleiben.

Und der Ruhm kehrte schnell zur Festung zurück, denn Wahrheit reicht für das Gedeihen von Ruhm aus. Und Sadachara kehrte zurück und wuchs. So kamen auch Wohltätigkeit und Reichtum zurück und richteten sich im Königreich ein. Alle anderen waren froh, an der Herrlichkeit von Sathya (Wahrheit) teilzuhaben.

Auch ihr müßt euch darüber freuen, an der Herrlichkeit *Dieses Sathya* teilzuhaben: dies bin *Ich Selbst.* Ihr seid Mitglieder der Organisation, die Meinen Namen trägt, und so müßt ihr jede Minute im Bewußtsein dieser Verantwortung leben. Da ihr einen ,,erstklassigen" Namen tragt, solltet ihr nicht auf eine niedere Weise leben. Erhebt euch zur Göttlichkeit, fallt nicht ins Tierische. Viele erheben sich nur, um einen besseren Blick auf die unter ihnen liegende Erde zu bekommen, wie es Geier tun, wenn sie hoch fliegen, um einen weiteren Blick auf die Stellen zu bekommen, wo das Aas liegt.

Manava (der Mensch) muß den Status von Madhava (Gott) erreichen. Und wer ist Gott? Wahrheit ist Gott, Liebe ist Gott, Friede ist Gott. Entwickelt Wahrheit, pflegt Liebe, gründet euch selbst in Frieden – dann seid ihr auf der Straße zur Freiheit.

Werdet Wasser, damit ihr mit dem Wasser verschmelzen könnt; wenn ihr Öl bleibt, könnt ihr nicht verschmelzen! So entwickelt göttliche Eigenschaften. Ihr seid nun in Seiner Hand, in Seiner Obhut, aber ihr realisiert es nicht; dieses Tuch wird von Mir gehalten; wenn Meine Hand es nicht hält, fällt es. So ist es auch, wenn Gott euch nicht hält, ihr fallt dann. Was immer ihr auch tut, wo immer ihr euch befindet, glaubt, daß Gott euch für diese Arbeit dorthin gestellt hat. Dann wird es zu einer Erziehung, einem Sadhana. In dieser Konferenz sollt ihr diese Lektion lernen: nehmt euch freudig der euch zugeteilten Arbeit an und führt sie nach besten Kräften für die Größe und Herrlichkeit Gottes aus. Widmet euer Leben nicht materiellen Gütern; widmet es dem Guten und Gott.

Wenn die Petroleumlampe dunkel wird, reinigt ihr sie mit einer Nadel. Wenn sie Schwierigkeiten macht, pumpt ihr eifrig, nicht wahr? Wenn dies getan wird, scheint sie bald hell und gibt gutes Licht. Betrachtet die Konferenzen auf Staatsebene, die in häufigeren Abständen abgehalten werden, als die ,,Behandlung mit der Nadel“ und die Gesamtindische Konferenz, wie diese hier, als das ,,eifrige Pumpen“.

Die Ziele dieser beiden Konferenzen sind die gleichen: durch die Organisation Frieden und Harmonie in der Welt zu begründen. Das Öl dieser Lampe, die die Organisation ist, ist die Liebe; ihr wißt, daß ihr ein bißchen denaturierten Spiritus braucht, um die Lampe anzuzünden. Jnana (Weisheit) ist dieser ,,Spiritus“. Man benötigt ein bißchen davon, damit die Liebe stetig und universal ist. Und es muß recht viel Liebesöl da sein. Gute Gesellschaft, gute Taten, gute Gedanken – diese sind eine große Hilfe.

Dies ist die 6. Gesamtindische Konferenz. Fünf Konferenzen sind zusammengetreten und haben verschiedene Pläne und Regeln verfaßt. Welchen Fortschritt brachte das? Ich muß sagen, daß wir noch sehr am gleichen Platz sind – überhaupt kein Fortschritt. Man mag entschuldigen, wenn ein fünfjähriges Kind herumspielt und von den fünf Sinnen hier- und dorthin gezogen wird. Das sechste Jahr (das Shashti-Abda) warnt euch, daß ihr nun das Netz der fünf Sinne transzendieren müßt und sowohl von Stolz als auch von Depression frei werden sollt und eure Aufgaben voller Glauben und Hingabe mutig ausführt. Ihr müßt jeden Tag, mit jeder Tat, jedem Gedanken, jedem Wort Gott näher und näher kommen. Das wird euch die höchste Seligkeit geben. Das wird wahre Befreiung verleihen.

Rajahmundry, 4. 1. 1974

Ein Programm für College-Lehrer

Verkörperungen des göttlichen Atma!

Öffnet eure Augen und schaut aufmerksam herum. Betrachtet die Höhen, die wir in alten Zeiten erreicht hatten und die schlimme gegenwärtige Lage der Menschheit. Welch abgrundtiefer Abstieg! Gleicht unsere Situation nicht sehr dem Mann, der von einer Bergspitze in die Tiefe gestürzt ist? Dadurch, daß wir Dharma beachtet und aufrechterhalten hatten, hatten wir den Gipfel eines jeden Bereiches, spirituell, materiell, wissenschaftlich, wirtschaftlich, erreicht. Wir folgten mit großer Verehrung den Prinzipien und Richtlinien, die in den heiligen Schriften, den Sruthi und den Smrithi, niedergelegt sind und die die Gebote von Gott selbst verkörpern; so waren wir, als Ergebnis dessen, miteinander durch gegenseitige Liebe und Zuneigung verbunden, und unsere Kultur leuchtete aufs höchste.

Aber heute sind wir in einer fürchterlichen Situation – dem genauen Gegenteil der Herrlichkeit der Vergangenheit. Überall, wohin wir sehen, stellen wir fest, daß die Menschen in äußerst niedrige moralische und materielle Bedingungen hinabgesunken sind. Die dharmischen Pflichten, die in den Sruthi und Smrithi vom Herrn verordnet wurden, um die Menschheit vor diesen schlimmen Übeln zu bewahren, sind mißachtet worden. Wir sind durch gegenseitige Feindschaft und Mißtrauen infiziert und lassen das Feuer der Gewalt und Grausamkeit sich ausbreiten und setzen den Weltfrieden aufs Spiel. Verstoß gegen die Gesetze, die von Gott verordnet wurden, ist der Hauptfaktor, der für die Abwesenheit eines dauerhaften Friedens in der Welt verantwortlich ist.

Ist nicht die Verletzung von Dharma (was ein anderer Name für die Gebote Gottes für den Menschen ist) der einzige Grund für die Armut, die Mutlosigkeit, die Verzweiflung und den Mangel an spirituellem Wissen und Bemühen, die heutzutage in der gesamten Welt überhandnehmen? Es ist ermutigend für uns, zu sehen, daß wenigstens jetzt einige den Grund der Krise durch Untersuchung ihrer Entwicklung und der durch sie hervorgebrachten Zerstörung erkannt haben und sich darum bemühen, Dharma wiederherzustellen, was allein Wohlstand und Frieden in der Welt hervorbringen kann. Wenn durch die Zerstörung einer Sache ein anderer Schaden leidet, dann ist die einzige Methode für die Wiederherstellung der letzteren die Neubelebung der ersten. Ist dieses Prinzip nicht universal annehmbar und anwendbar? Wir stellen fest, daß die Abnahme von Dharma die Zerstörung des Weltfriedens verursacht hat. Wenn wir planen, der Welt Wohlstand und Frieden zu bringen, ist es da nicht unsere oberste Pflicht, dieses göttliche Dharma wiederherzustellen?

Lehrer!

Es ist die euch aufgetragene Pflicht, aufzuwachen und wenigstens jetzt ohne weitere Verzögerung euch um Erhaltung und Förderung des Dharma zu bemühen. Denn heute versuchen verschiedene Leute, Bharathiya Dharma zu zerstören, indem sie es angreifen und an seiner eigenen Wurzel reißen. Wenn wir ihrem Versuch nicht widerstehen, ist Dharma in Gefahr, vollständig entwurzelt zu werden.

Manche Leute, die die moderne Zivilisation liebgewonnen haben und die die respektierte Bezeichnung Sozialreformer und Erneuerer tragen, versuchen auf mannigfaltige trügerisch attraktive Weisen, die Gesellschaft selbst zu verschmutzen, indem sie sie des Dharma berauben.

Das Dharma, das wir alle gern erhalten wollen und wozu wir bereit sind, Geld, Ehre und selbst das Leben zu opfern, dieses Dharma wird Sanathana Dharma genannt. ‚Sanathana' bedeutet ‚ewig', es existiert und wirkt für alle Zeit. Wacht auf, seid bereit, der Augenblick ist gekommen, wo ihr eure unbezähmbare Tapferkeit und euren nicht zu unterdrückenden Heldenmut zu zeigen habt.

Ihr seid im immer strahlenden Land Bharath geboren. Ihr seid die braven und unbesiegbaren Nachkommen heroischer Hindu-Krieger, die würdige Verkörperungen von Mut, Tapferkeit, Stärke und moralischer Integrität waren. Ihr seid der heiligen und erhabenen Abstammung der Rishis wie Bhargava, Kausika, Vasishta, Bharadwaja und Kashyapa entsprossen, die durch ihre spirituelle Macht und Würde, die sie durch strenge Buße erworben hatten, selbst die ‚drei Welten' vor Furcht erzittern ließen. Ihr wäret solch großer Ahnen unwürdig, wenn ihr gleichgültig, faul und apathisch wie Feiglinge bliebet, wenn das Dharma, das für unser Leben so wichtig wie der eigene Atem ist, untergraben würde. Beschließt, euch mit der Aufgabe zu befassen, das Wohlergehen der Welt zu fördern; seid sicher, daß Bhagavan eure unfehlbare Stütze sein wird.

In dem Maße, wie die Tage verstreichen, beeinflußt der Vorgang der Umformung und Neugestaltung jeden Bereich. Natürlich gilt dies auch für das Erziehungssystem. In früheren Zeiten wurden die Kinder im richtigen Alter in den spirituellen Pfad eingeweiht und ihre Studien begannen unter Leitung eines Gurus oder Lehrers. Als im Laufe der Zeiten die Westler die Herrscher wurden, wurden viele zum Studium ihrer Sprache verlockt, denn dadurch konnten sie sich das ‚zweite' der vier Ziele des Menschen, nämlich Reichtum, sichern. So wurden sie zu Förderern des westlichen Erziehungssystems umgeformt.

In der Vergangenheit achteten die Lehrer darauf, daß die Schüler zusätzlich zur lehrplanmäßigen Ausbildung Hingabe an Gott entwickelten. So waren die Studenten wohlbewandert in spiritueller Disziplin und Wissen; all ihre Handlungen waren durch das Verlangen nach Rettung und spiritueller Freude motiviert.

Die Jungen und Mädchen wurden von Gurus unterrichtet, die vollständiges Wissen über das Land – seine Geschichte und seine Traditionen – und die Prinzipien der Religion und Kultur hatten. Wo jetzt die Lehrer selbst beschämend unwissend über das sind, was Kultur meint, woraus Spiritualität besteht und was die Bedeutung von Religion ist, sind die Schüler der Weisheit beraubt, die allein ihren Herzen Frieden und Freude bringen kann.

Die Propaganda für den Atheismus, die Erklärung, daß die Veden keinen historischen Wert haben und die Lehre durch den Geschichtsunterricht, daß der Hinduismus zerstört ist – dies sind Aktivitäten von Lehrern, die unter der Manie für westliche Kultur und Zivilisation leiden. Können wir solch ein Unterrichtssystem Erziehung nennen? Können wir diejenigen, die solche Sachen lehren, Gurus nennen? Vidya oder

Erziehung ist Mitteilung des Wissens über die göttliche Kraft und die innere Realität des Atma. Dies allein rechtfertigt den Anspruch, gebildet zu sein.

Da die Studenten keine spirituelle Bewußtheit haben, beteiligen sie sich an Unruhen und Tumulten; sie werden ein leichtes Ziel der Gewalttätigkeit der Massen, die eines erzogenen Menschen unwürdig ist; in ihrer Unwissenheit steigen sie zu den niedrigen Ebenen der Blinden herab und ziehen sich den Spott der Zuschauer zu. Sie beschädigen die Erziehungseinrichtungen und bringen Schande über sich.

Lehrer!
Wir müssen in unserem College erhabene Ideale behandeln und hohe, noble Projekte aufgreifen. Ich teile euch jetzt Meine Meinung und Meine Pläne mit, weil ich weiß, daß ihr begeistert sein werdet, inspiriert von spirituellen Idealen und der Liebe und Zuneigung Sais wert seid.

1. Rein formales Lehren des Unterrichtsstoffes wird die Studenten des Colleges nicht zu dem von uns erwünschten Stand führen. Durch bloßes Einpflanzen wird aus dem Schößling kein Baum. Er muß mit entsprechender Sorgfalt, Pflege und regelmäßiger Aufmerksamkeit aufgezogen werden.

2. Aus einfachen, unschuldigen Studenten von den Dörfern Verehrer der englischen Sprache zu machen, ohne die Tugenden der Bescheidenheit und des Pflichtbewußtseins, der Höflichkeit und des Glaubens zu berücksichtigen, die für ein glückliches Leben so notwendig sind, ist kein Unterfangen, das dem Wohlergehen des Studenten oder des Landes förderlich ist. Wenn sie nur eine akademische Qualifikation erreichen, durch die sie einen Job bekommen können, werden sie doch weder im sittlichen Verhalten noch in Aufrichtigkeit Fortschritte machen. Es müssen angemessene Aktivitäten ersonnen und übernommen werden, um sie zu einer Hilfe für ihre Eltern werden zu lassen. Sie müssen in der Lage sein, ihnen voller Freude und Geschick zu dienen und so ihren Segen zu verdienen.

3. 200 Studenten kommen aus den Dörfern der Umgebung zu unserem College. Wir sollten sie zu Gruppen von 20 oder 30 zusammenfügen; ein Lehrer sollte die Verantwortung für die Leitung einer jeden Gruppe übernehmen. Wenn sie feststellen, daß ein Schüler in einem Fach zurückgeblieben ist, sollten sie ihn ermutigen, indem sie dieses Fach besonders lehren; sie sollten auf die Bedingungen und Umstände eines

jeden Schülers achten und auch mit den Eltern in Verbindung bleiben; sie sollten den Studenten helfen, die hohen Ideale, die sie in ihrem Geist haben, und die noblen Pläne, denen sie sich widmen wollen, zu pflegen und zu entwickeln.

4. Es müssen angemessene Schritte unternommen werden, um den schlechten Gewohnheiten, den schlechten Gedanken und dem schlechten Gerede, die in diesen kleinen Dörfern kursieren, ein Ende zu machen. Nur dann kann der erzogene ‚Schüler vom Lande' seine Tugenden erhalten und entfalten. Sonst werden seine Erfolge in Tugendhaftigkeit nur während seines Studiums sichtbar sein. Sobald er in sein Dorf zurückkehrt, werden das Verhalten, die Sprachweise und die Lebensgewohnheiten, die die Dörfler praktizieren, auch für ihn natürlich. Deshalb müssen wir durch einen jeden Studenten, der aus einem Dorf kommt, ein spirituelles Zentrum in diesem Dorf begründen; das Zentrum muß das Dorf vor Parteilichkeiten und Spaltungen bewahren und sollte keine Unterschiede zwischen den Dörflern aufgrund von Kaste, Glauben oder Familienstatus anerkennen oder gelten lassen. Dies wird eine große Veränderung für Methoden und Auftrag der Erziehung bringen.

5. An einem Tag jeder Woche oder alle 14 Tage sollten die Lehrer die Studenten versammeln und sie in bestimmten erhabenen Lebensidealen unterweisen; sie sollten in die Dörfer jener Studenten gehen und sich selbst in dem Dorf einigen Wohlfahrtsaktivitäten widmen. Dies ist sehr zu empfehlen. Wenn ihr die Vorarbeit macht und die Vorbereitungen trefft, werde Ich kommen (Ich komme im Februar nach Brindavan zurück) und im Februar und März können wir alle von einem Dorf zum anderen fahren und diese spirituellen Zentren einrichten. Wir werden sie in ideale Dörfer verwandeln. Nur dann kann der Wert der Erziehung gezeigt, ausgedehnt und gerechtfertigt werden.

6. Damit ein jedes dieser Ideale erreicht werden kann, ist es notwendig, daß die Lehrer idealistisch und enthusiastisch sind. Nur dann werden die Studenten ihrer Führung folgen. Unser College muß ein führender Pionier bei der Übertragung dieser hohen Ideale in die Praxis sein. Dies ist nicht nur für den Einzelnen, sondern im gleichen Maße für die gesamte Menschheit wesentlich.

7. Beratet die Schüler, Gruppe für Gruppe, und findet heraus, wer von ihnen daran interessiert ist, solche spirituellen Zentren in den eigenen Dörfern einzurichten. Wenn sie in ihren Dörfern die entsprechenden

Vorbereitungen treffen, werde Ich selbst kommen und das Zentrum einweihen und in den Leuten des Dorfes den notwendigen Enthusiasmus wecken sowie angemessene Hilfsmittel zur Verfügung stellen.

Auf diese Weise beginnen wir in kleinem Maßstab und können so die Dörfer vor dem chaotischen Einfluß retten, den die Politik verbreitet, und sie ganz mit sathwischen (reinen) Idealen der Liebe und Hilfsbereitschaft erfüllen. Dies ist die Frucht wirklicher Erziehung.

8. Wenn die Studenten unseres Colleges, die aus den Dörfern kommen, ein oder zwei Dörfer sehen, die sich auf diese Weise entwickeln, wird jeder von ihnen vortreten und bitten, daß auch sein Dorf mit eingeschlossen werde. Zusammen mit Vidya oder Erziehung werden sie die Tugend von Vinaya oder Bescheidenheit erlangen. Und mit Bescheidenheit können sie leicht spirituelles Wissen erlangen. Dies ist sehr wichtig und eine sehr dringende Arbeit. Da diese beiden fehlen, verunehren die Menschen heute ihre Menschlichkeit und verhalten sich wie Toren und Blinde, obwohl sie ‚gebildet' sind, und büßen die Kraft ein, zwischen Zeitlichem und Ewigem zu unterscheiden. Wenn Menschen als Menschen leben, so ist das genug Fortschritt! Der Mensch muß darauf achten, daß er nicht zur Ebene der Dämonen herabsteigt, daß er nicht die Gesellschaft besudelt und ‚Erdbeben' im Land verursacht. Wenn wir diese Aktivitäten nicht anpacken, können wir Furcht und Angst, die für die Zukunft unserer Studenten unvermeidbar scheinen, nicht beseitigen.

9. Ihr müßt euch alle zusammentun und an dieser Sache das notwendige Interesse haben. Ihr braucht niemanden zu zwingen, der kein Interesse hat. Es reicht aus, wenn wir fünf oder sechs haben, die voller Liebe und Glauben zusammenkommen. Wenn sie den Wunsch haben, und wenn alle an dieser Aufgabe teilnehmen, ist die Freude umso größer. Es sollte keine Spur von Zwang geben, wenn dies organisiert wird. Ich stelle einen Wagen zur Verfügung, um dieses Programm auszuführen. An diesem heiligen Sankranti-Tag habe ich den Gedanken Ausdruck verliehen, die Ich seit langem habe und euren Enthusiasmus an der Arbeit miteinbezogen. Ich wünsche, daß ihr die notwendigen Schritte unternehmt, um dieses Programm durchzuführen.

Prasanthi Nilayam, 18. 1. 1974

Ihr und Ich – zusammen

Ein College, das seinen Studenten, die verschiedene Themen und materielle Studienfächer studieren, nicht das Wissen um ihre atmische Realität vermittelt, ist uninteressant wie ein Himmel ohne den Mond, ein Herz ohne Frieden oder eine Nation ohne Achtung vor dem Gesetz. Die Colleges in Indien haben hier eine größere Verantwortung, denn hier wurde Jahrhunderte lang mehr als auf die materielle, technologische und wissenschaftliche Seite der Zivilisation die Betonung auf die soziale, kulturelle und spirituelle Seite gelegt. Hier wurden das Ziel des Lebens und die Wege zur Erlangung von Harmonie entdeckt und von Heiligen und Weisen verbreitet. Die jungen Menschen, die aus den indischen Colleges hervorgehen, müssen dieses Land von Unwahrheit, Ungerechtigkeit, Gewalt und Furcht reinigen. Sie müssen die Botschaft des Friedens, der Toleranz, Rechtschaffenheit und des Dienstes verbreiten und den Leuten Beispiele dieser Qualitäten sein.

Ihr seid nicht erzogen, wenn es das einzige, was ihr erreicht habt, ist, daß ihr eine Tonne an Büchern studiert habt. Körper und Geist müssen vom Licht der Liebe erleuchtet sein, das aus der Bewußtheit der Seele und ihrer wesentlichen Göttlichkeit hervorstrahlt. Da die Erziehung sich heutzutage nur mit Körper und Geist beschäftigt und keinen Bezug zur Seele und zum Selbst hat, schwankt die Jugend bei jedem aufkommenden Windstoß wie eine entwurzelte Pflanze. Die Bewußtheit des Atma verleiht unerschütterliche Kraft und Mut. Die Veden lehren die Mittel, um diese Bewußtheit zu erlangen und aus ihr zu schöpfen, um den Herausforderungen des Lebens gewachsen zu sein. Nur dies kann Erziehung mit Erfolg krönen. Nur dies kann die Jugend stärken, um den Problemen der Unruhe und Angst entgegentreten zu können. Die Colleges sollen nicht nur einzelne Fächer lehren, sondern auch die Subjekt-Objekt-Beziehung. Der Vorgang, durch den der Mensch diese Dualität transzendieren und die Einheit erkennen kann, muß ebenfalls mitgeteilt werden, damit Erziehung vollständig sein kann.

Die Institutionen, in denen Erziehung heutzutage vermittelt wird, haben nicht die Atmosphäre moralischer oder spiritueller Werte. Es fehlt an Disziplin; die Ehrlichkeit nimmt ab, Höflichkeit und gute Manieren gelten als altmodische Verhaltensformen; Haben wollen und nicht Geben ist die Regel; Intoleranz wird hoch geschätzt.

Wenn ein Mensch nicht über Loslösung, Tugend, Toleranz und Wahrheit verfügt, wie kann er aufstehen und sagen, er sei ein menschliches Wesen? Der Mensch hat sich selbst so degradiert, daß er ohne Scham in Unwahrheit schwelgt – seine Absicht unterscheidet sich von seinen Worten; aber dennoch strafen seine Handlungen seine Absichten Lügen. Gedanke, Wort und Tat sind nicht koordiniert. Betrug ist die leitende Regel. Der Mensch sollte sich vor diesem Verfall retten; er sollte seine Ehre und sein Ziel nicht für den kleinen Triumph des Augenblicks opfern; wenn er dies tut, wird er wertloser als Dreck.

Unter den gegenwärtigen Verhältnissen und Bedingungen ist die Zukunft Indiens, das einst Lehrer der Menschheit war, kümmerlich arm. Die Studenten müssen rechtzeitig erwachen und sich entschließen, sich selbst zu würdigen Werkzeugen der Erneuerung der Größe Bharaths zu verwandeln. Sie müssen gerade, ohne jegliche Verdorbenheit aufwachsen; sie müssen das Gelüst aufgeben, fremde Denk-, Sprech- und Kleidungsweisen nachzuäffen. Anstatt ihre eigene innere Realität zu untersuchen und sie wirklich zu leben, erforschen sie nun äußeren Wahn und imitieren das falsche Äußere gleichfalls verblendeter Menschen. Sie bringen die Stimme des Gewissens zum Schweigen und verhalten sich auf exotische Weisen. Das Herz warnt, das Gehirn protestiert, aber der Geist stachelt weiter an. Wer die Stimme Gottes unterdrückt, ist so gut wie ein lebender Leichnam.

Betrachtet einmal den Anzugstyp, der jetzt als modisch gilt – die seltsam auffallenden Buschhemden und die Röhrenhosen. Betrachtet die Koteletten und die seltsamen Schnurrbärte und Bärte, die jugendliche Gesichter verunzieren. Betrachtet den Wert, der Nachlässigkeit und Primitivität, Faulheit und Frivolität beigemessen wird. Niemand kann diesen Trend für wertvoll erachten außer jenen, die seine Opfer sind. Abscheu ist die einzige Reaktion, die man bekommt. Wenn das Äußere vor Unsauberkeit stinkt, wie kann das Innere sauber sein? Wie kann Harmonie und Ehrlichkeit in solch einem Herzen voller Wirrwarr und einem Gehirn voller Gerümpel Platz haben? Junge Leute laufen wie Clowns herum, kümmern sich nicht um den Ernst der Aufgabe, die vor ihnen liegt. Während Eltern, Gesellschaft und Nation sich danach sehnen, daß sie groß werden, liegen sie als Bettler vor den Modeherstellern anderer Länder, vor den Theorieverkäufern anderer Völker und den Hysterikern anderer Kulturen.

Und jeder Schlag der Uhr schneidet ein Stück vom Lebensfaden ab. Geld, das nicht ausgegeben wird, bleibt auf eurem Bankkonto; euer Leben jedoch wird in jedem Moment, ob weise oder unweise, ausgegeben. Es schreitet unbarmherzig weiter. Nutzt den gegenwärtigen Augenblick aufs Beste, um eure Fähigkeiten zu verbessern, um eure Intelligenz zu erweitern, um euer Herz auszudehnen und um die Technik zu meistern, den Herausforderungen des Lebens mit Mut und Gelassenheit entgegensehen zu können. Das wird die Belohnung sein, die ihr euren Eltern für die Liebe und Opfer, die sie für euch gebracht haben, gebt; bietet ihnen nicht einen schlechten Ruf, eine ruinierte Karriere, einen zerstörten Charakter an. Macht sie glücklich und stolz; erlangt eine Eins als Ergebnis eurer Studien und eine Eins für euren Charakter.

Verachtet nicht die Dörfer, in denen ihr aufgewachsen seid; vergeßt eure Eltern nicht, die so viel für euch geopfert haben. Lebt mit ihnen und macht sie glücklich. Liebt und dient auch jedem in eurem Dorf, als ob sie zu eurer eigenen Familie gehörten, als ob sie alle eure Verwandten und Bekannten wären. Lauft nicht dem künstlichen Glanz und dem trügerischen Pomp der Städte nach; was für ein Gehalt ihr dort auch für eure Arbeit bekommt, es wird für unbedeutende Zwecke vergeudet. In dieser Atmosphäre könnt ihr nicht frei, frisch und rein sein, noch könnt ihr euren Eltern und euren Leuten dienen. Ihr werdet zu einer Last für andere und einem Problem für euch selbst.

Ich verlasse mich auf euch, meine Studenten, bei einer großen Transformation der Weltanschauung, einer großen Revolution. Die Studenten des Sathya Sai Colleges müssen diese Bewegung leiten. Die ältere Generation kann nur reden; ihr müßt handeln. Ihr habt euch selbst dieses Collegs wert erwiesen: Seid diszipliniert; seid sanft in eurem Verhalten, eurem Sprechen und in euren Beziehungen zu weniger Begünstigten. Seid dankbar gegenüber euren Eltern, euren Dörflern und jenen, die sich um euer Wohlergehen mühen. Versucht immer euer Bestes, um einen guten Namen für euch selbst, für euer College und für eure Eltern zu verdienen.

Habt nicht den Eindruck, daß ihr und Ich nur jetzt während eures Studiums an diesem College zusammengekommen seid! Ihr seid zu Mir wegen weit höherer Triumphe gekommen, aufgrund von Verdiensten, die ihr in vielen früheren Leben erworben habt. Ihr und eure Lehrer seid dazu bestimmt, unter Meiner Führung bei der Durchführung der Mission, deretwegen Ich gekommen bin, gewaltige Aufgaben durchzuführen.

Brindavan, 31. 1. 1974

Der Shiva in allem

Shivoham, Shivoham war der Ruf, der aus den Seelen aufstieg, die in einem Blitz der Erleuchtung die Wahrheit erkannten, nachdem sie den Geist lange Jahre durch den Prozeß des Tapas gereinigt hatten.. ‚Ich bin Shiva; Shiva bin ich' – Obwohl das göttliche Prinzip mit vielen Namen bezeichnet und in vielen Formen erkannt wird, ist das göttliche Prinzip eins, ohne ein Zweites. Es ist Shiva und es ist in jedem Wesen, einschließlich dem Menschen, verborgen. Heilige Tage sollten in der Kontemplation dieser Wahrheit und mit besonderen Übungen verbracht werden, um sich selbst seine eigene Göttlichkeit bewußt zu machen.

Gott ist der Samen, der Sich Selbst als all dies ausgedrückt hat. Aber diese Tatsache, die seit Jahrhunderten in den Herzen eines jeden Inders eingepflanzt ist, wurde von dem Schleier des Zweifels bedeckt, und der Mensch hat den Mut und die Energie verloren, den der Glaube ihm so lange gegeben hatte. Dies war der eigentliche Kern der indischen Kultur, aber die Kinder Indiens haben dieses Erbe vernachlässigt und es fast verloren. Die Faszination westlicher Denkweisen schwächte den Glauben an die eigene Religion; dies führte dazu, daß die Disziplinen, die das eigene tägliche Leben formten, aufgegeben wurden; dies wiederum führte dazu, daß der moralische Standard sich verschlechterte. Das hat Elend, Zwietracht, Haß und Schande hervorgebracht. Es ist nun an der Zeit, die eigenen Augen vor der Tragödie zu öffnen und die Schritte zurückzuverfolgen.

Die Heiligen und Seher dieses Landes haben nie unbesonnen gesprochen oder unbedacht gehandelt. Sie behielten immer das Wohlergehen der Generationen im Auge. Wenn sie heilige Plätze anlegten und heilige Tage festsetzten, so schrieben sie auch Regeln und Zeremonien vor, die von Pilgern und Sadhakas (Personen, die geistige Übungen ausführen) zu befolgen waren, damit Zeit, Aufwand und Mühe für die Ausweitung von

Liebe und die Schulung von Instinkten und Impulsen genutzt werden konnten. Das Ziel einer jeden Regel war es, die Verwirklichung des Atma als der eigenen Realität einige Schritte näherzubringen. Denn der Atma im Individuum ist der Atma in allem; Shivoham ist die Wahrheit; und die Wahrheit allein kann den Menschen frei machen und mit Seligkeit erfüllen.

Nehmt eine Vorschrift: die Verehrung der Schlange. Diejenigen, die unter den Beschwerden einer ernsthaften Krankheit oder Hautkrankheiten heftiger Art litten, taten ein Gelübde, eine Pilgerreise zu Subrahmanya-Schreinen zu machen (den man sich in Schlangengestalt vorstellt). Die Leute lachten über diesen Brauch. „Inder verehren Schlangen, weil sie glauben, sie hätten Gift in den Fangzähnen!" Die Wahrheit ist eine ganz andere. Die innere Bedeutung der Schlangenverehrung ist davon sehr verschieden. Die Wirbelsäule des Menschen, die mit dem ‚tausendblättrigen Lotus' im Gehirn endet, ähnelt sehr einer Schlange, die sich auf ihrem Schwanz emporgehoben und die Haube gespreizt hat.

In der Wissenschaft des Kundalini Yoga wird die Vitalenergie des Menschen, die wie eine geringelte Schlange am Grunde der Wirbelsäule in dem niedrigsten, dem ‚Muladhara Chakra, dem Grundrad, liegt und schläft, erweckt und erhoben, damit sie durch die sechs weiteren Räder (Zentren höheren Bewußtseins) aufsteigt, bis sie das Sahasrara oder tausendblättrige Lotusrad ganz an der Spitze des Schädels erreicht. Die Kundalini erhebt sich durch den Sushumnanerv im Zentrum der Wirbelsäule. Die Schlangenverehrung, die als Aberglaube lächerlich gemacht wird, ist die symbolische Entsprechung dieses großen yogischen Sadhanas, das Stärke und Kraft verleiht.

Nehmt das Gebiet von Tirupati, das als heiliger Pilgerort eingegrenzt ist: Lord Venkateswara, die dort verehrte Gottheit, wird der Herr der Sieben Hügel genannt; denn sieben Hügel müssen erstiegen werden, bevor man den Tempel erreicht. Ganz offensichtlich sind hier die sechs Chakras und das Sahasrara angedeutet, denn im Rajayoga wird das Höchste nur offenbart, wenn der Mensch die Vitalenergie – die Kundalini Shakti – bis zur siebenten Ebene erhebt. Einer dieser Hügel heißt Seshagiri, was Schlangenberg bedeutet. Aus der Ebene sieht die Bergkette wie eine Schlange aus, die ihre Haube erhebt.

Und was genau bedeutet Subrahmanya? Denkt eine Weile darüber nach. Es bedeutet, ‚Er, der die Verwirklichung von Brahma, dem universalen Absoluten, der ersten Ursache, dem kosmischen Bewußtsein, erreicht hat'. Jeder Name Gottes hat eine tiefe Bedeutung. In den Veden wird Vishnu z. B. Parama genannt. Es bedeutet Paramanu, das Atom: Er ist allgegenwärtig, so allgegenwärtig wie das Atom, das als Substanz und Substrat des Universums gefunden wird. Vishnu ist sowohl die Ursache als auch die Wirkung; denn nichts anderes gab es, als die Zeit begann. Das Eine wurde zu Vielem; die Vielen verschwinden und das Eine bleibt. Es stimmt, daß Rinder von Pferden verschieden sind. Aber wenn man Vierfüßler betrachtet, sind beide gleich. Unter den Begriff ‚Tiere' fällt eine große Anzahl von Wesen. Dies geht weiter so, bis nur Eines ist.

Um die Einheit hinter der Erscheinung der Vielfalt zu lehren, d. h. um zu helfen, Adwaitha (die nicht-duale Natur der Existenz) zu verwirklichen, gründete Shankara, der größte Ausleger jener Denkrichtung, vier Sitze für praktische Philosophie, Maths genannt, in den vier Gebieten Indiens. Um diese Einheit zu erreichen, war nach seiner Auffassung der erste Schritt Upasana oder die Verehrung des konkreten Symbols Gottes, welcher das Erlebnis der Ekstase des Einsseins vermittelt.

Eines Tages saß Shankara am Ufer des Ganges und meditierte. Plötzlich rief er aus, ,,Mein Herr! Ich bin Dein, aber sicherlich bist Du nicht mein". Sein Schüler Throtakacharya war bei ihm und war über diese Aussage erstaunt, da sie für ihn gegen den adwaithischen Standpunkt verstieß. So fragte er ihn, wie er je einen Unterschied zwischen Ich und Du erklären könne. Shankara antwortete, ,,Die Wellen gehören zum Ozean, aber der Ozean gehört nicht der Welle. Die Welle ist der Ozean, aber der Ozean ist nicht die Welle". Der wichtigste Punkt ist, das Ego zu beseitigen, die Identifikation mit dem Körper und seinen Bedürfnissen, die durch die Sinne befriedigt werden. Denn man erlangt Freude, wenn diese Bedürfnisse erfüllt werden, und Leid, wenn sie nicht erfüllt werden, Ärger, wenn etwas in den Weg kommt, Stolz, wenn man den Widerstand überwindet.

Um dieses Ego zu beseitigen, stärkt den Glauben, daß alle Dinge Gott gehören, und daß ihr sie nur treuhänderisch verwaltet. Dies hütet vor Stolz. Es ist auch die Wahrheit. Wenn ihr dann etwas verliert, seid ihr nicht traurig. Gott hat es gegeben, Gott hat es genommen. Natürlich hört ihr fast jeden so reden und zu dieser Reaktion raten. Aber nur sehr wenige folgen selbst diesem Ratschlag. Dies ist die Sünde aller Sünden: etwas zu sagen und dem entgegengesetzt zu handeln, wodurch ihr in der Praxis das verleugnet, was ihr eine Vorschrift zu sein behauptet.

Shiva ist ebenfalls als Ishwara bekannt, jedem, der über alle für das Wohlergehen notwendigen Mittel verfügt. Das wichtigste Mittel ist Jnana, Weisheit. Es werden drei Arten von Jnana unterschieden: Jivaprajna (bezüglich des individualisierten Göttlichen), Ishwaraprajna (bezüglich der Name-Form Manifestation des Göttlichen) und Atmaprajna (bezüglich des universalen Absoluten, von dem das Individuelle das zeitliche Besondere ist). Dies wird in einigen anderen Texten ebenfalls als Deha-prajna, Jiva-prajna und Atma-prajna erwähnt, aber die Bedeutung der Worte ist die gleiche wie die in der anderen Liste erwähnte. Ishwara verleiht das Aishwarya des Jnana (den Glanz der Weisheit). Er ist auch als Shankara bekannt, und Weise haben Shiva als jenen erfahren, der Sam oder Glück, Wohlergehen aller Art und auf alle Weisen verleiht. Shiva ist ewig günstig gesinnt; Er kommt nicht so oft wie Vishnu in anderen Formen verkörpert und mit anderen Namen. Deshalb wird Er nicht als Sri Shiva oder Sri Shankara oder Sri Ishwara beschrieben. Sri ist in Seiner Person Selbst enthalten, und so ist es unnötig, Seinem Namen Sri hinzuzufügen. Wenn ihr Shivoham, ich bin Shiva, verwirklicht, dann habt ihr all das Glück, all die Gunst, die es nur gibt. Shiva darf nicht auf der Spitze eines entlegenen Gebirges oder an einem anderen besonderen Platz gesucht werden. Ihr habt bestimmt gehört, daß Sünde und Verdienst den Handlungen der Menschen innewohnen; so wohnt Shiva auch in jedem Gedanken, jedem Wort und jeder Handlung; denn Er ist die Energie, die Kraft, die Intelligenz, die hinter ihnen allen ist.

Alle Energie, Kraft und Intelligenz sind in euch; ihr braucht sie nicht außerhalb von euch zu suchen, Gott, der sich als Zeit, Raum und Ursache manifestiert, ist in euch; warum fühlt ihr euch dann schwach und hilflos? Der Mensch wird von seinen Ambitionen und dem Bestreben, sie zu erfüllen, herumgestoßen. Aber zunächst muß er wissen, wo er steht und wohin er seinen Willen richten soll. Jetzt sind seine Bemühungen zerstreut und verschwendet. Er ist Mathematikexperte, aber nicht in der Lage, eine kleine arithmetische Summe zusammenzuzählen. Er hat Algebra gemeistert, ist jedoch nicht in der Lage, sein Haus zu vermessen. Er kennt Botanik mit all den lateinischen Namen; aber wenn man ihn nach dem Nutzen der gewöhnlichen Tulsi-Pflanze und ihren Blättern fragt, weiß er keine Antwort. Er hat alle Körperübungen, die man ihm gezeigt hat, gelernt, ist jedoch hilflos, wenn man ihn bittet, im Padmasana (Lotussitz) zu sitzen. Er kann laut und lange über Moksha (Befreiung) als das letzte Ziel reden, aber er weiß nicht, daß er schon frei ist; er stellt sich selbst vor, daß er gebunden ist und verhält sich so.

Abhängigkeit bindet ihn, Abhängigkeit von illusionären Objekten. Wenn die illusionäre Natur der Objekte enthüllt wird, fällt die Bindung weg, und er ist frei. Dieses Abhängigsein läßt auch die Art seiner Hingabe matt werden; denn er betet zu Gott um Gewährung billiger Wünsche. Betet zu Gott um Gott; benutzt nicht die Wahrheit, um Unwahrheit zu erlangen. Habt die innere Schau, nicht die äußere. Seid nicht von der objektiven Welt angezogen; konzentriert euch auf die subjektive Welt.

Ihr verstreut Samen nicht auf der Oberfläche; ihr legt ihn tief genug, damit die Wurzeln Fuß fassen. Grabt den Samen auch nicht zu tief in den Boden. Folgt dem mittleren Weg. Spannt die Saiten der Geige oder der Vina nicht zu sehr; laßt sie auch nicht zu lose. Laßt euch nicht zu sehr von der Welt binden; gebt sie aber auch nicht auf.

Das Shivarathri-Fest ist, so wie es hier gefeiert wird, für euch ein Beispiel. Ihr mögt vielleicht fragen, ,,Swami hat oft gesagt, daß alle Tage heilig seien, daß es keine speziellen Riten oder Rituale gibt, die an einzelnen Tagen zu beachten seien; aber Swami selbst schüttet Vibhuti über das Idol und nennt es Abhisheka; ist dies recht?" Swami tut dies, um euch eine Lektion zu geben.

Das Vibhuti Abhisheka hat eine kraftvolle innere Bedeutung, die euch Swami begreifen lassen möchte. Das Vibhuti ist in wahrhaft spirituellem Sinne eine höchst wertvolle Sache. Ihr wißt, daß Shiva den Gott des Wunsches oder Kama, der Manmatha genannt wird (denn er regt den Geist an und vertieft die dort schon vorhandene Verwirrung) zu einem Häufchen Asche verbrannt hat. Shiva schmückt Sich Selbst mit dieser Asche und so erstrahlt Er in Seiner Herrlichkeit als der Bezwinger des Wunsches. Nachdem Kama zerstört war, regierte Prema (Liebe) als das Höchste. Wenn kein Wunsch den Geist entstellt, kann Liebe wahr und voll sein. Welch größere Gabe könnt ihr Gott darbringen als Ihn mit der Asche zu verherrlichen, die euren Triumph über quälende Wünsche symbolisiert? Asche ist der letzte Zustand der Dinge; sie ist keiner weiteren Veränderung unterworfen. Das Vibhuti-Abisheka wird gemacht, um euch zu inspirieren, den Wunsch aufzugeben und Shiva die Asche seiner Zerstörung als die wertvollste Gabe aller Gaben, die ihr errungen habt, anzubieten. Asche kann nicht wie Blumen in ein oder zwei Tagen vergehen; sie vertrocknet und verschwindet nicht, wird auch nicht schmutzig oder untrinkbar wie Wasser; sie verliert nicht wie Blätter in ein paar Stunden die Farbe; sie wird nicht in ein paar Tagen schlecht wie Früchte. Asche bleibt für immer Asche. Verbrennt also eure Schlechtigkeit, eure Laster, eure schlechten Gewohnheiten, verehrt Shiva, macht euch dadurch rein in Gedanken, Worten und Taten.

Shiva wird mit dem dreiblättrigen Bilva verehrt; denn Er wohnt den drei Welten inne, wohnt in den drei Phasen der Zeit, in den drei Attributen der Natur. Er beseitigt die drei Arten von Kummer; Er hat keine Basis außerhalb Seiner Selbst; Er ist der Quell der Seligkeit; Er ist die Verkörperung der Süße und Wirksamkeit des Nektars. Da jedesWesen Shiva-Swarupa (die Form von Shiva) ist (denn ohne Shiva ist es bloß „Shava" – Leichnam), muß der Mensch diesem göttlichen Status entsprechend leben. Gelehrte und Pandits, die in unserem Lande Dharma erklären, tun Ihm einen sehr schlechten Dienst, denn sie werfen Zweifel auf die eigentliche Größe der Gottheit. Swami Karunyananda sprach gerade über die Geschichte, wo Brahma auf Krishna eifersüchtig wurde und Ihm die Kühe und Kuhhirten stahl, um Ihn in eine mißliche Lage zu bringen. Er sagte, Krishna schuf die gleiche Anzahl an Kühen und Kuhhirten, die ganz genau gleich aussahen und vereitelte so Brahmas Absicht. Leute, die solche Geschichten hören, werden sich natürlich fragen, weshalb Götter aufeinander eifersüchtig sein können wie die Menschen; ihr Glaube an das Göttliche wird dadurch untergraben. Diese Gelehrten sind mehr darauf aus, ihr Schriftwissen zur Schau zu stellen als die Herrlichkeit Gottes darzulegen. Sie kümmern sich nicht um den Schaden, den sie der Sache, für die sie reden, zufügen.

Vor ein paar Jahren gab es in einem Dorf eine alte Frau: Sie verkaufte ein Stück von ihrem Land, das ihr gehörte, und ließ sich von dem Geld vier Armringe aus Gold machen, zwei für jeden Arm. Sie trug sie mit großer Freude und ging mit ihrer Neuerwerbung stolz durch die Straßen. Sie war jedoch enttäuscht, daß niemand im Dorf sich umdrehte und ihre Armreifen bewunderte; genauso gut hätte sie auf die Armringe verzichten können, da die Dörfler keinen Unterschied an ihr feststellten. Sie versuchte verschiedene Mittel, um die Aufmerksamkeit auf die Armreifen zu lenken, aber ohne Erfolg. Eines Nachts konnte sie nicht schlafen, denn diese Gleichgültigkeit quälte sie sehr. Schließlich hatte sie eine glänzende

Idee, die, wie sie dachte, Erfolg haben müsse; die Dörfler müßten auf die Armreifen aufmerksam werden.

Am nächsten Tag zündete sie bei Sonnenaufgang ihr eigenes Haus an! Als die Flammen aufstiegen und Aufruhr entstand, liefen die Dörfler zu ihr und saßen weinend vor dem brennenden Haus. Sie schwenkte pathetisch ihre Hände vor den Gesichtern der bestürzten Dörfler und ließ die Armreifen in dem roten Licht der hohen Flammen klingeln und leuchten und schrie dabei, ,,Oh, mein Haus brennt! Oh, welch schlimmes Schicksal! Gott, siehst Du nicht meinen schlimmen Zustand?" Jedesmal, wenn sie einen Satz ausstieß, schwenkte sie ihre Arme heftig vor jemanden, damit er oder sie die Armreifen sehen mußte.

Welch ein Jammer! Sie war so darum besorgt, ihre Armreifen zur Schau zu stellen, daß sie sich nicht einmal um das Haus kümmerte; das Haus brannte, aber sie freute sich, daß ihre Armreifen bemerkt wurden. Die Gelehrten, die sich in der Bewunderung ihrer eigenen Schlauheit verlieren, sind so töricht wie diese alte Frau.

Sagt nichts und tut nichts, was die indische Kultur in schlechten Ruf bringen oder den Glauben der Leute an Güte und Gott untergraben würde. Behauptet nicht, orthodox zu sein und dabei Heterodoxie und Häresie zu fördern. Laßt von dem Wunsch nach Glück und Wohlstand ab, stöhnt nicht, daß ihr nicht den Himmel erlangt; es macht nichts, wenn ihr in Schwierigkeiten erstickt. Steht stolz für die Verteidigung der Ehre eures Landes ein. Das wird euch all das Glück und den Wohlstand, all die Gnade bringen, nach der ihr verlangt.

Die indische Kultur lehrt, daß alle Wesen von der gleichen göttlichen Kraft bewegt, von der gleichen göttlichen Gnade gesegnet werden. Liebt deshalb alle. Entwickelt keine Eifersucht oder Haß. Es gibt viele Sadhakas (geistig Übende), die sich vollkommen ruhigen Gleichmuts erfreuen, wenn sie in Dhyana (Meditation) sitzen oder vor dem Schrein im Puja-Raum. Aber wenn sie aufstehen und nach draußen kommen, verhalten sie sich wie Dämonen. Die Gita sagt, ,,Sathatham yoginah", ,,Sei immer in Yoga". Seid eingetaucht in Liebe, ohne eine Spur von Stolz oder Neid. Dies ist das höchste Sadhana (geistige Übung). Gegenwärtig bedienen sich Klassen und Gruppen von Leuten in der gesamten Welt der Gewalt und des Hasses, um ihre Wünsche und Bedürfnisse zu befriedigen, um Furcht, Angst, Panik und Revolution hervorzurufen. Durch solche Taktiken wird nicht viel gewonnen; der Gewinn wird größer und dauerhafter sein, wenn der Weg der Liebe, Toleranz und des Friedens verfolgt wird.

Liebe bringt Menschen zusammen; Haß treibt sie auseinander: Ihr könnt nicht glücklich sein, wenn ihr andere ins Elend bringt. Gott überschüttet mit Gnade, wenn die neun Stufen von Bhakti befolgt werden. Mit den gleichen Mitteln kann man Meister der Herrscher für sich gewinnen: Opfer, Liebe, Hingabe, sich dem Pfad der Pflicht widmen. Wenn durch die Mittel von Unruhe und Gewalt Erfolg erreicht wird, so kann er nur durch weitere Unruhe und Gewalt erhalten und fortgesetzt werden.

Laßt deshalb dies für euch die Lektion von Shivarathri sein: Shiva ist in allen Wesen und allen Dingen. Er motiviert vom Innern her. Seid euch dessen immer bewußt; fügt niemandem Schmerz, Schaden oder Unrecht zu oder verletzt sein Selbstgefühl. Liebt alle gleichermaßen, entwickelt Toleranz und verbreitet Brüderlichkeit.

Prasanthi Nilayam, 20. 2. 1974

„Ihr seid befreit!“

Laßt euch nicht von dem, was ihr seht, in die Irre führen; was ihr nicht mit euren Augen seht, ist viel bedeutungsvoller. Warum verschwendet ihr eurer Leben, ohne sein Ziel zu erreichen – nämlich die Wahrheit zu erkennen und zu erfahren? Kommt, kommt mit Mir, ihr könnt euer Leben lebenswert machen; ihr könnt Erfolg haben.

Der Mensch besitzt in sich alle Seligkeit sowie alle Fähigkeiten, um sie zu enthüllen; er ist jedoch von schrecklicher Unwissenheit über seine inneren Hilfsmittel gefangen. Er kann höchsten Frieden erlangen, aber ist nicht bereit, sich ihn zu verdienen; seine Versuche werden durch Zweifel und Unentschiedenheit geschwächt, und so müssen sie scheitern. Selbstverständlich fließt in der Erde Wasser. Aber wie können wir es nutzen, wenn wir nicht die Anstrengung machen, zu dieser Quelle zu graben? Recht viel vom Wunsch nach Sinnenbefriedigung muß beseitigt werden, bevor der innere Quell des Friedens und der Freude angezapft werden kann.

Euer Leben ist seinem Wesen nach Frieden (Santhi), eure Natur ist ihrem Wesen nach Liebe; eure Herzen sind erfüllt von Wahrheit. Befreit euch von den Ablagerungen, die sie daran hindern, sich auszudrücken; ihr macht keinen Versuch in diese Richtung, und so gibt es zu Hause, in der Gemeinde, der Nation und der Welt keinen Frieden, keine Liebe und keine Wahrheit. Mann und Frau leben nicht in Eintracht; Vater und Sohn streiten miteinander; selbst Freunde schauen sich nicht in die Augen! Zwillinge schlagen verschiedene Pfade ein, denn sie leben in einer Welt voller Kampf um Leidenschaften und Emotionen. Nur wenn Gott Ziel und Führer ist, kann es wirklichen Frieden, Liebe und Wahrheit geben. Das Göttliche muß jederzeit verehrt werden; was dem Göttlichen gefällt muß verstanden und befolgt werden.

Das Ramayana gibt zwei Beispiele solcher geweihter Leben: das von Anjaneya und Lakshmana. Anjaneya oder Hanuman widmete jeden Augenblick seines Lebens, jede Gedankenwoge, jedes Muskelzucken seinem Meister, Rama. Als Rama ihn mit dem Auftrag, Sitha zu suchen, nach Süden schickte, war er weder stolz darauf, so als ein würdiges Werkzeug erkannt zu sein, noch deprimiert über die gefährliche Natur seiner Aufgabe. Er wußte, daß Rama ihm das Notwendige an Geschick und Stärke verleihen würde, um den Auftrag erfüllen zu können. In der Tat war sein ganzes Geschick und seine ganze Stärke „Sein Geschenk". Er war der Ansicht, daß er Ramas Allwissenheit und Gnade Schande bereiten würde, hielte er sich für ein schwaches Werkzeug. Lakshmana war ebenfalls ein mächtiger Held, denn er zog aus dem Göttlichen selbst seine Stärke. Und er hatte keine andere Stärke. Als sie einmal als Verbannte im Wald waren, wies Rama ihn an, einen geeigneten Platz auszuwählen und eine Parnasala (Hütte aus Laub) dort für Sitha und Sich zu errichten. Das bereitete Lakshmana großen Schmerz, und er fiel zu Boden; er klagte, er sei in Ungnade gefallen. Rama sagte, daß er stattdessen aufgestiegen sei, habe Er ihn doch gebeten, den Platz selbst zu wählen.

Das war der eigentliche Grund, warum Lakshmana dachte, er sei gefallen: „Ist mein Wille von dem Deinen getrennt? Wie kannst Du je meinen, daß ich unabhängig von Dir mein Urteil fällen und selbst einen Platz auswählen kann? Sag' mir wo und wie, und es wird so geschehen. Aber ich habe kein eigenes Urteil; ich habe es seit langer Zeit Dir übergeben." Das war die Antwort Lakshmanas.

Ihr sagt ebenfalls, daß ihr euch Mir hingegeben habt; aber das ist nur eine verbale Aussage. Wenn ihr in einem Wagen sitzt, fahrt ihr mit ihm; wenn ihr auf einem Rad sitzt, bewegt ihr euch mit ihm; wenn ihr auf einem Pferd reitet, geht ihr dorthin, wo das Pferd euch hinbringt. Aber in diesem Falle sagt ihr und glaubt es vielleicht auch, daß ihr euch in Meine Hände begeben habt und daß ihr so auf dem von Mir dargelegten Weg wandelt. Aber euer Geist und euer Herz sind nicht ganz in Mir und so besteht nur dem Namen nach Hingabe.

Als Zeichen dieser Hingabe und um sie zu erhalten ist nicht mehr anempfohlen als ständiges Erinnern des Namens. Es wird nicht die Befolgung eines aufreibenden Sadhana (Übung) vorgeschrieben. Smarana (Wiederholung des Namens) reicht aus. Ihr habt nach dem Entstehen des Atmalingams die ganze Nacht hindurch Bhajans gesungen, die die Namen der Herrlichkeit preisen. Aber dies weckt nur den Appetit, Bhajans müssen zu einem ununterbrochenen Strom von Seligkeit auf euren Zungen und in eurem Herzen werden; sie müssen euch die ununterbrochene Bewußtheit des Soham vermitteln, der Einheit von Ich und Er, von Diesem mit Jenem. Dies wird Akhandahamsajapa genannt, ununterbrochenes Japa des Hamsamantra, des Soham. Ich versichere euch Freiheit von Angst, Furcht und Sorgen.

Maha-Shivarathri ist der Zerstörung der Verirrungen des Geistes und damit des Geistes selbst gewidmet, indem man sich Shiva, Gott weiht. Der Mond hat, wie der Geist, dessen Gottheit er ist, 16 Phasen. Am Shivarathri sind 15 von ihnen verschwunden, und es ist nur noch ein Streifen des Mondes am Himmel. Beim darauf folgenden Neumond ist noch nicht einmal mehr dieser Streifen sichtbar.

Der Geist muß ebenfalls jeden Tag beherrscht werden, bis am 15. Tag 15 Phasen sich aufgelöst haben und nur ein letzter Streifen übrig bleibt, der mit einem letzten Aufschwung von Anstrengung zu beseitigen ist. Das ist das Sadhana, das ihr während der ganzen Nacht befolgt: Bhajans, Wachen, Fasten. Wenn der Geist verschwindet, dann bleibt kein trügerischer Wunsch und keine Bindung. Die Abnahme trügerischer Wünsche und Bindungen ist Befreiung.

Smarana ist das sicherste Mittel, um die Tücken des Geistes zu meistern. Ihr seid wirklich gesegnet, da von den Milliarden von Menschen dieser Erde ihr allein die Gelegenheit hattet, zu dieser Versammlung, dieser Präsenz, bei dieser Gelegenheit zu kommen. Am Shivarathri versammeln sich die Menschen an vielen heiligen Plätzen, aber ihr wart an diesem dreifach geheiligten Tage hier und wart Zeugen des Entstehens des Dasangula Swarupa (die Upanischaden sagen, daß Gott ‚adyatistath dasangulam' ist), des zehn Zoll großen Symbols der Kala (Zeit)- Desa (Raum)- Manifestation der Gottheit, wie sie von dem weisen Kapila der Inkarnation von Narayana Selbst beschrieben wird. Als Kapila, der ebenfalls eine Personifikation von Raum und Zeit war, geboren wurde, rief er die Götter an, herbeizukommen, um den Darshan (Anblick der Gegenwart einer heiligen Person) zu haben. Seine Mutter, die die Götter anrief, wird deshalb Devahuti (die, die die Götter anrief) genannt. Und als die Götter kamen, fragte Kapila sie: „Wißt ihr nicht, wer ich bin?" Selbst heute fragen alle menschlichen Babies die gleiche Frage, sobald sie geboren werden – Koham? (Wer bin ich?).

Da ihr die einzigartig gute Gelegenheit hattet, Zeugen des Entstehens der Zeit-Raum-Verkörperung in Linga-Form zu sein, versichere Ich euch, daß ihr von der Bindung an Geburt und Tod befreit seid. Erinnert euch (und lebt in der Erinnerung) dieses Augenblicks der Entstehung und meditiert über die Bedeutung der Linga-Form. Diese Gelegenheit wird selten durch die Durchführung von Yajnas oder Yagas oder anderer komplizierter Rituale oder als ein Ergebnis vieler Jahre strengen Sadhanas gewonnen. Wenn ihr gefragt werdet, was in Prasanthi Nilayam geschah, sagt ihnen, daß die Aufgabe eures Lebens erfüllt wurde, daß ihr die Gelegenheit hattet, am Lingodbhava teilzunehmen, zu sehen, wie das Lingam während der günstigen Stunde in Erscheinung trat.

Das Lingam ist, wie ihr sehen könnt, dasangulam, es hat einen Umfang von zehn Zoll. Es leuchtet in sich mit dem ursprünglichen Licht des TRISUL Shivas, der die drei Phasen der Zeit symbolisiert – Vergangenheit, Gegenwart und Zukunft – und die drei Dimensionen des Raums – Erde, Himmel und die niederen Bereiche. Wie ich schon erwähnte, wird Zeit in Zehnereinheiten (60 Vighatikas, 60 Gatikas und 360 Tage des Jahres) gemessen, und in diesem Lingam wechselt der Trisul (der dreizackige Speer in Shivas Hand) alle zehn Minuten in eine andere Farbe, wie ihr auch von euren Plätzen aus sehen könnt. Der Griff des Trisul demonstriert das Eine, aus dem die drei Manifestationen bestehen. Dies ist das große Mysterium, das euch enthüllt worden ist. Ihr habt die göttliche Schöpfung geschaut; ihr habt das göttliche Symbol gesehen; ihr habt an der Seligkeit teilgehabt. Von den vielen Millionen der Weltbevölkerung hattet allein ihr das Glück. Die Sruthis beschreiben den Purusha (die Urperson,

Gott) als Glanz, als Jyothi. Ihr habt den Glanz gesehen, als das Linga entstand; ihr habt das dreifältige Licht im Linga selbst gesehen. Es gibt kein größeres Glück für den Menschen.

Lebt hiernach, wie es für Empfänger dieser seltenen Gnade angemessen ist. Thyaraja, der Heilige und Sänger, sang vom Namen Ramas, daß er aus zwei wichtigen Klängen, Ra und Ma, zusammengesetzt sei, wobei Ra der Lebensklang des Nantras ist, das Vishnu geweiht ist (Om Namo Narayana), und Ma ist der Lebensklang des Mantras, das Shiva geweiht ist (Om Namassivaya). Die beiden Klänge wurden zu Rama, dem Einen, der Vishnu und Shiva wurde, so wie das Lingam das Eine ist, aus dem sich alle Formen manifestieren, die Elementarform, die das erste Entstehen des Willens des Göttlichen symbolisiert. Ich möchte wiederholen, daß ihr, die ihr die Erhabenheit und den Glanz dieses göttlichen Ereignisses erlebt habt, dadurch einen Verdienst erworben habt, der gewaltig genug ist, um euch vom Kreislauf von Geburt und Tod zu befreien.

Verweilt bei diesem mächtigen Augenblick, dieser heiligen Stunde, die ihr hier verbringen durftet; denkt über die Erhabenheit des Ereignisses nach, dessen Zeugen ihr wart; macht eure Tage heilig durch Gedanken, die heilig sind, durch Worte, die von Liebe durchdrungen sind und Taten, die in Übereinstimmung mit der Gnade sind, die ihr an diesem Tage gewonnen habt. Seid wachsam, wann immer ihr von dieser Verantwortung abzuweichen droht. Achtet immer darauf, daß ihr nicht fallt, schwach werdet oder schwankt.

Prasanthi Nilayam, 21. 2. 1974

Zellen von Gottes Körper

Was haben Soziologie oder die Sozialwissenschaften mit der Wissenschaft von der Seele oder der Erforschung des menschlichen Geistes zu tun? Diese Frage wird von vielen gestellt. Viele fragen auch: Was hat der Geistesschüler und Sadhaka (geistig Übende) mit der Gesellschaft und ihren Problemen zu tun? Man muß sagen, daß beide Haltungen falsch sind.

Ohne das Erblühen des menschlichen Geistes kann keine Gesellschaft Erfüllung finden, kann kein gesellschaftliches Ideal gedeihen. Die

Menschheit kann die Göttlichkeit, deren Ausdruck sie ist, nicht verwirklichen, wenn sie sich nicht sorgfältig und ständig um die Entwicklung des Geistes kümmert. Wie kann sich sonst diese Göttlichkeit in und durch die Individuen ausdrücken? Wir können nur den Jagath begreifen, diese veränderliche, unbeständige Phantasie; wir können den Direktor dieser Phantasie, Gott, weder sehen noch hören, weder riechen noch schmecken oder berühren. Ebenso können wir zwar den Einzelnen begreifen, nicht aber die Gesellschaft genannte Ganzheit. Denn die Gesellschaft ist kein gesonderter, fest umrissener Komplex, der aus Elementarteilchen zusammengesetzt ist. Die Gesellschaft ist der vom höchsten Willen hervorgebrachte göttliche Wuchs.

Der Mensch ist sterblich; er ist Staub und kehrt zum Staube zurück. Aber in ihm leuchtet als Funken der unsterblichen Flamme der Atma. Dies ist kein schmeichelnder Begriff, der von den Vedantisten erfunden wurde. Der Atma ist die Quelle, das, was jedes Wesen und jede Organisation von Wesen erhält. Er ist die eine und einzige Quelle, Substanz und Nahrung. Der Atma ist Gott; das Besondere ist das Universale, nichts weniger. Seht deshalb in jedem Wesen, in jedem Menschen einen Bruder, ein Kind Gottes, und beachtet nicht all die begrenzenden Gedanken und Vorurteile, die auf Status, Farbe, Klasse, Herkunft und Kaste beruhen. Sai ist immer damit beschäftigt, euch zu warnen und zu leiten, damit ihr in dieser Haltung von Liebe denken, sprechen und handeln könnt.

Die Gesellschaft kann sich nicht dadurch rechtfertigen, daß sie die Verteilung der aus der Natur gewonnenen Beute nach gleichen oder ungleichen Anteilen plant. Das Ziel, das die Gesellschaft inspirieren muß, muß bei jeder sozialen Tat und jedem Beschluß der Nachweis und die Vervollkommnung des Wissens um den einen universalen Atma und die Seligkeit sein, die dieses Wissen verleiht. Sai gibt nicht die Anweisung, „Der Atma kennt keinen Tod, tötet deshalb die physischen Hüllen, die Körper". Nein, Sai befürwortet keine Kriege. Sai weist euch an, den Atma als euren engsten Verwandten zu erkennen, der enger mit euch verbunden ist, als die Mitglieder eurer Familie, eure Blutsverwandten und eure liebsten Nachkommen. Wenn ihr dies tut, werdet ihr nie mehr vom Pfad der Rechtschaffenheit abweichen, die allein diese Verwandtschaft erhalten kann.

Familienbindung wirkt sich selbst gegen die Durchführung der eigenen rechtmäßigen Pflichten aus. Aber Bindung an das Göttliche füllt diese

Pflicht mit einer neuen Zuneigung, die sowohl Freude als auch Erfolg sicherstellt. Sie gibt dem Menschen mehr Tatkraft als alles andere; während er seine Pflicht ausführt, verleiht sie ihm höchste Weisheit. Daher die Anweisung: betretet nicht die objektive Welt (Prakrithi) in der Hoffnung, den Atma zu verwirklichen; betretet die objektive Welt, nachdem ihr euch des Atma bewußt geworden seid; denn dann seht ihr die Natur in einem neuen Licht und euer eigenes Leben wird ein lang anhaltendes Fest der Liebe.

Es gibt viele, die ihre Gelehrsamkeit und Intelligenz, selbst vedische Gelehrsamkeit, für trockene Debatten und Wettkämpfe benutzten. Sie sind verliebt in ihre kleinen Triumphe. Sie behaupten, die Gesellschaft sei ein Kampfplatz, um solche Triumphe zu erringen. Aber Sai fordert euch auf, eine andere Art von Gesellschaft zu suchen und zu stärken, wo es für solche billigen Wünsche keinen Platz gibt.

Vedische Gelehrte, die gern diskutieren, streben mit Ritualen nach den Früchten ihrer Anstrengungen und Bemühungen. So strebt die Natur nicht; die Wolken bringen Regen, um Gott, ihren Herrn, zu verehren. Sie aber rechnen es der Wirkungskraft ihrer Riten zu und nutzen es, um ihr Ego aufzublähen. Sie spielen zwischen den weitverbreiteten Zweigen des Wunschbaumes. Sie sind in den Schlingen der drei „Stricke" gefangen – das Thamas, Rajas und Sathwa.

Ihr müßt jenseits der drei Stricke, der drei Bindungen gelangen. Ihr müßt immer in der unveränderlichen, ewigen Wahrheit sein. Ihr müßt in dem Einen wie das Eine begründet sein, ohne eine Spur oder den Eindruck von Zweiheit. Verdienen und Ansammeln sollte euch nicht interessieren; ihr dürft nicht durch das Verfolgen von Yoga und Kshema (Gesundheit) gefangen werden; denn ihr seid schon die *Fülle* und habt keine Wünsche.

Das Ideal eines hohen Lebensstandards anstatt eines hohen Standards des Lebens hat in der menschlichen Gesellschaft große Verwüstung angerichtet. Ein hoher Standard des Lebens besteht auf Sittsamkeit, Bescheidenheit, Losgelöstheit, Mitleid; die Gier des Wettbewerbs um Luxus und aufwendigen Konsum erhält so keine Unterstützung und wird zerstört. Der Mensch ist jetzt Sklave seiner Wünsche; er ist selbst hilflos bei dem Versuch, den Durst nach Vergnügen und Luxus zu überwinden; er ist zu schwach, um seine Natur unter Kontrolle zu halten; er weiß nicht, wie er das göttliche Bewußtsein, das in ihm verborgen ist, wecken kann.

Moralische Übungen und Anweisungen allein können euch nicht helfen, um dies zu erreichen. Man kann dies nur durch spirituelles Sadhana machen; denn es ist eine grundlegende Umwandlung. Es bezieht die Beseitigung des Geistes mit ein, der das Grundhindernis auf dem Weg ist. Wird Gottes Gnade angerufen und gewonnen, so kann sie euch die Kraft verleihen. Und die Gnade ist in euch vorhanden und wartet darauf, gerufen zu werden.

Der Mensch muß aufhören, sich auf die Launen des Geistes zu verlassen. Er muß immer im Bewußtsein seiner angeborenen Göttlichkeit handeln. Wenn dies getan wird, wird seine dreifache Natur (die aus den Gunas – Thamas, Rajas und Sathwa besteht) sich von selbst nur noch durch heilige Kanäle ausdrücken. Das ist die echte Manifestation.

Ein weiterer Punkt. Man mag das Argument vorbringen: „Wenn man den Wunsch nach Komfort, Luxus und Vergnügen aufgeben muß, warum sollte man sich da unter die Gesellschaft mischen?“ Dies setzt den Glauben voraus, daß die Daseinsberechtigung der Gesellschaft nur auf der Gewährung solch weltlicher Freuden beruht. Aber welche Form von Gesellschaft kann auf solch einem schwachen Fundament aufgebaut werden? Wenn sie darauf aufbaut, kann sie nur dem Namen nach eine Gesellschaft sein. Sie wird nicht durch gegenseitige Liebe und Mitarbeit zusammengehalten. Die Starken werden die Schwachen unterdrücken. Die sozialen Beziehungen werden durch Unzufriedenheit bestimmt sein. Selbst wenn man versucht, die Schätze der Natur gleichmäßig untereinander aufzuteilen, wird die Herzlichkeit nur oberflächlich sein; sie wird nicht spontan sein. Wir können die zur Verfügung stehenden Mittel begrenzen, aber wir können Gier, Wunsch und Verlangen nicht in Grenzen halten. Wunsch schließt Suche bis jenseits der Grenzen des Möglichen mit ein. Was getan werden muß, ist, den Wunsch mit den Wurzeln auszureißen; der Mensch muß den Wunsch nach objektiven Vergnügungen aufgeben, die auf der Illusion gründen, daß die Welt vielfältig, vielfarbig usw. ist, und nicht auf der Wahrheit, daß die Welt, die Natur, die ganze Schöpfung, das *eine* ist. Wenn man sich nur des *einen* bewußt ist, wer wünscht dann was? Was könnte eine zweite Person erwerben und genießen? Die atmische Schau zerstört den Wunsch nach objektiven Freuden, denn es gibt kein vom Subjekt verschiedenes Objekt.

Dies ist die wahre Aufgabe der Gesellschaft – jedem ihrer Mitglieder zu ermöglichen, diese atmische Schau zu verwirklichen. Die in einer

Gesellschaft durch gemeinsame Interessen verbundenen Menschen sind nicht nur Familien, Kasten, Klassen, Gruppen oder Verwandte, sie sind *ein* Atma. Sie sind durch das engste der Familienbande miteinander verknüpft; nicht nur die eine Gesellschaft, mit der sie sich verbunden fühlen, sondern die ganze *Menschheit* ist *eins*. Vasudhaika kutumbakam sagen die Shastras; die ganze Welt ist eine Familie. Diese Einheit muß von jedem erlebt werden.

Der Reichtum der Natur und die Bodenschätze werden jetzt mißbraucht für das Aufblähen des eigenen Egos. Ist jedoch die atmische Einheit erkannt, wird man durch Liebe die neue Lebensweise fördern. Was jetzt „Mitleid" oder gesetzlich erzwungene gegenseitige „Hilfe" ist, wird dann in „göttliche Liebe" verwandelt, die sehr wirkungsvoll den Gebenden und Empfangenden reinigen kann. Dieses Ziel ist jenseits des Bereiches der normalen Politik, Ethik oder Wirtschaft. Sie können nicht den Empfangenden umwandeln und den Gebenden durchdringen, wie sehr sie es auch auszugleichen versuchen. Sie haben nicht die Attraktivität und sie haben nicht die Kraft, es aufrecht zu erhalten. Das Gleichgewicht, das sie errichten, wird von einem Schatten, dem Schatten des Egos, verfolgt. Dieser Schatten kann nur verschwinden, wenn die Identität des *Einen* erkannt und gefühlt wird.

Man mag sagen, daß nicht alle Wünsche falsch sind; man möge die rajasischen, die andere schädigen und ausbeuten, verdammen; aber auf sathwische Wünsche zu verzichten? Wunsch ist jedoch Wunsch, auch wenn das Ziel wohltätig und rein ist. Die Frucht des Bemühens, der Geist, der sie erstrebt, die Kraft, die den Geist aktiviert, das Leben selbst – sie alle müssen durch Hingabe, die aus der Schau des *Einen* entsteht, dem Herrn zugewandt werden.

Diejenigen, die argumentieren, daß der spirituelle Pfad nur für den Einzelnen ist und daß die Gesellschaft nichts damit zu tun haben sollte, begehen einen großen Fehler. Es ist das gleiche, als ob man darauf bestünde, daß Licht im Haus ist, und sagt, es sei gleich, ob es draußen dunkel ist. Hingabe an Gott paßt nicht zusammen mit einem Haß auf die Mitmenschen. Die Mitmenschen und die Welt müssen immer im Spiegel des Sath-Chit-Ananda (Sein-Bewußtsein-Seligkeit) gesehen werden. Nur die Verwandtschaft, die auf dieser Erkenntnis gründet, wird Dauer haben. Das ist die Sai-Verwandtschaft. Wenn ihr diese Verwandtschaft vertieft, wird die echte Präsenz, die ständige Präsenz von Sathya Sai euch gehören.

Laßt euch nicht von euren Launen in den Dschungel der Worte und Gefühle führen. Seid fest und wahrhaft eurer innersten Natur gegenüber.

Gut und schlecht sind in den Reaktionen der einzelnen Menschen begründet; sie liegen nicht in den Dingen oder Ereignissen. Vedanta oder Atheismus wird befürwortet oder abgelehnt, je nachdem ob man es liebt oder verachtet. Sie hängen nicht von logischer Annahme oder Ablehnung ab. Nur Erfahrung kann ihren Wert begründen. Wer kann die Gottesschaft als so und so beschreiben? Die dies tun, betreiben eine nutzlose Übung. Es steht ihnen nicht zu, dies zu behaupten. Wenn sie sich das Recht dazu herausnehmen, sind sie nur eingebildet und verlassen sich auf ihren begrenzten Intellekt.

Die Göttlichkeit ist in jedermann vollkommen enthalten; für diejenigen, die klar und tief schauen können, liegt sie offen vor Augen. Wer dies ableugnet, betrügt sich nur selbst über seine Realität. Er kann *Sie* nicht abweisen, indem er *Sie* leugnet, weder für sich noch für andere.

Die Schlußfolgerung ist deshalb unvermeidlich, daß es die Pflicht des Menschen ist, in der Gesellschaft einen Ausdruck des Göttlichen zu sehen und seine ganze Geschicklichkeit und Mühe darauf zu wenden, das Wohlergehen und den Wohlstand der Gesellschaft zu fördern. Der Mensch muß 1. dieses Gefühl der Ausdehnung, 2. dieses umfassende Denken und 3. diese intuitive Schau entwickeln. Ohne diese drei ist der Mensch nur ein lebloses Wesen; wenn er diese drei verlacht, verliert er das Recht, ein Mensch genannt zu werden.

Der Geist des Verzichts, das Befolgen sittlichen Verhaltens, das Streben nach Zusammenarbeit, der Sinn für Verwandtschaft – diese sind die charakteristischen Kennzeichen des Menschen. Ein Leben, in dem sie als Hindernisse angesehen werden, kann nicht „Leben" genannt werden.

Die Bruderschaft des Menschen kann nur auf der Grundlage der atmischen Schau ins Leben übersetzt werden. Alle Menschen dürsten nach Frieden, Glück und Seligkeit. Sie sind das kostbarste Erbe, das ihr Recht ist, denn sie sind Gottes Schatz. Sie können nur dadurch erworben werden, daß man das Band erkennt, das die Menschen miteinander verknüpft. Alle Menschen sind von einem Geschlecht; sie sind von göttlichem Geschlecht.

Alle Menschen sind Zellen des einen göttlichen Organismus, in dem göttlichen Körper. Dies sollte euer Glaube, euer Glück, eure Stärke, eure Fülle sein. Nur Bewußtheit dessen gibt euch das Recht, euch selbst Mensch zu nennen. Lernt, als Menschen zu leben. Dies ist das Sadhana, dies ist die Botschaft von Sai.

Brindavan, 1. 3. 1974

Ganzer Kreis oder Halbkreis?

Ihr habt euch der Studiengruppe in Dharmakshetra angeschlossen, und ihr vertieft euch in alle möglichen Bücher und sammelt Informationen und Anweisungen. Aber was habt ihr dadurch gewonnen? Wissen über das, was ein Autor sagt oder ein Heiliger lehrt, ist nicht das, was zu erlangen euer Studienkreis anstreben soll. Nicht Information, sondern Transformation; nicht Unterricht, sondern Aufbau sollte das Ziel sein. Theoretisches Wissen ist eine Last, solange es nicht praktiziert wird, wobei es zu Weisheit erhoben und ins tägliche Leben aufgenommen wird. Es lohnt nicht, Wissen aufzunehmen, das dem Lebensprozeß nicht Harmonie und Ganzheit verleiht. Jede Handlung muß dadurch ihre Gültigkeit und ihren Wert bekommen, daß sie zur Entdeckung sowohl der Wahrheit des Selbstes wie der Natur beiträgt. Was nützt es, alles über die Natur zu wissen, wenn ihr nichts über das Selbst wißt? Die Natur ist nur eine Projektion des Selbst, und so ist das Wissen über die Natur solange verzerrt oder trügerisch, wie man nicht das Selbst kennt. Das Selbst ist der Atma, aus dem die gesamte Schöpfung besteht, und somit ist einzig das Wissen um das Selbst in der Lage, den Durst des Menschen zu stillen.

Ihr sagt mir, daß ihr die Bhagavata Vahini und alle anderen Vahinis, die ich für euch geschrieben habe, gelesen habt. Gut. Aber ich möchte euch fragen: habt ihr wenigstens eine der darin gegebenen Anweisungen in die tägliche Praxis übernommen? Fragt euch im Stillen selbst und entschließt euch, einen Nutzen aus ihnen zu ziehen, indem ihr die in ihnen erwähnten Verfahren praktiziert. Dies ist der richtige Studienplan – Lesen, Nachdenken und regelmäßige Anwendung im Leben. Studium ist *Arbeit.* Die Untersuchung des Wertes und der Anwendbarkeit des Studierten ist

Verehrung; das Erleben des Wertes und der Gültigkeit der Übung ist *Weisheit*.

Zunächst müßt ihr lernen, ‚was andere denken, das ihr seid‘. Sie betrachten euch als einen Körper mit einem spezifischen Namen und einer identifizierbaren Form. Dann müßt ihr lernen, ‚was ihr denkt, das ihr seid‘. Ihr seid euch eures Geistes und seiner äffischen Tricks, seiner Vorurteile und Vorlieben, seiner Leidenschaften und seiner Interessen bewußt. Ihr seid euch eures individuellen Bewußtseins, eurer Version des ‚Mir‘ und ‚Mein‘ bewußt. Lernt den Geist als ein Instrument kennen, das euch schaden kann, wenn ihr es unweise nutzt, oder helfen kann, wenn ihr es weise nutzt. Ihr müßt noch ein anderes ‚Ihr‘ lernen, das *Ihr*, ‚das ihr wirklich seid‘. Denn ihr seid weder der Körper noch der Geist. Ihr seid die Verkörperung von Reinheit, Kraft, Liebe, Seligkeit. Das miserable kleine Gefängnis, das ‚Individualität‘ genannt wird, muß verneint werden. Ihr seid frei, aber ihr stellt euch vor, daß ihr gefangen seid, und lauft in der Zelle herum, in der ihr euch gefangen denkt. Die Wahrheit zu sehen wird euch freimachen. Sie ist in euch, fühlt sie. Fühlt sie. Ihr seid nicht der Körper, der Geist, der Intellekt, das Gehirn, das Herz, das ausgesprochen winzige Ego. Ihr seid das unendliche universale Absolute. Ihr müßt euch selbst sicher und unerschütterlich in dieser Bewußtheit gründen. Paramahamsas (große Seelen) haben diese Bewußtheit. Ein jeder von euch kann diesen Zustand erreichen; er ist euer Schicksal, eure eigene Pflicht. Ein Buch nach dem anderen zu studieren ist zwecklos. Eine Zeile aus einem Buch in die Praxis umzusetzen reicht aus, um euch aus den Äonen der Dunkelheit, der Unwissenheit und des Verlangens nach Licht zu retten.

Bloße Gymnastik reicht nicht aus; die Bhagavad Githa kann nur dann als ein Bhagavad Dutha (Bote Gottes) benutzt werden, wenn ihr sie in eurem Herzen willkommen heißt. Ein berühmter Pandit legte einmal die Bhagavad Githa (den Gesang Gottes) vor einer großen Versammlung aus; er gab eine ausführliche Erklärung des Sloka (Vers), der von der Herrlichkeit Gottes durch den Gebrauch verschiedener Beinamen erzählt. Der Herr, sagte er, ist Kavi (Er kennt die Vergangenheit, die Gegenwart und die Zukunft), Purana (der alterslose Eine, das strahlende Licht und der Lebensgeist in allen Wesen), Anu-sasitha (Derjenige, Der das Gesetz, das den Geist reguliert und ihn zu einer Quelle und Erhaltung führt, festlegt, der universale Geist). Die Zuhörerschaft war von seiner enzyklopädischen Gelehrsamkeit begeistert; aber das war auch alles. Er hatte nicht den Gott, den er in solch attraktiven Farben darlegte, erlebt. Er hatte das nur aus Büchern gelernt, wie ein Papagei es von Lehrern lernt.

Ihr müßt vor dem Stolz geschützt werden, der den Gelehrten infiziert, der eine bestimmte Anzahl alter Texte gemeistert hat. Beurteilt andere nicht als minderwertig, weil sie nicht an Bhajans, Nagasankirtans (Prozessionen) oder eurer Art des Studienkreises teilnehmen. Ihr mögt sehr falsch liegen, wenn ihr die spirituelle Entwicklung eines Menschen nach bloßen Äußerlichkeiten einschätzt. Innere Reinheit kann sich nicht durch pompöse Schau ausdrücken. Nur Der, Der in ein jedes Herz schaut, kann wissen, wer darin wohnt: Rama oder Kama (Gott oder Mammon). Natürlich sind Disziplinen wie Bhajan, Nagasankirtan und Japa (Wiederholung des Namens Gottes) notwendig, um den Geist zu reinigen; um die schreckliche Krankheit ‚Geburt und Tod' zu heilen, ist sowohl die äußere Anwendung dieser Sadhanas (Übungen) als auch die innere Anwendung von Dhyana (Meditation) und Sila (Tugend) wichtig. Äußere Disziplin ist Dharma Vidya (die Erlangung von Rechtschaffenheit als einer Lebensweise); innere Disziplin ist Brahma Vidya (die Erlangung von Ruhe als eines ständigen Schatzes). Aus diesem Grunde befehlen die Veden „Satyam Vada, Dharmam Chara" – „Sprich immer die Wahrheit, handle immer recht". Dies ist der Weg zu Gott.

Ein jeder von euch ist ein Pilger auf jener Straße, der nach seinem eigenen Schrittempo, nach den eigenen Qualifikationen und entsprechend der mit seinen Mitteln erreichten Ebene vorwärtsschreitet. Der Rat, der einen von euch anspricht oder für einen von euch gilt, mag für einen anderen nicht angemessen sein, der weniger weit gereist ist oder einen fortgeschritteneren Zustand erreicht hat. Wenn ich jemandem sage, er solle einer bestimmten Sadhanarichtung folgen, ist dies besonders zu seinem Nutzen; nehmt es nicht als eine Vorschrift, die auch für euch gilt und sagt, „Swami sagte ihm dies; ich möchte es auch übernehmen." Jeder hat eine unterschiedliche Verfassung, geistig, physisch und spirituell. Der Arzt läßt einen Patienten Quark essen und verbietet es einem anderen. Wenn ein Mensch Übergewicht hat, empfiehlt er ihm ein bestimmtes Essen; wenn er Untergewicht hat, empfiehlt er ihm etwas anderes. Wenn Ärzte, die die Krankheiten des Körpers behandeln, verschiedene Mittel verschreiben müssen, wieviel spezifischer und persönlicher müssen die Mittel für die komplexen und vielfältigen Umstände geistiger Situationen und spirituellen Verlangens und Bestrebens sein?

Solange ihr nicht ernsthafte Untersuchungen anstellt, könnt ihr nicht das für euer Temperament und seine Probleme geeignete Mittel entdekken. Studiert mit Glauben und Hingabe. Taucht tief in die Bedeutung und den Sinn des von euch Gelesenen ein; und habt immer das Ziel vor euch, das, was ihr lest, in die Praxis umzusetzen. Solange ihr dies nicht ut, wird der Studienkreis ein Halbkreis bleiben; er kann nicht zu einem ganzen Kreis werden.

Und achtet noch auf einen weiteren Punkt. Beschränkt eure Studien nicht auf diesen Kreis und auf diese Bücher. Das ganze Universum ist eine Universität für euch. Ihr könnt Weisheit aus dem Himmel, den Wolken, den Bergen, den Flüssen, den täglichen Phänomenen von Sonnenaufgang und Sonnenuntergang, den Jahreszeiten, Vögeln, Bäumen, Blumen, Insekten ziehen – in der Tat von allen Wesen und Dingen in der Natur. Geht voller Ehrfurcht, Verehrung und Bescheidenheit zu diesen Lehrern; sie werden mit ihren Lektionen antworten. Sorgt euch nicht darum, daß ihr nicht Sanskrit beherrscht. Samskar (Reinigung) reicht aus für die Universität, die sich um euch her befindet. Sanskrit ist die Sprache der alten Schriften und der klassischen Literatur; Samskar ist die Sprache des Herzens, das verfeinerte Medium fruchtbarer Vereinigung mit der Natur, in all den mannigfaltigen Ausströmungen der Gottheit.

Bombay, 3. 3. 1974

Für Jene, die mir gehören

Die Welt ist ein Hochofen und eine Fabrik, wo der Mensch durch ernsthaftes, unermüdliches Bemühen sein Schicksal formen muß. Wer diese Herausforderung annimmt und die ihm zugeteilten Jahre und die Geschicklichkeit und die Intelligenz, mit denen er ausgestattet ist, für sinnvolle Aktivität verwendet, der verdient wirklich den Status eines Karma-Yogis. Ihr, die ihr in diesen Deogiri-Minen arbeitet, seid echte Karma-Yogis. Denn ihr nutzt, vom Morgen bis zum Abend, jede Unze eurer Energie für eine Arbeit, die für euch und die Menschen dieses Landes von Nutzen ist. Ihr vergeudet eure Zeit nicht mit verschwenderischen Gewohnheiten; ihr widmet eure Stärke und Ausdauer produktiven

Zielen; ihr strebt danach, eure Frauen und Kinder zu ernähren und großzuziehen und setzt euch mit ihnen in einer glücklichen Familienrunde zum Essen. Wirklich, Gott freut sich, in euren Herzen zu wohnen. Haltet das Herz rein und unverschmutzt durch Böses und Laster. Erlaubt den Strahlen der Liebe, es zu erleuchten. Laßt die dunklen Vögel von Haß und Gier aus der Höhle eures Herzens fliegen; laß die saubere Luft gegenseitiger Kooperation einströmen und helft, die Höhle sicher und rein zu halten.

Ihr seht diese Bäume; sie können fest stehen und wachsen, weil sie ihre Wurzeln außer eurer Sichtweite ausgebreitet haben.

Ihr seht diese Girlande in meiner Hand. Die Hunderte von Blumen werden durch einen Faden zusammengehalten, den ihr nicht seht. Ihr seht dieses Gebäude dort drüben; die Wände ragen so hoch, weil die Fundamente tief in die Erde hinein reichen, auch wenn ihr sie nicht sehen könnt. So ist auch diese Welt so voll, so bezaubernd, so reich, so angenehm, so regelmäßig in ihren Bewegungen und ihren Weisen, weil sie einen unsichtbaren Meister und Gesetzgeber, Gott, hat. Das Unsichtbare erhält das Sichtbare.

Habt Vertrauen in Seine Gnade und führt ein tugendhaftes Leben, ein Leben, das dem Dienst an den Schwachen gewidmet ist, ein Leben voller Gedanken an die Macht und Herrlichkeit Gottes. Die Nation verläßt sich auf euch, daß ihr sie mit sehr wichtigen Waren versorgt; ihr habt die Pflicht, diesem Ruf zu entsprechen. Betet, daß ihr diese Pflicht gut erfüllen könnt. Gott wird sicherlich auf euer Gebet hören, denn ihr seid so einfach und unschuldig. Ich möchte euch sagen, daß ihr wirklich viel glücklicher dran seid als die meisten der sogenannten Reichen; denn die Reichen schlafen nicht so gut wie ihr. Ihre Last an Sorgen ist viel schwerer. Sie werden zu immer schlechteren Lebensweisen verführt, und so entfremden sie sich immer mehr der Gnade.

Wenn ihr eure Stunden mit Gedanken an Gott verbringt, seid ihr auch frei von schlechten Gewohnheiten. Ihr werdet nicht versucht sein, andere zu beschimpfen oder ihnen irgendwie Schaden zuzufügen. Ihr lebt in Liebe und betrachtet alle Ereignisse des Lebens als Seine Gaben. Heimstätten wie die euren sind wirklich wie der Himmel auf Erden; die Freude, die eure Herzen bewegt, ist das Symbol Vaikunthas (des Himmels); die Ernsthaftigkeit und Sorgfalt, die ihr bei eurer Arbeit zeigt, ist das Zeichen von Kailash, dem Wohnsitz Shivas. Herzen, die diesen edlen Idealen gewidmet sind, sind wirklich ‚golden'. Sie können nicht vom Auf und Ab des Lebens befleckt werden; sie bleiben unbeeinflußt und rein.

Ihr zieht Wohlstand aus der Natur oder Prakrithi. Prakrithi ist die Manifestation von Purusha oder Gott. Wenn ihr den Wunsch habt, Prakrithi zu meistern und sie euren Bedürfnissen zu beugen, müßt ihr die Gnade Purushas verdienen. So geht mit einer Haltung von Verehrung und Demut an eure Arbeit. Ravana verlangte nach Sitha (die Prakrithi ist, da sie die Tochter der Erde war, die von Janaka in der Furche des Feldes, das er pflügte, gefunden wurde). Aber er gewann zunächst nicht die Gnade Ramas, des Purusha, Gottes, der der Meister der Natur ist. So brachte er unaussprechliches Elend über sich und all seine Verwandten, Bekannten und Gefolgsleute. Betet jeden Tag, bevor ihr mit der Arbeit beginnt, wenigstens ein paar Minuten zu Gott; und versammelt euch am Tagesende, wenn die Arbeit getan ist, an einem geweihten Platz, in einem Tempel oder Mandir, und dankt dem Herrn, singt Seinen Namen und meditiert über Seine Majestät. Das wird euch zu wirklichen Karma-Yogis machen, selbst zu Helden des Karmaweges.

Dies ist ein bezaubernder Platz; er ist ruhig, umgeben von Wald. Solche Stätten werden von Sadhakas (Übenden) und Weisen aufgesucht, aber ihr habt das Glück, in dieser Umgebung zu arbeiten. Dies ist ein Thapovan (Einsiedelei), möchte ich sagen, ein Platz, an dem Suchende sich gern niederlassen würden. Ich segne euch, damit ihr alle ein Leben voller Freude und Glück, voller Liebe und Dienst habt, mit endlosen Schauern göttlicher Gnade.

Deogiri-Minen, 9. 3. 1974

Der zweite Besuch

Verkörperungen des göttlichen Atma! Ich spreche euch so an, damit ihr euch wenigstens gelegentlich der noblen Wahrheiten erinnert, die für euch im Schatz der Kultur von Bharath gesammelt sind; meditiert über dessen Weite und Tiefe und zieht daraus Trost und Stärke. Dies ist euer Privileg; der Avatar ist gekommen, um eure Aufmerksamkeit auf die Tiefe und den Nutzen des Dharmas zu richten, das Bharath seit Jahrhunderten erhalten hat, aber das durch die eigenen Kinder dieses Landes vernachläßigt wird. Bharath war das Land vieler Zentren, von denen aus sich die Botschaft ewigen Friedens und universaler Liebe über die ganze Welt verbreitete; aber heute liegt es unter dem Zugriff von Furcht und Angst, von Haß und Gier. Die Art und Weise, wie der Mensch seine Tage verbringt, ist außerordentlich merkwürdig. Er strebt nach Glück und ist ständig in allen Richtungen darum bemüht. Und wenn er feststellt, daß das Glück, wenn er es erlangt hat, nichts als ein Strohfeuer im Elend ist, so fängt er an, sich selbst und andere zu verfluchen. Obwohl alle heiligen Bücher, alle Heiligen aller Länder und aller Glaubensrichtungen und alle Lehrer und Prediger gesagt haben, daß nur Gott Quell und Ursprung dauerhaften Glücks ist, ist der Mensch einem solchen Rat gegenüber taub und geht blind seinen eigenen Weg.

Es gibt da eine Geschichte von einem jungen Mann, der nachts mit dem Fahrrad über eine verkehrsreiche Straße fuhr. Ein Polizist forderte ihn auf, anzuhalten und abzusteigen, da er keine Lampe an seinem Rad hatte. Der Kerl rief jedoch, ,,Zurück, Polizist, ich hab zwar keine Lampe, aber ich hab auch keine Bremse!" Das ist heutzutage die armselige Lage eines jeden. Niemand hat die Lampe der Weisheit oder die Bremse der Sinnenkontrolle. Wie können sie dann die Straße zum Ananda (Seligkeit) entlangfahren, ohne sich selbst und andere zu verletzen? Der Radfahrer muß beides haben; auch der Mensch braucht Weisheit und Selbstkontrolle. Sonst wird er sicherlich seine Chance, sich zu retten, verpassen.

Der Mensch ist in die Welt geschickt worden, um Zeit und Gelegenheit zu nutzen, die Wahrheit zu verwirklichen, daß er nicht Mensch, sondern Gott ist. Die Welle tanzt mit dem Wind, badet in der Sonne, hüpft im Regen, bildet sich ein, daß sie an der Brust der See spielt; sie weiß nicht, daß sie selbst die See ist. Bis sie nicht diese Wahrheit erkennt, wird sie auf- und abgeschleudert. Wenn sie es weiß, kann sie ruhig und gesammelt mit sich selbst in Frieden sein.

Nahrung, Kleidung, Unterkunft – sie sind Nebensachen; je mehr ihr habt, desto schlechter ist die Gesundheit, umso größer sind Sorgen, Angst und Furcht. Und nichts kann euch vor dem Tode retten, wenn ihr alles verlassen müßt und von der Bühne verschwindet. Wenn ihr gut seid, wenn ihr anderen nach euren besten Kräften helft und zu allen Liebe ausströmt, wird euer Name den Menschen im Gedächtnis bleiben, auch wenn ihr fort seid. Das ist das Marmordenkmal, nach dem ihr ganz rechtmäßig streben und arbeiten könnt. Aber es ist eure Pflicht, zu dienen und gut zu sein, ob die Menschen euch ehren oder verachten. Was sagt ihr zu eurem Meister oder Guru? „Ich will Befreiung", oder „Ich will Ananda (Seligkeit"), nicht wahr? Gut. Die Mittel, dies zu erlangen, sind in euren Händen. Befreiung und Ananda sind schon in euren Händen, sie sind verpackt zwischen dem oberen Deckel (Ich) und dem unteren Deckel (Wille). ‚Ich' bedeutet das ‚Ego'; Wille bedeutet ‚Wunsch'. Beseitigt die beiden Deckel, das Ego und den Wunsch; was übrigbleibt ist Befreiung, Ananda. Um den oberen und den unteren Deckel zu beseitigen ist Intelligenz notwendig. Deshalb ging Gandhiji im ganzen Land mit dem Gebet umher: Sabko Sanmathi de Bhagavan: „Oh Herr, gibt einem jeden Menschen gute Intelligenz".

Intelligenz muß auf gute Ziele ausgerichtet werden: Mittel und Wege sind zu suchen und zu entdecken, um die eigene Liebe auszudehnen und um das eigene Mitleid zu vertiefen. Sie sollte nicht zum Zynismus degradieren und zur Suche nach den Fehlern der anderen. Wer eine Rose in der Hand hält, kann deren Duft genießen; auch wer nahebei steht, kann sich am Duft erfreuen. So könnt ihr auch Freude und Zufriedenheit erlangen, wenn eure Intelligenz mit dem Duft von Tugend und Wohltätigkeit durchdrungen ist, und jene in eurer Nähe haben an dem Frieden und der Harmonie teil.

Schon 1949 kam ich zum ersten Mal in den Staat Sandur. Damals gab es für mich noch keine Gelegenheit, so viele von euch zu treffen und euch von solchen spirituellen Prinzipien zu erzählen. ‚Alles kommt zu seiner Zeit', sagt das Sprachwort. Eine Blume erblüht; aber es dauert recht lange, bis sie zu einer Frucht von nektargleichem Saft herangewachsen ist. Ein Kind wird geboren; aber es dauert lange, bis es zu einem starken, intelligenten Mitglied der Gesellschaft geworden ist. Ich bin froh, daß ich jetzt gekommen bin und so viele Tausende von Leuten aus Sandur treffen und segnen konnte.

Sandur, 1. 3. 1974

Die Poesie der Liebe

Der Landmann weiß aus der eigenen früheren Erfahrung und aus der seiner Vorväter, wann im Jahr die Regenzeit kommt, und er bereitet das Feld mit Pflug und Egge vor. Wenn dann der Regen kommt und die Furchen durchtränkt, sät er die Samen, damit sie im Boden keimen und wachsen können. Wenn er zu spät oder gar nicht sät, wie kann er dann die Ernte einbringen? Oder wenn er die Garben nicht schneidet und sie in Bündeln heimträgt, wenn die Ernte reif ist, wie kann er dann seinen Kornspeicher mit der für ihn notwendigen Nahrung füllen?

Der Regen ist die Gabe Gottes; der Mensch kann um ihn nur beten und Gott durch Rechtschaffenheit günstig stimmen. Das Pflügen, das Säen, das Jäten und das Ernten sind die Sadhanas (Übungen), die der Mensch unternehmen muß, um die Gnade zu verdienen und um die Stärke zu bekommen, Gott für seine Gaben zu danken.

Ohne Gott ist das Leben wie eine Schule ohne Lehrer; es ist ein Draht ohne Strom; es ist ein Körper ohne Seele. Gott ist in uns, um uns herum und hinter uns. So wie die Luft ohne Wind oder ohne in ihr fliegende Dinge nicht sichtbar ist, so kann Gott auch nur durch Seine Manifestation in Mensch und Tier, in Pflanze und Vogel, in Dingen und Wesen, die uns umgeben, erkannt werden. Noch kennt niemand das Mysterium des elektrischen Stroms, warum er sich so verhält, was genau die Natur seines Ursprungs und Fließens ist; aber dennoch wird er zu Tausenden von Zwecken gebraucht und manifestiert sich durch Tausende von Apparaten und Instrumenten.

So ist auch Gott überall gegenwärtig; aber wir können nur jenen Teil von Ihm verstehen, der sich vor unseren Augen manifestiert. Normale Menschen würden schwören, daß die Erde sich überhaupt nicht bewegt; in der Poesie gilt sie als ein Symbol der Stabilität. Aber sie hat zwei unglaublich schnelle Bewegungen! Sie rotiert mit einer Geschwindigkeit von mehr als tausend Meilen in der Stunde um ihre eigene Achse. Während die Erde so rotiert, bewegt sie sich noch mit einer erstaunlichen Geschwindigkeit um die Sonne. Aber merken wir es, während es geschieht?

Gott ist ebenfalls eine Realität; Er ist ständig in uns und in allen Wesen gegenwärtig; aber wir übersehen Ihn, wie wir die Bewegung der Erde übersehen. Wir müssen auf Gott wegen der Beweise und Zeugnisse Seiner

Vorsehung, Seiner Gnade, Seiner Majestät und seiner Herrlichkeit schließen, so wie wir auf die Bewegungen der Erde, des Mondes und der Sterne durch Beobachtung des Himmels, der Jahreszeiten und der genauen Abfolge von Tag und Nacht schließen.

Wir können Gott nicht mit dem Vokabular beschreiben, das wir auf der Erde lernen. Wir müssen die Seligkeit erfahren, Ihn als den Kern unseres Wesens zu erkennen. Der Mensch hat einen Sinn für Wunder und Ehrfurcht; dieser Sinn macht ihn entweder zu einem aktiv Teilnehmenden (Karma Yoga), zu einem, der das Mysterium untersucht (Jnana Yoga) oder einem frommen, Gott hingegebenen Menschen (Bhakthi Yoga). Wenn er diesen Sinn für Wunder unterdrückt, ignoriert oder übergeht, verwickelt er sich in die physische Welt, in physische Bedürfnisse und physische Belange. Er beginnt, Mammon zu verehren und weicht vom Guten, Gerechten und Schönen ab. Er taucht den Kelch der Seligkeit gegen einen Mund voll Staub ein.

Da wir heute einige Dichter hier haben, die uns ihre Gedichte vorlesen, möchte ich ihnen gerne etwas über ihre Kunst sagen. Die heutigen Dichter stehen in der ersten Reihe jener, die Gott als tot, als ein Stück Dekoration, wenn nicht als ein Hindernis oder einen Unfug ansehen. Ihren Anhängern geben sie Süßigkeiten mit einem Anstrich von modischen Slogans und Schlagworten. Sie kümmern sich nie um höhere Lebenswerte oder dauerhafte Lebensideale. Ihre Dichtung handelt von äußeren Dingen, Sinnesempfindungen und trivialem Flitter. Es ist alles extrem hohl und saftlos.

Wirkliche Dichtung verströmt sich auf den Ruf des im Inneren seienden Göttlichen hin, das sich selbst in edlen Worten ausdrücken will. Sie gewährt dem Dichter wie dem Leser dauerhafte Freude. Sie setzt nicht die eigene Wertschätzung der Welt und ihres Schöpfers herab. Die Leser müssen dazu angeregt werden, das Gedicht immer wieder zu lesen, und jedesmal, wenn sie sich darin vertiefen und über seine Verse nachdenken, müssen sich neue Blickpunkte ihrem Geist erschließen. Nur dann kann das Gedicht für alle Zeiten und alle Menschen dasein.

Dichter müssen zunächst Gott entdecken und dann ihre Ekstase an jene weitergeben, die nach dieser Seligkeit dürsten. Und wer hat diesen Durst nicht tief in sich selbst? Jeder Mensch ist ein Verbannter, der sich nach seiner Heimat in Gott sehnt. Die Pilgerreise zu Gott kann durch die richtige Art von Dichtern sanft, schnell und sicher gemacht werden. Ein

Blinder oder ein Lahmer kann die Furt eines Flusses nicht allein durchwaten. Der Lahme kann auf den Schultern des Blinden sitzen und ihn sicher hinübergeleiten; denn er hat das Auge, und der andere besitzt die Entschlossenheit und die Kraft. Der Dichter hat das Erlebnis im Auge, er kennt den Weg; er kann die Fallgruben vermeiden und anderen helfen, es ihm gleichzutun. Er kann ermutigen, begeistern.

Ein Mensch kann auch nicht aus sich heraus Jnana (Erkenntnis) erlangen oder den Weg entdecken, um die Seele im Inneren zu realisieren. Der Dichter ist der Guru für solche ernsthaften Sadhakas (Übenden). Er muß sich dieser hohen Rolle bewußt sein, sowie die Rishis der alten Zeit sich dessen bewußt waren. Er muß sich selbst für diesen hohen Status schulen. Wenn ich zu euch spreche, mache ich keine Pause, um zu untersuchen, ob ich den Regeln eurer Grammatik folge; die Worte fließen aus dem Herzen, sind voller Prema (Liebe). Das Herz macht alle Worte lieblich und sanft. Sanfte Worte und sanftes Verhalten führen zu sanften Handlungen und sanften Reaktionen.

Fülle das Herz mit Liebe; dann werden die Worte, die aus dem Herzen kommen voller Vitalität und Kraft sein. Es gibt keine Sakti (Kraft), die wirksamer als Prema oder Liebe ist. Die Grammatik der Liebe läßt die Worte in das Herz der Zuhörer dringen und bewegt sie zu Annahme, Würdigung und Handlung.

Das Plappern eines Kindes kennt keine Grammatik, aber es gewinnt ihm die Liebe der Mutter. Ramakrishna Paramahamsa kannte das Wort „Pension" nicht; er sagte einmal „Pence" statt Pension. Swami Vivekananda unterbrach ihn mit dem richtigen Wort, aber der Paramahamsa sagte, das Wort sei nicht wichtig, es reiche aus, daß das, was mitgeteilt werden solle, verstanden würde. Das Bhava (die mitzuteilende Idee) ist das Wirkliche; das Bhasha (die Sprache, in die es gekleidet wird) ist nur von oberflächlichem Interesse. Ich möchte, daß ihr das Bhava aufnehmt; ich möchte, daß die Dichter reines Bhava zum Ausdruck bringen, nicht nettes Bhasha.

Wenn ihr das Bhava versteht, das ich vermittle, könnt ihr zu echten Gottesverehrern und Sadhaks werden und auf dem Pfad der Selbstverwirklichung voranschreiten. Es gibt jetzt Millionen Bhakthas (Gottesverehrer)! Ihre Zahl wächst täglich. Und ihr habt vielleicht auch festgestellt, daß auch die Zahl der Sai Babas sehr groß geworden ist! Es gibt auch Leute, die behaupten, in Verbindung mit mir zu stehen, die vorgeben, ich hätte sie mehr gesegnet als andere, und ich hätte sie autorisiert, zu den Bhakthas zu gehen, um Einfluß oder Geldmittel oder Spenden zu erlangen! Echte Gottesverehrer werden nie so etwas Absurdes behaupten oder solchen absurden Behauptungen anderer zuhören. Ein wirklicher Gottesverehrer wird unerschütterlich in seinem Glauben sein, wie sehr es auch auf und nieder geht in seinem weltlichem Glück. Er betet zum Herrn nicht um Padartham (Dinge, materielle Objekte oder die Erfüllung weltlicher Wünsche), sondern um Paraartham, das überweltliche Glück. Die Pandavas waren solche Gottesverehrer, und deshalb sagte Krishna, daß er im Herzen eines jeden der fünf Brüder wie auch ihrer Königin, Draupadi, wohne. Sie sind fünf Beispiele für die Menschheit dieses Kali-Yugas. Ich fordere jeden auf, Prema zu entwickeln, denn Ich bin Prema, und wenn *ihr* Prema manifestiert, drückt ihr nur *Mich* aus, der in euren Herzen wohnt.

Hyderabat, 1. 4. 1974

Grenzen, die befreien

Dies ist ein Yajna, ein heiliges Ritual. Die Teilnehmer dieses „Opfers" können sich selbst als belohnt ansehen, wenn sie daraus zwei Wohltaten erlangen: Verständnis der wahren Natur oder Prakrithi und Schau des wahren Pfades spirituellen Bemühens. Die Studenten und Lehrer, die aus den entlegenen Ecken dieses Landes und von jenseits der Ozeane gekommen sind, sind die amthabenden Priester; sie müssen wachsam und sorgfältig sein, damit das Yajna nicht durch Trägheit und Unregelmäßigkeit getrübt wird. Es ist üblich, in das Opferfeuer Ghi (gereinigte Butter) und eine Anzahl wertvoller Dinge als Gaben zu schütten. Aber hier fordere ich euch auf, in das Feuer dieses Yajnas eure Selbstsucht und euren falschen Stolz zu opfern. Dieses Yajna benötigt zwei zeremonielle Riten: richtet euren Geist auf die höhere Wahrheit aus; weitet eure Sympathie und Liebe aus, damit sie alle Lebewesen umfassen und euch zu echtem Dienst aktivieren.

Dann das Leben ist eine Reise von dem Stand des *Ich* zu dem Stand des *Wir*, vom Singular zum Plural, von dem gefangenen Einen zu dem befreiten Einen, das in dem Vielen gesehen wird. Die Schau des Einen, das in dem offensichtlichen Vielen enthalten ist, ist die Erfüllung all der Jahre des eigenen Lebens. Dies ist die Lehre, die in den alten Texten und Schriften enthalten ist. Aber sie sind vergessen worden, seitdem der Geist der Menschen dieses Landes von der westlichen Zivilisation gewonnen wurden. Seitdem dies geschah, wurde das Ansammeln von Geld das Ziel des Lebens und nicht die Bewußtheit des Selbst.

Was gewonnen werden muß ist nicht Geld, sondern Tugend. Die Mittel zum Lebensunterhalt werden von Vögeln und Vieh gesucht und gesammelt; es gibt dabei nichts besonders Menschliches. Wenn die Intelligenz für die Beschaffung von Nahrung und physischem Konfort benutzt wird, verliert sich der Mensch in tierischen Bestrebungen. Das menschliche Leben ist viel bedeutungsvoller als das von Vögeln und Vieh. Der Mensch hat in sich einen Funken des Göttlichen; sein Körper ist der Tempel Gottes. Deshalb muß er auf eine solche Weise leben, daß die angeborene Göttlichkeit sich durch Liebe, durch Dienst am Nächsten und durch die Erkenntnis der ständigen Gegenwart Gottes in ihm und in allem um ihn herum ausdrückt. Wenn der Mensch seine Fähigkeiten der Nahrungssuche widmet, entfremdet er sich selbst von dem Licht, das in ihm leuchtet, dem Atma.

Der Mensch nimmt als Nahrung viele Lebewesen zu sich, Pflanzen, Eier, Fisch, Kühe, Schafe usw. Dadurch, daß sie verzehrt werden, werden sie als Menschen geboren. Aber da sie nicht die Erziehung erfahren haben, die den Gott in ihnen enthüllen kann, vegetieren sie dahin oder bleiben tierisch, ohne die entsprechende Fahrkarte oder den Reisepaß zu erlangen, durch die sie über den menschlichen Status hinausgelangen können, in den sie übereilt gestellt worden sind. Wie die meisten Menschen wälzen sie sich von der Wiege bis zur Bahre und sind an die Sinne und die Krankheiten, die die Bindung unvermeidlich mit sich bringt, gefesselt. Seid nicht mit Sklaverei zufrieden, strebt danach, das Ziel zu erreichen. Begnügt euch nicht mit Sklaverei, strebt danach, die Sonne der Herrlichkeit, die Quelle vollkommener Weisheit zu erreichen.

Der Mensch untersucht und entdeckt nicht die besonderen Vorzüge seines eigenen Glaubens im Vergleich zu anderen Glaubensformen oder den Unterschied zwischen seinem Glaubensbekenntnis und seiner Religion und den Glaubensbekenntnissen und Religionen, die andere hochschätzen. Er bewertet nicht seinen Standpunkt im Lichte der Standpunkte und Haltungen anderer. Er wägt seine Handlungen nicht ab und bewertet sie nicht nach Wert und Unwert. Die Seher und Weisen Indiens haben diese Übung besonders betont und haben dazu Verfahren vorgeschrieben. Aber die Inder wissen nichts von dieser Disziplin oder ihrem Wert.

Daraus folgt, daß die Söhne und Töchter Indiens beschämend still sind, wenn Zyniker und kurzsichtige Kritiker ihre alte Kultur in Mißkredit bringen und voll Verachtung mit dem Finger auf das zeigen, was sie für Absurditäten und Ungereimtheiten halten. Folgt nicht solchen Leuten bei ihrer Verleumdungskampagne. Versucht vielmehr, die Kultur in euch aufzunehmen und strebt nach dem Seligkeitserlebnis, das sie verspricht. Es ist in der Tat eine große Schande, daß Leute, die sich selbst Inder nennen, nicht genügend informiert oder erfahren sind, um die Gegner und Verleumder der indischen Kultur zum Schweigen zu bringen.

Der Fehler liegt in dem Erziehungssystem, das ihnen noch nicht einmal einen flüchtigen Blick in die Herrlichkeit gibt. Das Land ist nun in Furcht versunken, und das Heilmittel liegt darin, daß ihr die in den alten Texten vorgeschriebenen Verfahren kennt, sie praktiziert und propagiert. Ihr werdet jetzt durch Leute in die Irre geführt, die die wahren Charakteristiken dieser Kultur nicht kennen. Und die Vorstellungen, die ihr von den Epen und den Puranas, den Sastras und den Veden habt, sind entstellt durch die Vorurteile, die jene Leute euch eingepflanzt haben. Die Geschichte von der Jungfrau Maria, die Jesus Christus gebiert, wird z. B. als ein Zeichen des göttlichen Willens mit Beifall begrüßt, aber ihr, die ihr diese Interpretation akzeptiert, seid nicht in der Lage zu bejahen, daß die Geburt Karnas durch die Jungfrau Kunthidevi gleichfalls ein Zeichen des selben göttlichen Willens ist. Ihr entschuldigt euch und seid beschämt, wenn die Tatsache von Karnas Geburt aus dem göttlichen Willen durch die heutigen sogenannten Gelehrten verdreht und entstellt wird.

Menschen, die vollständig unwissend sind, haben keine Zweifel oder Bedenken; auch jene, die vollkommen weise sind, haben keine Zweifel und Bedenken. Das halbgare Volk der Gelehrten und Studenten fällt in die Schlingen, die durch die Verwirrten und Verdorbenen gelegt werden. Wir hoffen, daß ihr durch den Kontakt mit dem reifen Geist, der intelligenten Gelehrsamkeit und dem von Erfahrung gefüllten Herzen jener, die zu euch während dieses Sommerkurses sprechen werden, begeistert und zu dem Entschluß gestärkt werdet, die der indischen Kultur zugrundeliegenden Prinzipien zu pflegen und zu fördern.

Die Erziehung sollte nicht nur darauf abzielen, die Schüler mit einem Berg von Büchern vertraut zu machen. Sie sollte darauf bestehen, daß sie die Essenz der Lehren, die sie erarbeiten, aufnehmen. Jetzt lenken die Schüler ihr gesamtes Bemühen auf den Erwerb von mehr und mehr Wissen eines Spezialgebietes des Lehrstoffes. So mangelt es ihnen betrüblich viel an Allgemeinwissen, und sie sind nicht in der Lage, ihr Verhalten und Benehmen anzupassen und den Launen des Schicksals gewachsen zu sein.

Minister Ghorpade sprach über die Beziehung zwischen Wissenschaft und Religion. Natürlich muß sich die Wissenschaft mehr und mehr entwickeln, denn die Wissenschaft macht das Leben angenehmer. Sie hat dem Menschen viele Dinge gebracht, die das Leben freier, unterhaltsamer und einheitlicher gestaltet haben. Aber das Problem ist, während sich Wissenschaft und Technik mit Windeseile entwickelt haben, hat der Mensch nicht die Kunst gelernt, sie auf rechte Weise zu benutzen. Er erlaubt Wissenschaft und Technik in vollem Maße, seine sinnlichen Wünsche zu befriedigen und erleidet dadurch Einbußen an Format und Status.

Ihr müßt diesen Fehler vermeiden. Ihr müßt in dieser Zeit, wo eure Intelligenz, eure Wachheit und eure Bewußtheit alle in guter Verfassung sind, lernen, wie ihr eure Impulse unter Kontrolle haltet und die Sinne meistert, die euch auf falsche und lasterhafte Pfade ziehen. Wenn der Wunsch nach Vergnügungen eure Vernunft und eure angeborene Göttlichkeit überfällt, bleibt euch nur noch das Aussehen und die Form eines menschlichen Wesens; ihr habt kein Recht, Mensch genannt zu werden. Menschlichkeit und Göttlichkeit existieren untrennbar zusammen; sie sind der negative und positive Pol, die verbunden sein müssen, um die Wärme der Liebe und das Licht der Weisheit hervorzubringen. Wenn ihr erst einmal euer Selbst im höheren Selbst gegründet habt, geht ihr nicht verloren; ihr könnt dann frei im Bereich des Unrealen umherwandern. Wenn ihr das Selbst nicht als einen Funken des höchsten Selbst erfahren habt, wird euer Herumlaufen fruchtlos wie das der Tiere sein, die gemäß ihrem Instinkt umherstreifen. Versucht deshalb, die euch zugeteilte Menschlichkeit in das Göttliche zu verwandeln, das ihr eigentlicher Kern ist.

Das Universium ist der Körper Gottes; jedes Teilchen ist mit Gott, mit Seiner Herrlichkeit, Seiner Macht, Seiner Unerforschlichkeit erfüllt.

Glaubt daran, daß Gott die innere Wahrheit in jedem Ding und Wesen ist. Er ist Wahrheit, Er ist Weisheit. Er ist ewig. Seid bescheiden vor der Offenkundigkeit Seiner Macht und Majestät.

Wir haben das Beispiel von Hiranyakasipu, dem Vater von Prahlada. Seine Macht und Autorität über den gesamten Kosmos hatte nicht ihresgleichen. Er verfügte über ungeheures Wissen. Durch Askese und Bemühen hatte er ungeheure Fertigkeiten gewonnen. Er war über seine Erfolge so stolz, daß er Gott leugnete und erklärte, daß er ihn nicht benötige. Aber es kam ein Tag, da selbst er nach Gott rufen und verlangen mußte . . . So mögt auch ihr euch Gott aus dem Sinn schlagen und ihn leugnen, aus Unwissenheit oder Verdorbenheit; aber es wird ein Tag kommen, wo ihr um Sein Mitleid beten müßt.

In Wirklichkeit *seid* ihr Gott. Es ist der Gott in euch, der euch leitet und beschützt. Wenn ihr Gott leugnet, ist dies das gleiche, als ob ihr sagt, ,,Ich bin von einer unfruchtbaren Frau geboren worden", oder lauthals versichert, ,,Ich bin unheilbar dumm". Es ist genauso unsinnig, als leugnetet ihr euch selbst. Diese große Wahrheit wird sehr gut in den Schriften dieses Landes erklärt, und ein jeder von euch hat das Recht, dieses Erbe kennenzulernen.

Die Seher dieses Landes haben die Grenzen und Richtlinien, die von den aufwärtsstrebenden Menschen einzuhalten sind, aufgezeichnet. Die Veden geben diese Geboten: Mathru devo bhava; pithru devo bhava; acharya devo bhava; Sathyam Vada; dharmam Chara. ,,Verehre deine Mutter wie Gott; verehre deinen Vater wie Gott; verehre deinen Lehrer wie Gott; sprich die Wahrheit; handle richtig". Diese fünf sind wie die fünf Lebenshauche, die den menschlichen Körper erhalten. Glaubt in diesem Sinne an sie; habt unerschütterliches Vertrauen, daß sie für euren materiellen und spirituellen Fortschritt niedergelegt worden sind. Praktiziert diese Vorschriften voller Ernst und ohne nachzulassen. Das wird euch auf der Pilgerreise vom Menschlichen zum Göttlichen den Erfolg sichern.

Wenn ihr eure Eltern heute verehrt, werden eure Kinder euch in kommenden Tagen verehren; denn die Gegenwart formt das Antlitz der Zukunft, so wie sie selbst wiederum von der Vergangenheit geformt wurde. Deshalb bestehe ich immer darauf, ,,Seid gut, seht Gutes, tut Gutes; dies ist der Weg zu Gott".

Wenn ihr nach dem Sommerkurs zu euren Orten zurückkehrt, muß ein jeder von euch mit dem Wissen über diese fünf Disziplinen und dem Eifer, sie im täglichen Leben anzuwenden, ausgestattet sein. Konzentriert eure Aufmerksamkeit während der gesamten Zeit auf diese Aufgabe; kümmert euch nicht um die Unannehmlichkeiten, die Umstellung im Essen oder die Vorschriften über Spiel und Unterhaltung. Tragt diese Einschränkungen und Regeln geduldig und froh.

Das Leben ist durch diese Einschränkungen und Begrenzungen umso süßer. Ihr werdet im Leben auf viele Hindernisse treffen, seid jedoch nicht durch sie entmutigt. Freude und Schmerz wechseln im Leben ab; in der Tat ist Freude nur das Intervall zwischen zwei Leiden! Und das macht sie willkommen und wertvoll. Habt immer die Zukunft im Auge und ertragt jetzt geduldig den Schmerz, damit ihr ihm voller Kraft begegnen könnt, wenn er euch später im Leben überfällt. Thyaga (Verzicht) ist der wirkliche Yoga; verzichtet und werdet Meister über euch selbst. Bhoga (Sinneslust) bringt Roga (Krankheit) hervor. Verwöhnung ist die Ursache von Krankheit.

Behandelt alle, die mit euch an diesem Sommerkurs teilnehmen, als Brüder und Schwestern. Denkt immer an die Bruderschaft der Menschen und die Vaterschaft Gottes. Die Leute sprechen auf der Bühne große Versammlungen wortgewandt mit „Brüder und Schwestern!" an. Aber sind sie bereit, ihr Eigentum mit den Brüdern und Schwestern zu teilen? Ihr braucht natürlich nicht so weit zu gehen; aber ihr müßt das eine göttliche Prinzip erkennen, das alle belebt. Wenn ihr von diesem Glauben inspiriert seid, werden eure Augen und Ohren sich sicherlich weigern, Unterschiede und Verdrehungen zu beachten. Eure Hände werden sich weigern, sich mit niederen Tätigkeiten zu beschäftigen; eure Zunge wird sich nicht durch niedriges Geschwätz besudeln; euer Geist wird keine niedrigen Gedanken und Ideen unterhalten. Entschließt euch, diese Reinheit in Gedanken, Wort und Tat zu erreichen und beizubehalten.

Dies ist die Hauptbotschaft der indischen Kultur, die euch in all ihren interessanten Facetten durch die Vortragenden erklärt wird, die der Einladung der Organisatoren gefolgt sind.

Brindavan, 20. 5. 1974

Schrecklich und sanft

„Yaatherudra shiva thanoo raghora papa nasini." Der Prajapathi, der der göttliche Inspirator der Veden ist, hat zwei Naturen und Namen, zwei Formen und Charakterzüge – das Schreckliche, das als Rudra bekannt ist, und das Sanfte, das als Shiva bekannt ist. Als die Narasimha-Inkarnation Gottes, dem Menschen mit dem Löwenkopf, aus der Säule der Audienzhalle Hiranyakasipus hervorkam, sah Ihn Prahladha, sein kleiner Sohn, als sanft, bezaubernd und mitfühlend, denn er war von Hingabe an Gott durchdrungen. Aber der Vater, der Gott ignorierte und es wagte, Ihn zu beschimpfen und Seine Verehrer zu verfluchen, sah vor sich eine furchterregende Form totaler Zerstörung. Während Prahlada in Eksasa sang und tanzte, zitterte und bebte Hiranyakasipu vor Furcht. Es ist damit klar, daß der Mensch in dem einen Gott die beiden Gegensätze von Schrecken und Sanftheit als Reflektionen seiner eigenen geistigen Verfassung schaut.

Der eine Gott manifestiert Sich in diesen zwei Aspekten, damit die Welt erhalten und gefördert, verbessert und gereinigt wird. Diese Beiden – das Schreckliche und das Sanfte – sind die Eigenschaften, die man in jedem einzelnen Ding auf Erden finden kann. Denn sind sie nicht alle Teile des gleichen Gottes?

Nehmt diese Nahrungsmittel. Sie haben den Shiva-Aspekt, wenn man sie auf intelligente Weise und in mäßigen Mengen zu sich nimmt. Sie können ebenfalls Rudra oder zerstörerisch in ihren Auswirkungen sein, wenn sie auf unintelligente Weise und im Übermaß genossen werden. Jedes Ding oder Gedanke, die die Woge von Ananda behindert, eine jede solche Situation, Erfahrung, Idee, ist Rudra; jeder Schritt zu Begrenzung, Regulierung, Kontrolle, Fortschritt, Verfeinerung, ist sanft, Shiva, glückbringend, fruchtbar, wohltuend.

Es ist der Wunsch, der den Menschen verfolgt, der dafür verantwortlich ist, daß aus dem einen Ding, der Nahrung, Gabe oder Gift wird. Es ist der Geist, der den Wunsch bestimmt und dirigiert. Ein scharfes Messer kann zum Schälen einer Frucht wie zum Erstechen gebraucht werden; in der Hand eines Chirurgen mag es eher ein Leben retten als es zerstören. Der Geist kann euch von der Bindung befreien oder euch noch enger an die objektive Welt binden.

Gott ist allgegenwärtig, der innere Beweger aller Wesen. So müssen wir voraussetzen, daß Er auch im Geist wohnt und ihn manipuliert. Wenn Er ihn zu unserem Wohlergehen manipuliert, können wir ihn Shiva nennen; wenn Er ihn im Spiel oder voller Absicht gegen unsere besten Absichten richtet, können wir ihn Rudra nennen.

Ein Punkt muß hier betont werden. Wir sollten nicht Gott mit Shiva identifizieren, wenn wir Glück haben, und mit Rudra, wenn wir ins Elend fallen. Denn Glück und Elend sind nicht zwei voneinander verschiedene Erfahrungen. Die Abwesenheit des einen ist die Anwesenheit des anderen. Ein jedes ist mit dem anderen untrennbar verwoben. Unvermischtes Glück ist eine Chimäre; Freude ist das Intervall zwischen zwei Momenten des Leids, Leid ist die Lücke zwischen zwei Momenten der Freude.

Gott nimmt wiederum den schrecklichen Aspekt nur an oder scheint ihn anzunehmen, um das Wohlergehen der Menschheit und das Glück der Welten sicherzustellen. In den Epen und Puranen wird erwähnt, daß Gott auf den Weg der Asketen und Suchenden verschiedene Versuchungen und Trübsale stellt, nicht um so zu zeigen, daß Er grausam, rachsüchtig oder ausdrücklich boshaft ist! Nein, Gott hat keinen Wunsch, ihren spirituellen Fortschritt zu verhindern oder aufzuschieben; noch hat Er irgendwelche Befürchtungen, daß sie Ihm Schwierigkeiten bereiten könnten, wenn sie Erfolg hätten! Er ist darauf bedacht, sie mit dem Sieg zu belohnen, den sie zu erstreben suchen; das ist der Grund, weshalb er sie Hindernissen aussetzt.

Da ihr Studenten seid, wißt ihr sehr gut, daß die Universität bestimmte Examina am Ende eines jeden Jahres vorgeschrieben hat. Schreibt ihr dieses System einem Wunsch nach persönlicher Verfolgung zu? Glaubt ihr, sie sind ein Zeichen von Verdruß? Ihr wißt, daß sie durchgeführt werden, um euch zu fördern, nicht wahr? Die Yogis, Sadhakas und Sucher werden von Gott getestet, nur um sie zu fördern. Anstatt diese Tests als ein Zeichen Seiner Sorgfalt und Liebe anzunehmen, werden die Leute verzweifelt und ungläubig; sie rufen, „Wir können diesen Tests nicht standhalten", so wie die Studenten rufen, „Wir wollen keine Prüfungen"! Wie könnte ihr Fortschritt sonst gemessen und der Erfolg erkannt werden? Wer ein Flugzeug steuert oder einen Wagen fährt oder ein Schiff lenkt, muß über ein Zeugnis verfügen, daß er die notwendige Fertigkeit erlangt hat. Sie werden getestet, bevor die Zeugnisse vergeben werden. Jene Sadhaks (Strebenden), die protestieren und klagen, wenn sie Tests ausgesetzt werden, erklären sich selbst nur als für höhere Positionen unwürdig, als zufrieden, dort zu bleiben, wo sie sind.

Die Geschichte des Kaisers Sibi illustriert diese Wahrheit. Obwohl Sibi Macht und Autorität, Wohlstand und Reichtum hatte, war er ein echter Sadhak, der einen hohen Grad an Loslösung und den Geist des Verzichts erreicht hatte. Gott entschloß sich zu untersuchen, ob seine Erfolge tiefverwurzelt und unerschütterlich waren. Agni (der Gott des Feuers) und Indra (der Gott der Himmelsregionen) nahmen die Formen einer Taube und eines Falken an. Der Falke (Indra) verfolgte die Taube (Agni) durch den ganzen Himmel, bis der erschrockene Vogel Sibi, der auf seinem Thron saß, in den Schoß fiel und um Schutz vor dem Falken bat. Wie es seinem Dharma (Aufgabe) entsprach, versicherte Sibi, er würde die Taube vor seinem Feind retten und sicherte ihr vollen Schutz zu. In diesem Augenblick erschien der Falke vor dem Kaiser und verlangte seine Speise, seine legitime Beute „Ich bin hungrig, ich habe mir Nahrung besorgt, du hast mich meiner Speise beraubt", klagte er. „Was nützt dir all deine prahlerische Spiritualität, wenn du mich meiner Nahrung beraubst?" beschwerte er sich. Bei diesen Worten sagte Sibi, „Ja, ich werde so viel Fleisch aus meinem Körper schneiden, wie diese Taube wiegt; du kannst es voller Appetit verspeisen." Der Falke stimmte dem zu; eine Waage wurde herbeigebracht; die Taube wurde auf die eine Waagschale gelegt, auf die andere Stücke des Fleisches, das aus Sibis Körper geschnitten wurde. Aber ganz gleich, wieviele Fleischstücke daraufgelegt wurden, erhob sich die Schale nicht, auf der die Taube saß! Es war in der Tat ein Rätsel, wie ein Vogel so viel wiegen konnte. Schließlich sagte Sibi, „Gut, du kannst mich ganz nehmen. Friß mich ganz auf. Hier bin ich zu deiner Verfügung." Kaum hatte er diese Worte ausgesprochen, als der Falke zu Indra wurde und die Taube sich in Agni verwandelte – Götter, die in ihrer Herrlichkeit erstrahlten! Sie waren zutiefst glücklich über die Größe von Sibis Geist des Verzichts; sie segneten ihn überreich und gingen davon.

Obwohl Indra und Agni äußerst grausam in ihrem Umgang mit Sibi erscheinen mögen, war es in Wirklichkeit nur ein Test, um ihm eine Gelegenheit zu geben, seine erhabenen Qualitäten von Selbstbeherrschung, Mitgefühl und Barmherzigkeit zum Ausdruck zu bringen.

Das Mahabharata enthält eine schöne Geschichte, die den gleichen Punkt herausstellt. Die Tatsache, daß Gott furchtbare Eigenschaften annehmen kann, um den Fortschritt zu untersuchen und die Wahrheit des

Erreichten zu festigen, zeigt sich in der Geschichte von Mayuradhwaja. Die Pandavas zelebrierten das Aswamedha Yaga und ließen als Ziel jener Zeremonie das erwählte Pferd frei, damit es unbehindert quer durch das Land laufen konnte. Wer auch immer das Pferd anhält und festbindet, fordert dadurch den Opfernden zu einem Kampf heraus; er muß das Pferd zurückgewinnen, indem er denjenigen, der das Pferd dreist festhält, besiegt!

Mayuradhwaja war ein großer Verehrer Krishnas, ein tugendhafter Herrscher, ein in den Veden gelehrter weiser Mann voll tiefen Mitgefühls; er hielt das Pferd fest, und Arjuna, der Held der Pandavas, entschloß sich, ihn im Kampf zu stellen. Aber Krishna riet ihm davon ab; denn ER wünschte, Arjuna die Hingabe Mayuradhwajas zu zeigen, die dessen eigene weit überragte; Er wollte ebenfalls der ganzen Welt die Größe zeigen, die Mayuradhwaja im Bereich der Selbstopferung und Wahrhaftigkeit erreichen konnte. So schlug Er vor, Er und Arjuna sollten als zwei Brahmanen verkleidet zu Mayuradhwajas Palast gehen und ihn um ein Mahl bitten. Sie wurden durch den König willkommen geheißen, der ihnen in reichem Maße Gastfreundschaft zuteil werden ließ. Aber bevor sie den ersten Bissen zu sich nehmen konnten, hielt Krishna dramatisch inne und stimmte ein Klagelied an.

,,Höre, oh sanftherziger Kaiser! Als wir durch den Wald an der Grenze Eures Reiches kamen, fraß ein Tiger den Jungen meines Begleiters hier auf. Bevor wir an die Bestie herankommen konnten, verschlang sie den halben Körper; sie hörte jedoch unser herzzerreißendes Bitten und versprach, den Jungen freizulassen und ihn uns lebendig zurückzugeben, falls wir ihm als Ersatz die Hälfte des geweihten Körpers des reinen und heiligen Kaisers dieses Landes, Mayuradhwaja, geben könnten. Wie könnten wir Eure Gastfreundschaft mit diesem Schmerz im Herzen genießen? Versprecht, dem Tiger die Hälfte Eures Körpers im Tausch für den ganzen lebenden Körper dieses Brahmanenjungen zu geben, und dann werden wir Eure Gastfreundschaft annehmen.“ Majuradhwaja stimmte freudig zu; als das Essen vorüber war, setzte er sich auf den Boden und wies seine Königin und seinen Sohn an, seinen Leib in zwei Hälften zu sägen.

Sie setzten die Säge am Kopf an und fingen mit der Zerteilung an, und die Brahmanen sahen der Operation zu. Aber Tränen waren im linken Auge des Königs. Krishna sagte, ,,Oh, Ihr gebt uns die versprochene Gabe mit Tränen, nicht mit bedingungsloser Bereitwilligkeit. Ich kann nichts annehmen, was mit Tränen gegeben wird." Aber Mayuradhwaja antwortete, ,,Mein Herr, wenn ich nicht bereitwillig wäre oder zögern würde, würden beide Augen tränen, nicht wahr? Doch nur das linke Auge vergießt sie; und der Grund dafür ist folgender: die rechte Hälfte wird für einen höchst heiligen Zweck gebraucht, um einen Menschen vor dem grausamen Tod zu retten. Aber was wird mit der linken Hälfte geschehen? Wird sie weggeworfen, um von Hunden und Geiern gefressen zu werden? Deshalb weint die linke Hälfte, aber die rechte Hälfte jubiliert, daß sie für einen verdienstvollen Zweck benutzt wird." In diesem Augenblick manifestierte Sich Krishna in all Seiner Herrlichkeit und Majestät vor dem großen Majuradhwaja; Er segnete ihn, daß er Krishna immer in seinem Herzen haben und immer voller Seligkeit und Zufriedenheit sein würde. Arjuna erkannte ebenfalls, daß es Krishna-Verehrer gab, die weit fortgeschrittener waren, als er es war. Sein Stolz wurde erniedrigt. Mayuradhwajas Bescheidenheit wurde belohnt.

Solche Tests sind Zeichen der Gnade und nicht des Zornes. Der schreckliche Aspekt Gottes ist seinem Wesen nach nicht schrecklich. Gott wird in den Schriften als ,,Raso vai sah" beschrieben. Er ist die Süße selbst. Wie kann die Süße je bitter werden? Die Gottheit ist ein fleckenlos reiner Spiegel; ihr könnt in ihm eure eigene Reflexion sehen. Wenn ihr schreckenserregende Neigungen habt, wird die Reflexion in euch Schrekken hervorrufen. Wenn ihr sanfte, harmlose Neigungen habt, wird die Reflexion sanft und zart sein. Macht der Gottheit keine Vorwürfe, wie ihr es zu tun geneigt seid. Wenn alles gut geht, sagt ihr, daß Gott dicht zu euch gekommen ist; wenn etwas schief geht, sagt ihr, daß Gott euch verlassen hat und weggegangen ist! Er kommt und geht nicht. Die Distanz zwischen Ihm und euch ist so weit wie die Distanz zwischen euch und Ihm, er ist überall. Er ist immer in eurem Herzen, erkennt Ihn dort; vergegenwärtigt Ihn euch als das euch Nächste und Vertrauteste. Er ist euer eigenes Selbst. Er ist weder schrecklich noch sanft, Er *ist* vielmehr nur.

Brindavan, 30. 5. 1974

Entzündet die Lampe

Während der vergangenen 30 Tage habt ihr den Darlegungen über Sinn und Bedeutung der vedischen Worte wie Brahman, Prajapathi, Vachaspathi, Saraswathi und Brihaspathi zugehört. Man hat euch ebenfalls von der eigentlichen Bedeutung des Wortes Bharath, das dieses Land trägt, erzählt. Es ist notwendig, daß ihr erkennt, selbst wenn ihr erst Studenten seid, daß die Veden die Grundlage der Kultur dieses Landes sind, die Führer zu materiellem wie zu sprituellem Fortschritt. Wenn ihr die Hymnen, die geweihten Verse, die Ritualanweisungen und die Invokationsformeln, die in den Veden enthalten sind, versteht, wird das Leben friedvoll und gegen Wechsel des guten wie schlechten Schicksals gesichert. Es ist für jedes Wesen natürlich, Glück zu suchen. Jedes Wesen muß jedoch wissen, daß Glück nicht aus den materiellen Dingen der objektiven Welt entsteht.

Ihr seid Studenten, und deshalb muß ich euch sagen, daß die Art der Erziehung, die euch nicht dauerhaftes Glück, den unerschütterlichen Sinn des Gleichmuts, die Bewußtheit des Göttlichen hinter jedem Teilchen des Universums verleiht, nicht diesen Namen zu tragen berechtigt ist. Erziehung muß erhebende Ideale vermitteln und die Lampe der Weisheit entzünden. Heutzutage zielt die Erziehung darauf ab, den Lebensunterhalt zu sichern; sie ist ein Brot-und-Butter-Geschäft. Aber haben wir nicht Millionen, die nicht wie ihr durch diese Mühle gegangen sind und Geld und wertvolle Zeit in diesem Prozeß vergeudet haben, aber dennoch einen anständigen Lebensunterhalt verdienen und dadurch Frieden und Freude genießen?

Obwohl sie nicht Schule und College durchgemacht haben, hatten sie eine wertvollere Schulung in der Universität des Lebens. Ein jedes Erziehungssystem, das euch nicht hilft, zwischen richtig und falsch zu unterschieden, das nicht Furcht vor Sünde und Liebe zu Gott vermittelt, euch Bescheidenheit und Ehrfurcht verleiht, den Horizont eures Staunens weitet, euch voller Verehrung euren Eltern dienen läßt und euch dazu inspiriert, euer Geschick und eure Kenntnisse für den Fortschritt von Familie, Dorf, Gemeinde, Land, Sprache und Nation zu nutzen, ist verwerfenswert. Die Korruption und Grausamkeit, die in diesem Lande herrschen, können auf diesen schweren Mangel zurückgeführt werden. Selbstsüchtige Gier, Prunk und Ungerechtigkeit herrschen in jedem

Bereich vor. Die Nation hat keinen Frieden, und das Gefühl von Sicherheit ist schwach. In dem Maße, wie die Wissenschaft sich entwickelt und die Technik fortschreitet, sollten sich ebenfalls Bescheidenheit und gegenseitige Liebe entwickeln. Die menschliche Empfindsamkeit muß so hoch sein, daß niemand das Elend anderer tolerieren kann. Aber wie kann dieser Charakterzug entwickelt werden, wenn man noch nicht einmal durch das Elend der eigenen Eltern bewegt wird?

Studenten! Ihr habt reine Herzen. Fallt nicht in solche Tiefen. Vergegenwärtigt euch die Herrlichkeit der indischen Kultur. Strebt nicht nach den unbedeutenden Freuden der Sinne; laßt euch nicht vorwerfen, faule Lümmel zu sein; seid aktiv, ernst; bemüht euch weiter und schreitet vorwärts zum Erfolg. Andernfalls wird die Nation schwach werden und dahinsiechen.

Ihr seid ein Stab oder Bolzen, eine Nut oder ein Rad in der großen Maschine, die Kosmos genannt wird. Wenn der Stab nicht die richtige Form hat, wird die ganze Maschine gehemmt. Werdet nicht entmutigt und erschöpft; wenn ihr es werdet, schadet ihr dem Wohlergehen der gesamten Welt. Denkt daran, daß die indische Kultur auf dem Glauben aufgebaut ist: Soham, ‚Ich bin Das', das unbesiegbare, majestätische, machtvolle Das. Sie ist nicht auf dem Somari-Prinzip (dem Prinzip der Faulheit) aufgebaut. Wirkliche Ruhe wird nur durch harte Arbeit sichergestellt. Schlaf ist die Belohnung für harte physische Arbeit. Und wenn der Schlaf nicht jeden Tag den Geist des Menschen für ein paar Stunden ausschalten würde, würde er alle Arten von wilden Phantasien hervorbringen. Junge Leute wie ihr arbeiten hart; dient den Interessen eurer Familie und eures Landes, und ihr seid anderen Vorbilder. Stellt euch vor, wie eure Vorväter während der vedischen Zeit sich ohne Unterlaß mit guten Taten und wohltätigen Handlungen befaßten, damit sie glücklich sein und andere glücklich machen konnten. Aber die Nachfahren dieser Menschen haben ein Erziehungssystem ersonnen, das noch nicht einmal ein anständiges Leben sicherstellt.

Erziehung wurde damals Swadhyaya genannt: (Swa – das eigene Selbst; adhyaya – Studium). Das Studium war für den eigenen besten Fortschritt (d. i. spritueller Fortschritt), der unermeßlichen Frieden und Freude gibt. Heutzutage ist diese Art von Fortschritt lächerlich gemacht worden; man läuft nur hinter Ruhm, schnellem Glück und Macht über die Mitmenschen und ihr Schicksal her. Die Vedavids, die in den Veden gelehrten

Menschen, hatten nur ein Ideal – die Entwicklung des Ichs, das zu sein sie fühlten.

Die Vedavids zeigten drei Etappen des menschlichen Lebens auf und wiesen einem Aspekt Gottes den Vorsitz über jede Etappe zu. Die erste – in der der Mensch zutiefst mit der einen oder anderen Art von Karma beschäftigt ist, wird von Vasu beherrscht. Die zweite, unter dem Vorsitz von Rudra, ist erfüllt mit ehrerbietiger Verehrung des Gottes in allem, der durch Liebe entdeckt wird. Die dritte ist der Abschnitt von Jnana, der höchsten Weisheit, die von der Quelle der Erleuchtung, Aditya oder der Sonne, beherrscht wird.

Dies ist die echte Bharathiya-Schau, das Leben in eine Pilgerreise zu dem in einem selbst wohnenden Gott zu verwandeln, in einen ständigen Gang entlang des geraden Wegs zur Seligkeit. Heutzutage gibt es keine solche Stetigkeit. Launen und Einbildung beherrschen den menschlichen Geist. Ihr wünscht euch ein Ding am Morgen; am Nachmittag wechselt ihr zu etwas anderem. Dieser Wunsch wird nicht bis zum Abend anhalten. Wenn euer Wunsch erfüllt wird, lobt ihr Gott und prahlt mit eurer Hingabe. Aber wenn er sich nicht erfüllt, werft ihr Gott über Bord und prahlt mit eurem Unglauben.

In diesem Zusammenhang denke ich an eine Geschichte. Ein cleverer Dörfler ging gewöhnlich in den frühen Morgenstunden in den Tempel seines Dorfes und saß dort mit geschlossenen Augen und in der Hoffnung, die Leute würden ihn als einen großen Gottesverehrer ansehen. Da er nicht aufstand und erst Mittags zu seinem Geschäft ging, war der Tempelpriester drauf und dran, die Türen zu schließen und nach Hause zu gehen, um seinen täglichen Aufgaben nachzukommen. So faßte er einen Plan, um den Umfug zu stoppen. Er wußte, daß die Dhyana-(Meditations-) Sitzung mit geschlossenen Augen nur gespielt war. Er verbarg sich selbst hinter dem Idol der Gottheit, und als der Dörfler sich in der Maske tiefer Meditation gut eingerichtet hatte, sagte er mit machtvoller sonorer Stimme, ,,Höre zu, vortrefflicher Verehrer! Ich finde zutiefst Gefallen an deiner Askese und deiner Stetigkeit. Komm! Ich werde dich mit Mir verschmelzen.“ Bei diesen Worten rannte der Kerl schnell aus dem Tempel und ließ keine Spur zurück, wohin er gegangen ist!

Die Hingabe und der Sinn für Verehrung der Menschen sind ähnlich wie jene des Heuchlers. Der Glaube ist schwach, Disziplin fehlt, es ermangelt an Ernsthaftigkeit. Aber vergeßt oder verneint nicht Gott; seid nicht durch Bindung an die Welt beirrt; fürchtet nicht den Tod; seid glücklich mit dem, was ihr habt und erhaltet. Lebt immer in der Erinnerung des Namen Gottes.

Ich frage mich, wie ihr diesem Rat folgen wollt! Denn ich weiß, daß ihr eine Abneigung dagegen habt, den Namen selbst 100 Mal am Tag, oder 25 Mal oder wenigstens 10 Mal zu wiederholen. Ihr redet viel und verschwendet Stunde für Stunde gemeinsam den Atem, aber wenn es darauf ankommt, den Namen Gottes auszusprechen, habt ihr weder Zeit noch Lust. Da war ein Sohn, der von seinem alten Vater angewiesen wurde, die heilige Gayatri genau 108 Mal am Tag zu wiederholen. Der Junge versprach es zu tun, aber er machte sich die Aufgabe leicht, indem er sie nur einmal rezitierte und dann 107 mal dito, dito sagte! Der gleiche Junge bekam ein Stipendium für ein Studium in Amerika. Der Vater nahm ihn mit zu einem Tempel in der Nähe des Flughafens, von dem aus er losfliegen sollte und ließ ihn vor einem Idol von Devi schwören, daß er der indischen Kultur und Tradition treu bleiben würde. Aber er kehrte ganz ohne alle die in dieser Kultur und Tradition geschätzten Werte zurück. Der erstaunte Vater führte ihn wieder zu dem gleichen Tempel, und als der Sohn vor der Göttin stand, redete er Sie an, ,,Wie geht's dir, Mami?" und wollte Ihr die Hände schütteln. Der Vater war durch diese Unreinheit so schockiert, daß er ihm auf der Stelle zwei schwere Schläge versetzte.

Väter behandeln heutzutage ihre Söhne nicht so; sie schätzen das Fremdartige, Dreistigkeit, Lasterhaftigkeit und Stutzertum. In der Tat sind sie selbst die schlechtesten Beispiele. Die Eltern und Lehrer müssen die Werte der indischen Kultur lernen und praktizieren. Wenn der Tank voll ist, kommt aus dem Hahn Wasser. Aber wie kann der Durstige seine Qual stillen, wenn der Tank leer ist? Eltern und Lehrer können Meine Gnade nur erlangen, wenn sie gute und wertvolle Beispiele für ihre Söhne und Töchter oder ihre Schüler und Studenten werden. Ihr behauptet Hingabe zu Mir zu besitzen; aber ihr müßt untersuchen und entdecken, ob Ich Gefallen an euch finde. Ihr müßt euch jeden Augenblick prüfen, ob ihr die Disziplinen befolgt, die Ich aufgestellt habe, die Dienstprogramme, die Ich entworfen habe. Das ist der Weg, um Meine Liebe zu verdienen. Liebt die anderen und dient ihnen; dann könnt ihr Meine Liebe gewinnen.

Brindavan, Sommerkurs, 17. 6. 1974

Wer ist Sai?

Gott ist unauslotbar. Er kann nicht in der äußeren objektiven Welt erkannt werden; Er ist im Herzen eines jeden Wesens. Edelsteine müssen tief im Boden gesucht werden; sie schweben nicht frei in der Luft. Sucht Gott in der Tiefe eurer selbst, nicht in der quälenden kaleidoskopartigen Natur. Der Körper ist euch zu diesem Zwecke verliehen worden, aber ihr mißbraucht ihn jetzt, wie die Person, die ihr tägliches Essen in der mit Edelsteinen besetzten goldenen Vase kocht, die ihr als Erbstück in die Hände fiel.

Der Mensch lobt Gott als allgegenwärtig, allwissend und allmächtig, aber er weiß nicht um Seine Gegenwart in ihm selbst! Natürlich versuchen viele, die Attribute Gottes zu beschreiben und erklären, daß Er so und so ist; aber dies sind nur ihre eigenen Vermutungen und Reflexionen ihrer eigenen Vorlieben und Vorzüge. Wer kann behaupten, daß Gott so oder so ist? Wer kann behaupten, daß Gott nicht von dieser Form oder mit diesem Attribut ist? Ein jeder kann aus dem großen, sich weithin erstreckenden Ozean nur soviel entnehmen, wie das Gefäß fassen kann, das er zum Ufer mitbringt. Von der Menge können sie nur ein wenig dieser Unermeßlichkeit erfassen.

Jede Religion definiert Gott innerhalb der von ihr abgesteckten Grenzen und behauptet dann, Ihn erfaßt zu haben. Es ist so wie mit den sieben Blinden, die von einem Elefanten als einer Säule, einem Fächer, einem Strick oder einer Wand spechen, weil sie nur einen Teil berührt hatten und nicht das ganze Tier begreifen konnten; ebenso sprechen die Religionen von einem Teil und behaupten, daß diese Sicht voll und umfassend ist.

Jede Religion vergißt, daß Gott alle Formen und alle Namen, alle Eigenschaften und alle Erklärungen ist. Die Religion der Menschheit ist die Summe und Substanz all dieser Teilglaubensformen, denn es gibt nur eine Religion, und das ist die Religion der Liebe. Die verschiedenen Glieder des Elefanten, die für den blinden Sucher nach Wahrheit als voneinander getrennt und verschieden angesehen werden, werden alle von einem einzigen Blutstrom genährt und aktiviert; die verschiedenen Religionen und Glaubensformen, die sich getrennt und unterschieden fühlen, werden alle von einem einzigen Strom der Liebe genährt.

Der Gesichtssinn kann die Wahrheit nicht schauen. Er gibt nur eine falsche und unklare Information. Es gibt z. B. viele, die Meine Handlungen beobachten und zu behaupten beginnen, daß Meine Natur so und so ist. Sie sind nicht in der Lage, die Heiligkeit, die Majestät und die ewige Realtität, die Ich bin, auszuloten. Die Macht von Sai ist grenzenlos; sie manifestiert sich für immer. Alle Formen der ,,Macht" wohnen in dieser Handfläche Sais.

Aber jene, die behaupen, Mich verstanden zu haben, die Gelehrten, die Yogis, die Pandits, die Jnanis, alle kennen nur die geringste der zufälligen äußeren Manifestationen eines unendlich kleinen Teils jener Macht, nämlich die ,,Wunder"! Sie haben nicht den Wunsch, mit der Quelle aller Macht und aller Weisheit, die es hier in Brindavan gibt, Kontakt aufzunehmen. Ihnen genügt es, wenn sie eine Gelegenheit bekommen, ihr Buchwissen zur Schau zu stellen und mit ihrer Gelehrsamkeit in vedischem Wissen protzen zu können, und sie erkennen nicht, daß die Person, aus der die Veden hervorgingen, ihretwegen mitten unter ihnen weilt. In ihrem Stolz bitten sie sogar um noch mehr Gelegenheiten.

Dies war in allen Zeitaltern der Fall. Die Leute mögen (physisch) dem Avatar sehr nahe sein, aber sie leben ihr Leben, ohne sich ihres Glücks bewußt zu sein; sie überbetonen die Rolle der Wunder, die trivial sind im Vergleich mit Meiner Herrlichkeit und Majestät, wie eine Mücke im Vergleich zu einem Elefanten, auf dem sie sitzt. Wenn ihr deshalb von diesen ,,Wundern" sprecht, lache Ich innerlich voller Mitleid, daß ihr euch selbst so schnell erlaubt, die wertvolle Bewußtheit Meiner Realität zu vergessen.

Meine Macht ist unermeßlich; Meine Wahrheit ist unerklärbar, unauslotbar. Ich erkläre dies über Mich, denn die Notwendigkeit dazu ist entstanden. Aber was Ich jetzt tue, ist nur das Geschenk einer ,,Visitenkarte"! Ich möchte euch gerne sagen, daß die emphatischen Erklärungen der Wahrheit durch Avatare nur noch von Krishna so klar und so unmißverständlich gemacht wurden. Trotz dieser Feststellung werdet ihr im Lebenslauf dieses gleichen Krishna feststellen, daß Er bei Seinen Bemühungen und Anstrengungen bei verschiedenen Gelegenheiten eine Niederlage erfuhr; ihr müßt auch festgestellt haben, daß auch diese Niederlage ein Teil des Dramas waren, das Er Selbst geplant und dirigiert hatte. Als z. B. viele Könige Ihn baten, den Krieg mit den Kauravas zu vermeiden, erklärte Er vor dem Kaurava-Hof, daß Seine Mission, Frieden zu stiften, „gescheitert" sei! Aber Er hatte nicht ihren Erfolg gewollt! Er hatte beschlossen, daß Krieg geführt werden sollte! Seine Mission war dazu gedacht, die Gier und die Schlechtigkeit der Kauravas aufzudecken und sie vor der ganzen Welt zu bestrafen.

Ich muß euch jetzt sagen, daß es in der Zeit dieses Sai Avatar keinen Platz selbst für solch ein „Drama" gibt, mit Szenen der Niederlage und des Mißerfolgs. Was Ich *will, muß* stattfinden; was Ich plane, *muß* Erfolg haben. Ich bin die Wahrheit, und die Wahrheit kennt kein Zögern, keine Furcht oder Ausweichen.

„Wollen" ist für Mich überflüssig. Denn Meine Gnade ist immer da für Gottesverehrer, die beständige Liebe und Vertrauen haben. Da Ich frei unter ihnen wandle, spreche und singe, können selbst Intellektuelle Meine Wahrheit, Meine Macht, Meine Herrlichkeit oder Meine eigentliche Aufgabe als Avatar nicht begreifen. Ich kann jedes Problem lösen, ganz gleich, wie verknotet es ist. Ich bin jenseits der Reichweite selbst der intensivsten Untersuchung und der genauesten Messung. Nur jene, die Meine Liebe erkannt und jene Liebe erfahren haben, können behaupten, daß sie einen kleinen Einblick in Meine Herrlichkeit bekommen haben. Denn der Pfad der Liebe ist der Königsweg, der die Menschheit zu Mir führt.

Versucht nicht, Mich mit den äußeren Augen zu erkennen. Wenn ihr in einen Tempel hineingeht und vor dem Bild Gottes steht, betet ihr mit geschlossenen Augen, nicht wahr? Warum? Weil ihr spürt, daß nur das innere Auge der Weisheit Ihn euch enthüllen kann. Verlangt deshalb nicht von Mir billige matrielle Gegenstände; verlangt vielmehr nach *Mir,* und ihr werdet belohnt. Nicht, daß ihr das nicht erhalten solltet, was Ich euch als Zeichen der Gnade aus der Fülle der Liebe gebe.

Ich werde euch sagen, warum ich euch diese Ringe, Talismane, Rosenkränze usw. gebe. Sie zeigen das Band zwischen Mir und jenen, denen sie gegeben sind, auf. Wenn ihnen ein Unglück zustößt, kommt der Gegenstand in einem Nu zu mir zurück und kehrt im Nu zurück und bringt von Mir die helfende Gnade des Schutzes. Diese Gnade kommt allen zu, die Mich in irgendeinem Namen oder irgendeiner Form anrufen, nicht nur jenen, die diese Gaben tragen. Liebe ist das Band, durch das Gnade gewonnen wird.

Betrachtet die Bedeutung des Namens Sai Baba. *Sa* bedeutet ‚göttlich'; *Ai* oder *Ayi* bedeutet ‚Mutter', und *Baba* bedeutet ‚Vater'. Der Name bedeutet göttliche Mutter und Vater, genau wie Sambashiva auch göttliche Mutter und Vater bedeutet (Sa-göttlich; Amba-Mutter, Shiva-Vater). Eure leiblichen Eltern zeigen Liebe gemischt mit einem Schuß Selbstsucht, aber diese Sai „Mutter und Vater" überschüttet mit Liebe oder Tadel, nur um euch im Kampf um Selbstverwirklichung zum Sieg zu führen.

Denn dieser Sai ist gekommen, um die höchste Aufgabe zu vollbringen: die gesamte Menschheit durch das Band der Brüderschaft zu einen und die atmische Realität eines jeden Wesens zu bestätigen und zu erleuchten, damit das Göttliche, das die Grundlage des gesamten Kosmos ist, enthüllt wird. Er ist gekommen, um alle zu unterweisen, das gemeinsame göttliche Erbe zu erkennen, das die Menschen miteinander verbindet, damit der Mensch sich vom Tierischen lösen und zum Göttlichen erheben kann, was sein Ziel ist.

Ich bin die Verkörperung der Liebe; Liebe ist Mein Instrument. Es gibt kein Geschöpf ohne Liebe; die niedrigen lieben zumindest sich selbst. Und jedes *Selbst* ist Gott. Deshalb gibt es keine Atheisten, obwohl manche Ihn nicht mögen oder Ihn ablehnen wie Malariakranke Süßigkeiten nicht mögen oder Diabetespatienten sich weigern, etwas mit Süßigkeiten zu tun zu haben! Diejenigen, die sich einbilden, Atheisten zu sein, werden eines Tages, wenn ihre Krankheit vorüber ist, Gott lieben und Ihn verehren.

Ich mußte euch so viel über Meine Wahrheit erzählen, denn Ich wünsche, daß ihr darüber nachdenkt und Freude daraus zieht, damit ihr inspiriert werdet, die Disziplinen zu befolgen, die von Mir aufgestellt worden sind und damit ihr zum Ziel der Selbstverwirklichung vorwärtsschreitet, der Verwirklichung von Sai, der in euren Herzen strahlt.

Brindavan, 19. 6. 1974

Ein epischer Moment

Die lähmenden Jahre der Qual, Hoffnung und Enttäuschung waren vorbei; der Moment der Entscheidung war gekommen, obwohl er jetzt mit der scharfen Klinge des Schwertes und nicht mit den sanften Worten des Herrn Krishna gesucht wurde. Die Armeen, die die Kauravas aus ihrem Königreich und von ihren Alliierten versammelt hatten, standen dem Heer ihrer Pandava-Vettern gegenüber. Die Kavallerie, Infanterie, die Wagen- und Elefantenkämpfer waren begierig danach, den Feind zu vernichten, die Hauptakteure waren für das Gemetzel ausgerüstet und ausstaffiert. Die Hörner wurden geblasen; Trompetenschall erfüllte den Himmel. Die Luft war erfüllt von Hoffnung, Furcht, Angst und Zorn. Das Blut in Millionen von Körpern wurde tiefrot und wärmer; die Herzen klopften schneller; die Hände ergriffen die Waffen mit todbringender Kraft.

Dharmaja, der älteste der Pandava-Brüder, zog plötzlich sein Schuhwerk aus, legte seine Rüstung beiseite, glitt aus seinem Wagen und ging auf die feindlichen Kohorten zu, zu Bhishma, dem Generalissimus des feindlichen Heeres. Duryodhana, der älteste der Kaurava-Brüder, der Vetter, der für den Krieg am meisten verantwortlich und der unnachgiebige Opponent der Pandavas war, sah, wie Dharmaja zum betagten Bhishma hinüberging. Er war voller Freude, da er dachte, daß Dharmaja sich zu ergeben beschlossen hätte, denn er war seiner Natur nach gegen Blutvergiessen und Schlachten.

Die vier Brüder Dharmajas waren erstaunt. Bhima, der Hunderte von Kämpfen mit den Kauravas als furchtgebietender Held bestanden hatte, der am meisten auf den Beginn der Schlacht wartete, fühlte sich um den Sieg gebracht. Er dachte an die vielen Gelegenheiten, bei denen Dharmaja Racheakte gegen die Kauravas im Weg gestanden hatte. Er fürchtete, daß er sich entschuldigen und wie eine Krähe vom blutigen Kriegsspiel zurückziehen würde. Arjuna, der gewaltige Bogenschütze, sah dem Überlaufen seines Bruders voller Entsetzen und Zorn zu. Nakula und Sahadeva, die beiden Zwillinge, waren wegen ihrer eigenen Hilflosigkeit wie vom Donner gerührt.

Der Herr Krishna studierte die Situation vom Platz des Wagenlenkers von Arjunas Wagen aus, der an der Spitze des Pandava-Heeres stand. Er gab den Vieren ein Zeichen, ihrem Bruder zu folgen und das Gleiche zu tun. Er sagte, „All diese Jahre habt ihr ihn verehrt und seid in seine Fußstapfen getreten. Tut jetzt das gleiche. Zögert nicht; zweifelt nicht." Dharmaja war die echte Verkörperung des Dharma; er kannte das Rechte und er praktizierte es in all seinen Konsequenzen. Er wußte, daß Dharma jene beschützt, die dem Dharma folgen. Er tat nie etwas Heuchlerisches und beging nie eine unvedische Handlung; er tat nie einen falschen Schritt. Er ging gerade zu Bishma und fiel ihm zu Füßen. Während er vor ihm stand, bat er mit gefalteten Händen und gebeugtem Haupte, „Großvater!

Wir hatten nicht die Gelegenheit, die Liebe des Vaters zu erfahren; er starb zu früh. Von Kindheit an zogt Ihr uns mit Liebe und Sorgfalt auf; und Ihr machtet uns zu dem, was wir heute sind. Wir haben kein Recht, gegen Euch zu kämpfen; aber das Schicksal hat sich so verschworen, uns jetzt zu einem Kampf mit Euch zu führen. Bitte seid uns gnädig; erlaubt uns, die Waffen gegen Euch zu erheben."

Bhishma war natürlich geschmeichelt und voller Freude über die Bescheidenheit und Rechtschaffenheit Dharmajas; der merkwürdige Lauf des Schicksals füllte seine Augen mit Tränen; er segnete ihn und sprach, „Dharmaja! Du bist dem Dharma gefolgt, trotz der Versuchungen, die diese Situation dir bietet. Welch nobles Beispiel hast du der Welt gegeben! Dieses Dharma, dem du folgst, wird dir selbst zum Sieg verhelfen."

Als nächstes gingen Dharmaja und die Brüder zu General Drona, dem Brahmanenlehrer, der sowohl den Kauravas wie ihren Vettern, den Pandavas, die Kunst des Bogenschießens beigebracht hatte. Dharmaja fiel auch ihm zu Füßen und bat, „Hoch verehrter Lehrer! Wir fünf sind Eure Schüler; was könnte uns das Recht geben, unsere Waffen gegen unseren Lehrer zu erheben? Die Zeiten sind jedoch verkehrt. Vergebt uns wegen dieses Vergehens. Erlaubt uns, Euch in eine Schlacht zu verwickeln." Drona, der Acharya (Lehrer) war durch diese Bitte sichtlich bewegt. „Ah! Wie groß und gut ist dieser Dharmaja! Selbst in diesem Moment, wo die Bestie des Krieges losgelassen werden soll, um Tod und Raserei zu verbreiten, folgt er dem Diktat des Dharma!" Drona erschauerte bei dem Gedanken. Er faßte Dharmajas Arme und sagte, „Sohn! Du bist mir lieber als Aswathaama, denn ihm bin ich nur durch Pflicht verbunden, dir jedoch durch Liebe. Du bist all meine Söhne, denn so liebe ich dich. Dein Recht wird dir sicherlich den Sieg über unsere Macht gewinnen."

Das Befolgen von Dharma sicherte ihnen den Sieg. Was sonst auf Erden hätte den furchtgebietenden Bhishma zu diesem Zeitpunkt zwingen können, seine Waffen niederzulegen? Könnte jemand Drona im Bogenschießen übertreffen? Die Kauravas, die Bhishma und Drona zu unterstützen suchten, wurden geschlagen, während die Pandavas nie vom Pfad des Dharma abwichen. Dharma gab ihnen die Geschicklichkeit, Stärke, den Mut und die Zähigkeit, diese großen Meister der Kriegskunst zu bezwingen.

Die Kauravas gingen gegen ihre Eltern und ihren Gott vor. Die Mutter, Gandhari, riet ihren Kindern auf tausend Weisen davon ab, ihre Rachgier gegen ihre Vettern, die Pandavas, fortzusetzen. Aber sie hörten nicht darauf. Ihr Vater Dhrtharashtra bat sie, vom Pfad des Hasses abzulassen, aber ohne Erfolg. Sie stellten sich taub für den Rat ihres Lehrers Drona, Frieden mit ihren Pandava-Vettern zu schließen und ihnen den rechtmäßigen Teil des Reiches zukommen zu lassen. Als der Herr, Sri Krishna selbst, zu ihnen als Friedensbote ging, als ein Botschafter mit der Friedensmission, weigerten sie sich, Seinen göttlichen Worten zuzuhören; sie versuchten, selbst Ihn zu überwältigen und Ihn in Fesseln zu legen!

Wenn ihr der gleichen halsstarrigen Blindheit folgt, werdet ihr dem gleichen Schicksal begegnen müssen – totaler Zerstörung. Ihr solltet daran glauben, daß die fünf Pandava-Brüder der Verehrung würdig und als eure ‚fünf Lebenskräfte', ‚fünf Hüllen', ‚fünf Sinnesorgane' zu betrachten sind. Nehmt sie als Ideale, denen ihr folgen solltet; dann könnt ihr die Gnade des Herrn gewinnen. Die Erinnerung an ihre Mühen und ihren Triumph wird wie ein Mantra wirken, um euch zu reinigen und zu stärken und euch zu dem göttlichen Status zu erheben, der euer Erbe ist.

Brindavan, 1974

Größer als das Größte!

Brahmavid Brahmaiva bhavathi (Wer das Größte kennt, wird zum Größten) sagen die Rishis (Weisen). Brahman ist das Wort, mit dem sie das Größte bezeichnen, das Worte nicht erreichen, noch die Vorstellung fassen kann. Es gibt einen Brahma, den Ersten der Trinität, den Schöpfer mit vier Köpfen, den wir von diesem ungeheuer großen Prinzip unterscheiden müssen. Dieses Brahman wird nicht als eines von dreien beschrieben, sondern als das Eine ohne ein Zweites. Die vedische Aussage, ‚All dies ist Brahman' (Sarvam Brahmanyam) ist der Schlüssel für das Verständnis des universalen, ewigen Prinzips. Man braucht das Brahman nicht an einem entfernten Ort, im Himalaya oder in den Tiefen des Raumes zu suchen. Als einige Kosmonauten auf dem Mond landeten, berichteten sie, daß Gott nicht existiere, da sie Ihn nirgends während ihrer Raumfahrt trafen; als ob Er im Raum leben und sich dort bewegen und alle, die es wagen, durch Seine Korridore zu huschen, anreden würde! Brahman ist die

Realität des Suchers, des Kosmonauten, der Person, die Seine Realität bejaht, wie auch der Person, die sie bezweifelt und verneint. Zu sagen, das Göttliche sei eine Fiktion der Einbildungskraft, bedeutet, die eigene innerste Wahrheit zu verkennen. Das Göttliche ist das, was all diese Mannigfaltigkeit zu einem einzigen Wesen integriert und vereint.

Wir können uns leicht dessen bewußt werden, wenn wir den vorgeschriebenen Verlauf des Sadhana verfolgen und den grundlegenden Glauben haben, der uns dieses Sadhana ernsthaft einhalten läßt. Man muß den Intellekt schärfen und die Vorstellungskraft weiten, um Brahman begreifen zu können, das feiner als das Feinste und größer als das Größte ist. Brahman ist der eigentliche Drang hinter jedem Streben und jedem Erfolg, selbst dem Bestreben, Brahman zu erkennen. Es ist die Aktivität in jedem Atom und jeder Zelle sowie in jedem Stern und jeder Galaxis.

Brahman bedeutet ebenfalls Klang, Stimme, Wort, Mantra. Und durch den Klag OM wie auch durch verschiedene andere heilige Formen oder Mantras ist es dem Menschen möglich, den superfeinen Intellekt zu entwickeln, der notwendig ist, um das immanente und transzendente Prinzip, das Brahman genannt wird, zu begreifen. Brahman bedeutet Brh oder groß, das Größte, das Weiteste. Es wird beschrieben als größer als das Größte, unermeßlicher als das Unermeßlichste. Das Universum ist der Körper Brahmans, der aus Ihm hervorging, als der Wunsch, viele zu werden, entstand. Das Universum entstand, als Brahman das erste Wort aussprach, und deshalb wird Das Wort oder Vaak ebenfalls Brahman genannt. Das Wort wird auch Pada genannt, und im Sanskrit werden alle geschaffenen Dinge als Pada-artha bezeichnet, als die Bedeutung des gesprochenen Wortes. Denn als das Wort ausgesprochen wurde, wurde das Ding geschaffen oder wurde manifest. das Wort brachte seine Bedeutung, nämlich das Ding, hervor!

Am unendlichen, ewigen Brahman kann man, der Bewußtheit angemessen, drei Attribute erkennen: Sath, Chith und Ananda. Das kleinste Teilchen im Universum hat diese Eigenschaften, wie auch das Größte. Auch der Mensch ist die Verkörperung von Sath-Chith-Ananda (Sein-Bewußtsein-Seligkeit); aber da er zu sehr an den Körper und seine Impulse gebunden ist, ist er nicht in der Lage, tief in seine Realität einzudringen und aus dem dort vorhandenen Quell von Chith und Ananda Nutzen zu ziehen.

Die Anziehungskraft, die das große Brahman für das Anu oder das

Kleine hat, ist die Anziehungskraft des Ganzen für den Teil. Es ist die Grundlage aller Liebe – die Liebe der Mutter und zur Mutter, des Vaters und Sohnes, des Freundes, der Gatten und selbst des Gottesverehrers zu Gott. Der Jiva oder der individualisierte Teil liebt das Brahman oder die Ganzheit, von der er ein Teil ist. Seht alles als Teile des gleichen Ganzen an, zu dem ihr gehört; dann kann es keinen Haß oder Neid, Gier oder Stolz geben.

Saraswathi, die Gemahlin (die wirkende Kraft) Brahmas, wird als Göttin des Vaak oder des Wortes oder des Drangs zum Ausdruck, zur Manifestation angesehen. Entsprechend den Veden ist ihr Fahrzeug der Hamsa oder der himmlische Schwan, der reine Vogel, der über die seltene Gabe der Unterscheidung zwischen Wasser und Milch verfügt, der, selbst wenn sie vermischt sind, nur die Milch aufnimmt (das bedeutet, das Wertvolle vom Wertlosen zu trennen, das Dauerhafte vom Zerbrechlichen, das Wahre vom Unwahren). Ja, noch mehr, Hamsa ist ein Symbol von Soham, des Keim-Mantras, das der menschliche Atem von der Geburt bis zum Tode ausspricht (Saham-Soham; Sa bedeutet Er und ham bedeutet Ich; Er ist Ich; Ich und Er sind das Gleiche; Ich bin Er), was bedeutet, daß der Jiva Brahman ist, nicht mehr und nicht weniger. Es gibt zwischen den beiden sicherlich einen Unterschied in der Quantität, jedoch nicht in der Qualität. Ein Tropfen Seewasser ist so salzig wie jeder andere; man braucht nicht die ganze See zu probieren, um dies zu wissen. Der Jiva ist Sath-Chith-Ananda; das Brahman ist ebenfalls Sath-Chith-Ananda. Das ist der Grund, warum der Jiva verkünden soll „Aham Brahmasmi", „Ich bin Brahman". Dies ist so wahr als ob der Tropfen Seewasser sagt, „Ich bin die See".

Yogis können dies leicht erkennen. Deshalb sang ein Yogi, „Geh, Geist! Lauf zur Ganga (Ganges) und zur Jumna". Dies bedeutet nicht, daß der Sadhaka (Strebende) nach Prayag, Allahabad, pilgern sollte, wo die zwei Flüsse sich treffen. Ganga und Jumna sind Ida und Pingala, die zwei Nervenkanäle, durch die die Kundalini-Kraft sich erhebt, und Prayag ist Bhru-madhysthan, der Fleck an der Stirn, wo sie sich zwischen den Augen treffen. Wenn es dem Yogi gelingt, sich auf diesen Punkt seiner ‚Schlangen Kraft' zu konzentrieren, kann er sich der See bewußt werden und die Namensform des Tropfens transzendieren. das ist die Bedeutung dieses Ausspruchs.

Brindavan, Sommerkurs, 1974

Werkzeuge des göttlichen Willens

Ich bin glücklich, bei euch zu sein und zu euch bei diesem Anlaß zu sprechen – der ersten Mitgliedsversammlung des Führungsrates aller Staats-Treuhandsstellen und der Erziehungs- und Verlags-Stiftung. Zweck und Ziel der Stiftungen stellen selbst eure Führer dar; sie können euch sicherlich bei der Arbeit, der ihr euch widmet, inspirieren. Sie können euch helfen, eure Fertigkeiten und eure Hingabe auf Handlungen hinzulenken, die für eure spirituelle Verwirklichung wie auch für das Wohlergehen und Gedeihen eurer Landsleute aus allen Glaubensrichtungen und Ständen eine Hilfe sind. Ich bin mir dessen bewußt. Aber dennoch, da wir innerhalb des gesetzlichen und verwaltungsmäßigen Systems arbeiten, müssen wir auf genaue Buchführung und strenge Befolgung der gesetzlichen Vorschriften achten.

Es gibt viele Stiftungen in diesem Lande und in anderen überseeischen Ländern. Ich möchte betonen, daß die Sathya-Sai-Stiftungen unter ihnen sich durch ihre besonderen Eigenschaften hervortun müssen. Sie müssen auf gegenseitigem Vertrauen und Zusammenarbeit gegründet sein, auf der tatsächlichen Erfahrung der Einheit von Allem aufbauen. Es gibt hier keinen Platz für egoistische Posen, Zwangstaktiken, Machtgier, Beschuldigungen und Eifersucht.

Natürlich, wo immer man sich mit Geld beschäftigt, gibt es normalerweise diese Übel; es gibt Stiftungen, die selbst bis zum Obersten Gericht gehen und wegen Vertrauensbruch ihrer eigenen Mitglieder prozessieren müssen. Denkt daran, daß Stiftungen fest auf der Grundlage des Vertrauens gründen; wenn ihr nicht euch selbst und eurer eigenen Realität traut, könnt ihr nie einem anderen trauen. Letztlich hängt Vertrauen vom Glauben an Gott ab, wie er sich in euren eigenen Handlungen und in den Handlungen anderer ausdrückt. Tugend kann nur in einer Atmosphäre von Gottgläubigkeit gedeihen; ihr müßt Glauben an die Allgegenwart Gottes haben, daran, daß Gott der Zeuge, der Führer und der Hüter ist. Selbstvertrauen, Vertrauen, daß ihr das reine, unbegrenzte Selbst seid, ist die große Kraft, die die Religion euch verleihen kann. Wenn ihr dies in euerem Herzen verankert, kann man euch jede Art von Verantwortungen, jede Art von Arbeit anvertrauen.

Die Veden stellen für den Menschen vier Ziele auf: Dharma, Artha, Kama und Moksha. Aber man muß sie paarweise befolgen, Dharma und

Artha zusammen und Kama und Moksha zusammen. Das heißt, man muß Wohlstand (Artha) durch Rechtschaffenheit (Dharma) verdienen, und der Wunsch (Kama) muß auf Befreiung (Moksha) gerichtet sein. Doch der Mensch betrachtet diese vier getrennt von einander und verliert alles.

Er tut sie in getrennte Abteilungen und stellt verschiedene Pläne auf, um sie zu erreichen. Deshalb ist seine Persönlichkeit nicht integriert; führt ein gespaltenes Leben. Er gibt Dharma und Moksha als jenseits seiner Belange auf und verschwendet sein Leben mit dem Streben nach bloßem Artha und Kama. Sie führen ihn zum Untergang.

Um Artha handhaben zu können, müßt ihr Dharma praktizieren, insbesondere wenn, wie hier, Artha für die Verbesserung und Erhöhung des Menschen gebracht werden soll. Udyogam Purushalakshanam, heißt es. Ud-Yoga, wie es allgemein verstanden wird, bedeutet Beschäftigung mit einer Arbeit, die es wert ist, getan zu werden. Nein, es bedeutet ud (höherer) Yoga (spirituelle Disziplin), ein Sadhana (Übung), das die Form einer Arbeit angenommen hat. Alle Arbeiten, die ihr unternehmt, sind Ud-Yogas, höhere Disziplinen, welche den Purusha (Menschen) auszeichnen (lakshanam). Wenn durch Dharma nach Artha gestrebt wird, verdient der Purusha den Namen ‚Parama-Purushartha', denn er ist parama oder ausgerichtet auf Para oder die höheren ewigen Werte.

Dies ist für euch eine Gelegenheit für einen Dienst, über den ihr euch ganz besonders freuen könnt, denn hier könnt ihr eure Hingabe und euren Glauben in positiven Dienst zum Wohlergehen euerer Brüder und Schwestern umsetzen. Und da ich bei allem, was ihr tut, dabei bin, braucht ihr euch um den Erfolg des Unternehmens nicht zu kümmern. Ihr braucht nur ‚Werkzeuge' zu sein; ihr braucht nicht krumme Wege oder komplizierte Taktiken zu ersinnen. Wenn ihr eure Pflicht als Mitglieder tut, habt ihr auch Vertrauen in Sai zu bewahren und zu entwickeln.

Dies ist Sai-Arbeit, an der ihr euch erfreuen solltet. Es ist eine erhebende Arbeit, die euch näher an das Herz des Göttlichen führt. Als Narayana herbeieilte, um den Elefanten aus dem Maul des Krokodils zu befreien, berichtet das Bhagavatham, nahm Er nicht Seine Waffen – das Rad oder selbst den Lotus oder die Muschel – mit. Er ging, soweit für das Auge erkennbar, mit leeren Händen hin. Die bewußte Hand muß die leblose Spitzhacke ergreifen um den harten Boden aufzubrechen; so muß auch das göttliche Bewußtsein die Prakrithi oder das gegenständliche Instrument haben, um Seine Pläne durchzuführen.

Ihr habt die Gelegenheit, zum Glück und zur Seligkeit von Tausenden beizutragen. Um diese Pflicht zu erfüllen, müßt ihr selbst ein vorbildliches Leben führen. Euer nithya jivitha (tägliches Leben) muß in lebendiges Gebet und lebendiges Sadhana verwandelt werden. Wie sehr kämpft ihr jetzt um physischen Komfort! Ihr müßt vielmehr darum kämpfen, euch geistigen Frieden und spirituellen Fortschritt, sathya jivitha (Leben in Wahrheit) zu sichern.

Rechnet euch selbst den Vorteil aus, der euch aus diesem Sadhana, in das ihr jetzt eingeführt werdet, entsteht, und bereitet euch darauf vor, die euch zugeteilte Aufgabe zu übernehmen – Werkzeuge zu sein, um die Mission voranzubringen, deretwegen der Göttliche gekommen ist.

Brindavan, 20. 6. 1974

Viele Stimmen und die Stimme

Von den vielen Milliarden Lebewesen hat allein der Mensch das Vorrecht, die Wahrheit des Universums ergründen und in das Seligkeitsbewußtsein seiner Verwirklichung eingehen zu können. Aber der Mensch verliert sich bei der Jagd nach falschen Zielen; er kämpft im Nebel des Zweifels und der verstreuten Interessen. Er vergeudet Energie und Zeit mit Aktivitäten, die ihn noch mehr in die Schlingen materieller Wünsche binden. Diese Art von Aktivität wird Mokakarma genannt, sie entsteht aus Verwirrung und führt zu weiterer Verwirrung. Der Mensch muß diesen Hang überwinden und sich Dharmakarma zuwenden, das heißt moralischen Handlungen, idealistischen Handlungen, Handlungen, die die niederen Instinkte und Triebe verfeinern und jede Tat in einen Akt der Hingabe umwandeln. Ist diese Haltung gefestigt und fundiert, wird alles Karma Brahmakarma. Der Mensch geht in das Universale ein und verliert die ihn behindernde Individualität. Dies ist das Karma, nach dem der Atma strebt und an dem er sich erfreut.

Selbst im ersten Stadium von Mohakarma sollte der Mensch sich bemühen, es mit Prema zu durchdringen. denn Prema korrigiert unmerkbar das Karma zu dem Pfad von Dharma und führt systematisch zu den weiteren Stadien des menschlichen Fortschritts in Richtung auf seine

Göttlichkeit. Was ist dann Prema? Es kann nicht verdient oder erlangt werden. Es ist eine natürliche Begabung des Menschen. Es kann nicht verweigert oder aus dem Geist beseitigt werden. Es kann nicht gelehrt oder erlangt werden. Wenn es auf Sinnesobjekt ausgerichtet wird, mag es zum Ruin führen; wenn es von ihnen fortgelenkt wird, kann es sehr wohl zur Erlösung führen.

Prema oder Liebe ist ein häufig mißbrauchtes Wort. Jede positive Reaktion auf eine Anziehung wird Liebe genannt; jedes Gefühl der Zuneigung, ganz gleich wie billig oder vergänglich es ist, wird als Prema bezeichnet. Wir müssen sicherlich neue Worte prägen, oder besondere Worte, die die Formen der Liebe abgrenzen. Die Verbundenheit der Eltern mit ihren Kindern oder der Kinder mit ihren Eltern muß Zuneigung genannt werden. Die Antwort auf die sexuelle Anziehung kann am besten Liebelei, Faszination oder Wahn – Moha – genannt werden. Das Gefühl der Verwandtschaft oder Kameradschaft ruft Wertschätzung hervor. Die Freude, die man durch ein Besitzgefühl, insbesondere durch materielle Objekte bekommt, bezeichnet man als Befriedigung. Das Verlangen, die der Wahrheit innewohnende Erhabenheit zu erreichen – dies allein darf mit Recht mit diesem heiligen Wort Prema benannt werden. Denn es ist der reinste, anmutigste, am meisten befriedigende Besitz des Menschen. Prema hat genug Kraft und Beständigkeit, um alle Hindernisse zu überwinden, allen Schicksalsschlägen mit Gleichmut gegenüberzutreten, alle Versuchungen, zu zaudern oder abzuweichen, zu besiegen. Es beurteilt nicht einen Umstand als gut und einen anderen als schlecht; es schreibt sie nicht verschiedenen Kräften zu. Genau wie die gleiche Sonne sowohl den Tag wie die Nacht verursacht, so verursacht der gleiche göttliche Wille Freude und Leid; also klagt oder frohlockt der Gottverehrer nicht, wenn es ihm gut oder schlecht geht.

Der Fehler liegt in der Faszination des Menschen für das ,,Viele" anstelle des ‚Einen'; er jagt der Mannigfaltigkeit nach und vergißt die Einheit des Universums. In der Tat stellt das ‚Viele' nur verschiedene Ausdrucksmittel des ‚Einen' dar. Nehmt das Beispiel des elektrischen Stroms. Wenn der Ventilator sich dreht, sagen wir, daß Strom fließt; wenn er still steht, stellen wir fest, daß der Strom aufgehört hat. Wenn die Birne leuchtet, stellen wir seine Anwesenheit fest, wenn die Birne aus ist, seine Abwesenheit. Der Strom selbst ist unsichtbar. Er ist nirakara. Er belebt verschiedene Dinge, und dadurch erkennen wir ihn. So ist die Göttlichkeit auch in allen Dingen und hinter jeder Aktivität. Um sie zu verstehen und zu erkennen, benötigen wir Instrumente, Fahrzeuge, Upadhis.

Die Augen sehen, aber kann das Organ ‚Auge' sich selbst sehen? Ohne Anregung vom inneren göttlichen Atma kann es nicht funktionieren. Das Gehirn denkt; aber können die Zellen aus sich heraus den Prozeß ausführen? Nein, sie müssen vom Göttlichen im Innern belebt werden. Das ‚Eine' ist die Grundlage, die Ursache der Manifestation in dem Vielen. Nur durch Prema kann das innewohnende, immanete Eine erkannt werden. Denn das Göttliche ist Prema mehr als irgendetwas anderes. Isavasyamidam sarvam: ‚all dies ist von Mir eingehüllt, von Mir belebt', sagt der Herr. Alles ist eins. Das Eine erscheint dem voreingenommenen Auge als vieles. Reinigt das Auge vom Star der Unwissenheit und erkennt, daß alles Eins ist. In der Tat seht ihr mit euren Augen überall nur euch selbst. Ihr sprecht nur mit euch selbst, mit wem auch immer ihr sprecht. Ihr gefallt euch selbst; ihr haßt euch selbst, ihr schadet euch selbst. Es gibt keinen anderen.

Selbst wenn das Göttliche als Avatar herabkommt, ist der Mensch nicht in der Lage, den Schleier zu durchdringen und das Göttliche zu verehren. Der Herr Krishna sagte, die Menschen seien nicht in der Lage, das Göttliche, das Er ist, zu erkennen, weil sie Ihn nur für einen Menschen hielten. Nur jene, die sich des inneren Stroms, des Atma, bewußt sind, können die Kraftquelle vor sich erkennen.

Drei Disziplinen sind wesentlich, um sich der Göttlichkeit in allem und im Avatar bewußt zu werden: keine Tätigkeit sollte mit Blick auf eigene Erhöhung unternommen werden; Intellekt und Gefühl müssen auf die Offenbarung des im Herzen Wohnenden, den Atma, gerichtet sein; jede Tat sollte voller Ernst, mit Liebe und ohne Verlangen nach persönlichem Verdienst, Ruhm oder Vorteil ausgeführt werden. Hört vor allem auf die Stimme Gottes im Innern. Sobald jemand eine schlechte Handlung beabsichtigt, warnt diese Stimme, sie protestiert und rät davon ab. Sie stellt die Scham dar, die erlitten werden muß, die Strafe, der man sich aussetzt, die Schande, die hervorgerufen wird. Es mag scheinen, als ob es zwei Persönlichkeiten in euch gibt, die eine, die versucht, und die andere, die verhindert. Das warnende Signal, der rechtzeitige Rat, wird vom Jangam (dem Geist des Rechten) im Angam (physischen Körper) gegeben. Er erinnert euch an die Absurdität und die Gefahr, die der Identifikation des Selbstes mit dem Körper innewohnt, es ermutigt euch, zwischen richtig und falsch zu unterscheiden; es ist Gott, der in jedem Herzen als höchste Weisheit, als Prajnana, als ewiger Zeuge, wohnt, mit dem ihr leicht in den Tiefen des Dhyana (Meditation) Kontakt aufnehmen könnt.

Wenn ihr euren Geist untersucht, werdet ihr in der Tat feststellen, daß er schwankt, daß es dort nicht nur einen, sondern viele ,,Ratgeber" mit Widersprüchen gibt, die Verwirrung hervorrufen. Wenn ihr z. B. geplant habt, nach Puttaparthi zu kommen, um Swamis Darshan (Anblick des Herrn) zu bekommen, beginnen diese Ratgeber ihr Spiel. Eine Stimme rät euch, erst loszufahren, nachdem ihr festgestellt habt, ob Swami tatsächlich dort ist. Eine andere Stimme schlägt vor, ihr solltet ,,So-und-So" anrufen und feststellen, ob Swami in Bangalore oder in Puttaparthi ist. Eine weitere breitet vor euch verschiedene Routen und Reisemöglichkeiten aus und bereitet einige Kopfschmerzen. Dies ist der Sangam, der den Jangam umgibt, der Sangam (Gruppe) von Stimmen, die um den Geist des Rechten herum spielt und versucht, ihn abzulenken. Eine andere Stimme mag sagen, wenn die anderen zu Ende sind, ,,Ja, mein lieber Mann! Betrachte deinen Wunsch von allen Seiten. Vielleicht gehst du dahin und setzt dich allen möglichen Ausgaben und Schwierigkeiten aus; denk auch an diese Möglichkeit – vielleicht bekommst du ein ‚Interview' mit Swami, vielleicht nicht." Eine weitere Stimme mag dazwischenkommen und sagen, ,,Oh! Ich habe so viel falsch gemacht und so viele Fehler begangen; es ist recht zweifelhaft, ob Swami dir das ‚Interview' gewähren wird!" Beim Verstummen dieser Stimme beginnt eine andere Stimme mit zuversichtlichen Argumenten. Sie wird trösten und sagen, ,,Nein! Swami ist die Verkörperung des Mitgefühls. Er wird sicherlich alle Fehler verzeihen." Dies Prinzip, das euch den sprituellen Pfad entlangführt, ist der Lingam, der im Zentrum des Sangam ist, um den herum der Jangam wächst.

Der Lingam ist der eigentliche Kern des menschlichen Herzens, das einzige, das den Menschen mit Kraft, Seligkeit und Erleuchtung versorgt. Entwickelt die nach innen gerichtete Schau, damit der Lingam auch diese drei gewähren mag. Der Geist wird dann mit dem angenehm kühlen Licht der Liebe und Weisheit erleuchtet. Deshalb hat der Geist als herrschende Gottheit erleuchtet. Deshalb hat der Geist als herrschende Gottheit den Mond – Chandrama manaso jathah. Daher feiert man den Tag der Dankbarkeit für alle Gurus und den höchsten Guru, Vedavyasa, am Vollmondtag.

Solange ihr nicht den Geist durch Liebe gereinigt habt, kann spirituelle Weisheit nicht darin leuchten. Die Wiederholung des Namens, das Befolgen von Gelübden und Nachtwachen, von Fasten und Festen, mag am inneren Himmel des Geistes leuchten, so wie Sterne am Himmel stehen; aber solange die Lampe der Liebe nicht entzündet ist, wird die Dunkelheit nicht verschwinden.

Dies ist der Tag, der der Verehrung des Guru gewidmet ist. Wer ist der Guru? Wie kann ein Mensch, der das Ziel noch nicht erreicht hat, euch zu ihm führen? Wie kann er euren Pfad erleuchten, wenn er selbst im Dunkeln tappt? Die meisten Gurus, die zu führen behaupten, sind sich selbst des Weges nicht sicher noch ganz von der Richtigkeit ihres Pfades überzeugt. ‚Gu' bedeutet Dunkelheit oder Unwissenheit; ‚ru' bedeutet dessen Beseitigung. So muß der Guru den Vorgang kennen, durch den in einem anderen die Unwissenheit beseitigt werden kann. Wie kann er dies tun, wenn er es bei sich selbst noch nicht getan hat? Der Blinde kann den Blinden nicht führen.

Das Wort Guru hat noch eine weitere Bedeutung. ‚Gu' bedeutet gunathitha oder jenseits der drei ‚Fäden', aus denen der Kosmos zusammengesetzt ist, und ‚ru' bedeutet rupa-rahitha oder ‚ohne besondere Form'. Nun hat kein Sterblicher das Guna und das Rupa transzendiert. Nur Gott kann als von diesen unberührt beschrieben werden. Und Gott ist der Guru, direkt in eurem Herzen, der bereit ist, euch zu führen und zu erleuchten. Er ist allwissend, allmächtig und alldurchdringend.

Vertreibt die dunklen Wolken der Unwissenheit und des Egoismus, die den Anblick des Sonnenscheins am Firmament eures Herzens verhindern. Eure Eltern mögen euch verstoßen, eure Verwandten mögen euch verlassen, eure Freunde mögen euch verlassen; eure angesammelten Schätze mögen verloren gehen. Aber Gott wird immer nahe, lieb und zu Rat und Ermutigung bereit sein. Die Menschen werden sich um euch nur solange versammeln, wie ihr Geld und Macht habt; wenn ihr diese verliert, werdet ihr bitterlich verlassen sein. Sie sind wie Froschschwärme, die in einen vollen See einfallen und Schmeicheleien quaken, aber verschwinden, wenn der See ausgetrocknet ist.

Ihr eilt zum Guru-Purnima-Fest herbei; aber es ist nicht nötig, auf dieses alljährliche Ereignis zu warten, um den Guru zu verehren. Die Menschen verbringen diesen Tag mit der Verehrung des Guru und suchen seine Anweisungen. Dies kann man alle Tage des Jahres tun! Einen besonderen Tag auszusuchen hat einen Beigeschmack von Oberflächlichkeit und Zurschaustellung. Ich möchte euch von dieser Haltung abraten; ich möchte, daß ihr nicht diese äußeren Zeremonien und Festlichkeiten, sondern das innere Sadhana (Übung), die innere Schau, das spirituelle Verlangen pflegt.

Ich behaupte nicht, daß Ich ein Guru bin, noch betrachte Ich euch als Schüler oder Jünger. Wenn Ich alles bin, was ist, wer kann da als Guru und wer als Jünger oder Schüler getrennt voneinander bezeichnet werden? Das Nichterkennen des Einen führt zu diesem Zwiespalt. Die Verwirklichung der Wahrheit wird diese Unterscheidung beenden. Niemand braucht zu lehren, niemand braucht zu lernen. Alle *sind* grundlegend *Chith* (Bewußtsein). Dies ist die Realität.

Der Lehrer – dies ist die richtigere Benennung – sollte sich nicht überlegen fühlen; der Schüler sollte sich nicht unterlegen fühlen. Beide sind in Wirklichkeit der Atma. Es gibt kein hoch und kein niedrig. Alle sind Wellen im Meer der Seeligkeit. Wenn euer Körper gesund, anmutig, stark, zufrieden ist, dann bedenkt, wie glücklich ihr doch seid! Wisset jetzt, daß ihr in Wirklichkeit die Körper aller Wesen seid. Und wenn all diese anderen Körper glücklich, gesund, kraftvoll und stark sind, rechnet euch aus, wieviel mehr Seligkeit ihr in eurem Herzen fühlt! Die Schau des Virat, der kosmischen Form, wird jenen verliehen, die ihr Ego hingeben und im Herrn ihre Zuflucht suchen (wie Arjuna dies tat), und die in der Stille achtsam die vom Herrn gesungene Gita in sich aufnehmen. Gott ist allgegenwärtig; Er ist der innere Beweger eines jeden Teilchens des Universums. Zu behaupten, Er sei nur von eurer Art der Verehrung abhängig, Er würde nur auf den von euch gelernten Namen antworten, beleidigt Seine Allwissenheit und Seine Herrlichkeit. Seht Ihn in allem, dient Ihm in allem. Verehrt Ihn in allem. Betet: „Gib, daß es der ganzen Welt wohlergehe; lasse die ganze Menschheit glücklich sein." Dies ist die besondere Botschaft, die Ich euch an diesem Tage gebe.

Prasanthi Nilayam, 4. 7. 1974

An die Mütter

Viele von euch sitzen im Dhyana (Meditation) und fangen nach einiger Zeit an, sich zu beklagen, ,,Oh, warum kann ich mich nicht konzentrieren? Bhagavan! Hilf mir, meinen Geist auf Dich auszurichten!" Werdet nicht ungeduldig und beklagt euch nicht. Spürt lieber, daß ihr den Geist zu reinigen und zu säubern habt, damit Gott Selbst das Verlangen verspürt, ihn zu besitzen. Er ist der Chora (Herzensdieb)! Wenn Diebe ins Haus einsteigen, suchen sie sich wertvolle Dinge aus; sie kümmern sich nicht um Brennholz oder Kohlensäcke! Wenn Gott in der Rolle eines Diebes kommt, schaut auch Er sich nach der wertvollsten Sache um, der Sache, die Er am meisten wertschätzt, der Sache, die zu pflegen euch am meisten Mühe gekostet hat. Er nimmt die reinen Gedanken fort, die Taten, die vom Wohlgeruch der Sympathie und des Mitgefühls durchdrungen sind, die Gefühle voller Liebe, die keine Belohnung erwarten. Gott ist kein normaler Dieb!

Dieser Dieb macht die Leute durch Seinen Diebstahl reicher! Reicher an Glück, Heiterkeit und Selbstachtung. Diesen Dieb liebt man um so mehr, je mehr er stiehlt! Er weckt den Schläfer auf und stiehlt ihm dann, was der Haushalt für Ihn übriggelassen hat. Oftmals geben die Leute vor, zu schlafen, damit Er kommen und die Dinge stehlen möge, die sie für diesen Zweck bereitgehalten haben. Er ruft: ,,Tasmat Jagratha, Jagratha!" ,,Deshalb wacht auf, wacht auf;" und dann nimmt Er den Schatz, den Er sucht und findet, fort.

Ihr habt diesen Schatz in euch; aber ihr wißt es nicht; ihr haltet ihn somit nicht für Ihn bereit. Ihr meint, ihr hättet Ihm nichts zu geben, und ihr wäret arm und niedergeschlagen. Wenn ihr erst einmal euer Herz Gott anbietet, gibt es nichts mehr zu klagen und zu wollen.

Jene unter euch, die nicht im Wohlstand leben, müssen sich für das Hochzeitsmahl von einem reichen Nachbarn oder Verwandten die Töpfe borgen. Oder ihr leiht sie euch vielleicht von einer Einrichtung, die so große Töpfe hat, um anderen zu helfen. Ob ihr euch die Töpfe borgt oder ausleiht, ihr tut folgendes: ihr reinigt die Töpfe, bevor ihr sie zurückgebt; sie müssen dem Besitzer so zurückgegeben werden, wie sie gebracht wurden. Kocht in ihnen; reinigt sie dann, bevor ihr sie intakt der Person zurückgebt, die sie euch auslieh.

Die unsterblichen Wesen, die sich selbst diese Rolle, dieses Wagnis eines „Lebens auf Erden“, ausgesucht haben, haben sich sozusagen ein *Herz* von Gott, dem höchsten Geber, in einem sauberen Zustand ausgeliehen. Wenn ihr es schließlich zurückgebt, seht zu, daß es so sauber und rein ist wie es war, als Er es euch gab. Das ist rechtes Verhalten; sonst wird Er es nicht annehmen!

Selbst erfahrene Lehrer erfreuen sich heutzutage daran, den unter ihrer Obhut Stehenden einfach nur den Inhalt der Lehrbücher ins Gehirn zu injizieren! Denn sie sind nur bemüht, sie durch die „Examen“ zu befördern. Es geht also nur darum, sich die richtigen Fragen auszudenken, die auf dem Papier erscheinen, und nur dafür die Antworten einzubüffeln! Wenn die Jungen und Mädchen erst einmal die Sachen, die in ihre Köpfe gestopft waren, herausgeschrieben haben, kommen sie hohl und mit leeren Köpfen nach Hause. Was ihr jedoch lehren müßt, muß ins Herz eingeprägt und nicht im Gehirn gestapelt werden. Das wird ihren Charakter formen und sie für sich und die Gesellschaft nützlich machen.

Nehmt das Beispiel von Dhruva. Seine Stiefmutter sagte ihm, er könne die Gunst des Königs, seines Vaters, nur durch Gottes Gnade gewinnen, die er durch Buße zu erlangen hätte! So ging der fünfjährige Junge in den Wald und praktizierte eine Askese, die in der Geschichte nicht ihresgleichen kennt! Als ein Ergebnis der Buße war sein Wünschen so verfeinert, daß er schließlich erklärte, „Ich kümmere mich nicht um königliche Gunst oder gar um den weltlichen Thron! Ich werde das Königreich Gottes erlangen; ich werde auf Gottes Schoß sitzen.“ So verweigerte er die Herrschaft über Menschen und zog die Freude vor, ein Kind Gottes zu sein, mit Gott zusammen zu sein.

Es gibt in den zarten Herzen der Kinder ein solches Potential an Hingabe und Streben nach höheren Idealen und Zielen; dies kann durch euch entwickelt und gepflegt werden. Denkt nicht, sie wüßten nichts; denkt nicht, ihr könntet sie auf jeden Weg umleiten, den ihr wünscht. Dies ist ein Fehler. Erkennt das große Potential des Kindes; nehmt Methoden an, die das Kind selbst vorschlagen oder andeuten mag. Helft dem Kind, Göttlichkeit zu erreichen und sich seiner hohen Bestimmung bewußt zu werden. Nehmt nicht an, daß das Kind eine unterlegene Persönlichkeit ist oder daß es nicht in der Lage ist, diese Höhen zu erreichen.

Die Eltern selbst sind nicht die angemessenen Lehrer der Kinder. Sie sind in sie vernarrt und wissen nicht, wie man sie korrigiert, sie haben tadelnswerte Gewohnheiten und Lebensweisen. Sie rauchen, spielen

Karten, machen Glücksspiele, trinken und streiten zu Hause; sie sprechen die Unwahrheit, skandalieren, prahlen, verleumden in Gegenwart der Kinder. Wie könnten sie ihre Kinder auf den rechten Weg führen? Ihr werdet solche Eltern zu überzeugen haben, daß sie ihre Lebensweise verändern und inspirierende Vorbilder sein müssen, statt Feinde und Hindernisse.

Aber bevor ihr den Eltern Anweisungen gebt, seht zu, daß ihr keine Fehler habt, auf die sie mit den Fingern zeigen könnten. Erwerbt das Recht, Anweisungen zu geben, bevor ihr mit der Mission beginnt. Bringt zunächst euer eigenes Heim in Ordnung; seht zu, daß die Atmosphäre des Heims frei von Haß, Stolz, Verleumdung und Gier ist; seht zu, daß Liebe das Zentrum des Heimes ist, daß Glaube an Gott das Fundament ist, auf dem die Beziehungen zwischen den Familienmitgliedern ruhen.

Man verwirrt heutzutage schnell indische Tradition und Lebensweise. Große Kleidungs- und Sprechweisen und entsprechendes persönliches Auftreten nehmen ihren Platz ein. Man sollte den Kindern beibringen, diese zu verabscheuen. Sie sollten wissen, was sie sind – Verirrungen und Gemeinheiten! Heutzutage klebt man in der Nähe von Kinos die ganze Straße mit obzönen Plakaten voll, um Zuschauer anzuziehen; sie verderben auf sehr feine und leise Art den Charakter. Die Kinder müssen die Älteren schamrot machen, die erlauben, daß solche erniedrigenden und schädlichen Plakate in der Öffentlichkeit erscheinen! Sie müssen in den Älteren einen Sinn für Scham aufkommen lassen, wenn die menschlichen Werte herabgezogen werden. Solange wir nicht diese Ideale den Kindern eingeben, wird Indien in die Tiefen der Entehrung herabsteigen.

Wie könnt ihr diese obzönen Bilder tolerieren, diese Plakate, die pornographische Filme ankündigen, diese höchst anstößige Kleidungsweise, dieses unverschämte Verhalten und Auftreten? Tut alles euch mögliche, um dieses Übel auszurotten. Übt eure Kinder und Jugendlichen darin, diesen Makel vom Antlitz der Bharatha Matha (Mutter Indien) zu beseitigen.

Indien steht dank der Tugend, der Kraft, der moralischen Stärke der Frauen der Vergangenheit und Gegenwart als Lehrer der Menschheit da. Ihr müßt diese Eigenschaften erhalten und fördern, damit sie ihren Kopf hoch über die Nationen der Welt erheben kann.

Begründet im Heim die Stellung der Mutter als derjenigen, die die spirituellen Ideale bewahrt und damit der Guru der Kinder ist. Jede Mutter muß an diesem Bemühen teilnehmen – das in jedem Kind verborgene Gottbewußtsein auszuweiten und ständig zu entfalten.

Kinder sind die Saat, die auf dem Felde wächst, und die die Ernte hervorbringen soll, durch die die Nation sich selbst zu erhalten hat. Sie sind die Säulen, auf denen das Fundament der Zukunft der Nation ruht. Sie sind die Wurzeln des Staatsbaumes, der die Früchte von Arbeit, Verehrung und Weisheit an die kommende Generation weitergeben muß.

Das Sathya Sai Bala Vikas (Sai Babas Erziehungsorganisation) ist entwickelt worden, um diese Wurzeln zu nähren, diese Grundpfeiler zu stärken und der aufkommenden Saat Nahrung zu geben. Die Kinder wachsen jetzt in einer durch Korruption, Angst und leerem Pomp verseuchten Atmosphäre auf, weil die Leute in die seichte materielle Kultur, die hauptsächlich aus dem Westen importiert ist, vernarrt sind. Eltern, Lehrern und selbst den Führern der Nation mangelt es an Bewunderung und Verehrung, an Verständnis und Praxis der grundlegenden Prinzipien der Bharathiya- (indischen) Kultur; den Kindern wird das wertvolle Erbe, das ihnen zukommt, verweigert. Sie werden in fremde Ideale, Gedanken und Verhaltensweisen eingeführt. Man lobt sie, wenn sie fremde Wiegenlieder singen und dadurch die eigenen Reime vernachlässigen! Das erzogene Kind entfernt sich vom Dorfkind oder den Kindern der Ungelernten.

Die Älteren brauchen nur noch eine kurze Strecke zu reisen, bis sie aussteigen. Aber denkt daran, daß die Kinder noch viele Meilen vor sich haben und die Nation mit sich führen, sei es zum Untergang oder zum Fortschritt! Die alten Rishis kannten den Wert unserer Kultur und den tiefen Frieden und die Sicherheit, die das Erbe dieser Kultur zu Zeiten des Aufruhrs und des Kampfes zu geben vermag. Sie schrieben jedem, jung wie alt, drei Disziplinen vor. Sie erklärten, Mathru devo bhava, pithru devo bhava, acharya devo bhava. Solange eine Nation aus diesen edlen Idealen hervorwächst, kann sie nicht entwurzelt werden und austrocknen. Denn die Mutter als göttlich, den Vater als Gott und den Lehrer als Gott zu verehren, wird die heranwachsende Generation das Erbe wertschätzen lassen, das ihr von ihnen und durch sie überreicht wird. Der Generationsspalt wird nicht eine unüberbrückbare Kluft sein.

Bangalore, 10. 7. 1974

Er singt ständig

Krishna ist der eine Name, der alle Namen bezeichnet, der eine Gedanke, der alle Gedanken umfaßt, die eine Handlung, die alle Handlungen umgreift. Nutzt dieses Fest, das an die Herabkunft Krishnas erinnert, um Bhakthi oder Hingabe zu entwickeln. Bhakthi wird als ein Mittel bestimmt, die in jedem Wesen verborgene göttliche Realität zu entdecken. In den Schriften sind vier Schritte festgelegt, die dem Menschen bei diesem Bemühen helfen sollen: Unterscheidung zwischen dem Beständigen und dem Unbeständigen, Ablassen von dem Prozeß, den Sinnen Nahrung zu liefern, positive Kontrolle der Gefühle, Gedanken und Ziele und unermüdliches Verlangen nach Befreiung von allen Bindungen. Bhakthi ist das Drängen, das sich in Gestalt dieser vier Bestrebungen ausdrückt. Aber das Wort wird für alle Arten von Wünschen und Disziplinen derart häufig und wahllos benutzt, daß es sogar mit Epikureismus (Genießertum im Sinne der Lehre des griechischen Philosophen Epikur) gleichgesetzt wird! Bhakthi leitet sich von bha oder Bhagavan oder Gott her. Es weist den Menschen an, immer an Gott zu denken und im Innern die Liebe zu Gott zu pflegen. Es rät ihm, sich vom Egoismus frei zu machen, die Begehrlichkeit der Sinne zu bändigen und sich zum Gipfel seines Strebens und seiner Verwirklichung zu erheben.

Bhakthi führt den Menschen zu der Weisheit, die aus der Verwirklichung der Einheit, die Gott genannt wird, entsteht. So wie die Kindheit zum Alter wird und dadurch Früchte trägt, wächst Hingabe zur Weisheit, Bhakthi wächst zu Jnana. Es gibt einige, die die Notwendigkeit von Bhakthi leugnen und behaupten, Jnana könne ohne das Vorstadium von Bhakthi gewonnen werden. Aber Bhakthi ist ein so notwendiger und unvermeidlicher Prozeß wie die Kindheit.

Hingabe bringt die höchste Tugend zur Entfaltung. Sie ist der kostbarste Schatz; sie ist der echteste Weg, der einzige Weg zu Gott. Der Mensch muß in Bhakthi, für Bhakthi, durch Bhakthi leben. Denn Bhakthi ist Liebe von reinster und nobelster Art. Solch eine Liebe ist der Atem, der das Leben erhält, der die Seele bei ihrem Bemühen, in die Überseele einzugehen, trägt. Die Lebensjahre, die ohne das Licht der Liebe verbracht werden, sind Jahre des Untergangs, des Verfalls und der Krankheit. Man könnte genauso gut tot sein und für immer verwesen.

Liebe kann den Menschen in ein göttliches Wesen umwandeln; sie hilft ihm, seinen göttlichen Kern zum Ausdruck zu bringen. Liebe kann selbst die wildesten Tiere zähmen. Sie spornt den Menschen dazu an, die Welt mit Freude zu erfüllen und an jener Freude teilzuhaben. Sie pflanzt einen tiefen, quälenden Durst nach diesem Frohlocken, nach dieser Erhöhung des Geistes ein. Die Avatarschaft des Herrn als Krishna und die Laufbahn Krishnas auf Erden dienten der Förderung und Ausbreitung dieses Liebesprinzips (Prema) durch Unterweisung und Beispiel.

Prema oder höchste Liebe transzendiert das Ego; sie ist rein, sie ist lieblich, sie ist heilig und heiligend. Prahladha hatte diese Prema; was auch immer ihm zustieß – Schmerz, Kummer, Folter, Ungnade – er ertrug es alles, denn er war sich nichts anderen als Gottes bewußt, den er in seinem Herzen trug. Mira war ebenfalls so hungrig nach Gott und litt wegen der Trennung von Ihm solche Qualen, daß sie immer nur von Seiner Lieblichkeit, Seiner Macht und Seinem Mysterium sang. Ihr müßt danach streben, mit diesem Ernst, dieser Andacht und Hingabe gesegnet zu werden. Nur dies kann euch die höchste Seligkeit geben. Aber obwohl jetzt viele behaupten, sie würden diesen Geisteszustand zu erlangen suchen, richten sich alle ihre Bemühungen auf Zurschaustellung und gut ersonnene Selbstverherrlichung. In jenen Tagen fand das Sadhana in Stille und Zurückgezogenheit statt; Jetzt ist es laut und prahlerisch. Bhakthi offenbart euch, daß Gott in jedem ist; deshalb muß die Liebe, die in euch aufsteigt, zu allen hinfließen; denn alle sind Verkörperungen dieses gleichen Göttlichen.

Gott ist mit euch durch das engste Liebesband verbunden. Die Eltern mögen sich abwenden; der Bruder mag sich gegen den Bruder erheben; die Schwester mag fortgehen, ohne die Schwester zu grüßen; die Kinder mögen ihre Eltern nicht verehren oder sie noch nicht einmal achten. Dies sind nur ‚soziale oder ökonomische Bindungen‘, mögen sie erklären. Aber Gott wird euch nie verlassen oder verleugnen oder sich von euch abkehren.

Gott ist der nächste, liebste, liebenswerteste, eifrigste Begleiter, Kamerad und Verwandte des Menschen. Dies wird in vollem Maße durch die Handlungen Krishnas demonstriert, wie sie im Mahabharata und im Bhagavatham erzählt werden.

Schöpfung verlangt einen Schöpfer; nichts kann ohne den Willen, es geschehen zu lassen, geschehen. Vor dem Beginn der Dinge muß es einen Willen geben, der sie zum Erscheinen bringen wollte. Er kann nur Er sein, der zu diesem allen geworden ist, welchen Namen und welche Form sie auch immer angenommen haben mögen. Dieser Wille ist Liebe, Er ist Weisheit, Er ist Macht, Er ist Seligkeit. Jeder von euch muß damit „sein Leben versichern". Wie andere Versicherungsgesellschaften kann dieser Eine weder Verlust noch Liquidation erleiden. Er kann nie zahlungsunfähig werden noch ins Stocken geraten. Bezahlt regelmäßig die vereinbarte Prämie, und ihr könnt den vereinbarten ‚Betrag' verlangen und erhalten. Die von euch zu zahlende Prämie ist die ‚Liebe', die aus eurem Herzen zu allen Wesen hin entspringt. Befreiung von Kummer und Schmerz, ewige Seligkeit ist der ‚Betrag', den ihr erhaltet. Oder wir können uns den Vorgang als einen Baum vorstellen, der am Ende eines langen Prozesses sorgfältiger Pflege Frucht trägt. Wahrheit ist der Same, Glaube an das Selbst, an die liebende Sorgfalt Gottes – dies sind die Wurzeln, die ihn festhalten und nähren; die Wiederholung des Namens, das Singen von Hymnen und Psalmen, Meditation über die Herrlichkeit, die umgibt und erhebt – dies sind die Regenschauer, die den Baum ernähren. Seligkeit ist die duftende Blüte; die Weisheit, die befreit (Jnana), ist die Frucht.

Wenn der Mensch seine Pflicht sich selbst gegenüber vernachlässigt, leidet er unter Kummer. Ihm wird Frieden und Sicherheit verweigert; er ist ruhelos und furchtsam. Der Frieden wird die Gesellschaft des selbstzentrierten Egoisten, des hart kalkulierenden Geizhalses, des schlauen herzlosen Dämonen meiden. Er hält sich beim Weisen, beim großzügig Gebenden, beim tugendhaften Arbeiter, beim weisen Seher auf. Ihr müßt lange Zeit von dieser Art sein, damit der Friede sich euch nähern und euch mit seiner Anwesenheit belohnen kann.

Wenn ihr andererseits vom Pfad der Liebe abweicht, werden nicht nur Menschen, sondern auch die Natur euren Fortschritt behindern. Denn das Übel in euch wird sich als Hindernis auf eurem Wege manifestieren. Die Hindernisse werden euch nicht von euren Feinden in den Weg gelegt, sondern von euren eigenen Gefühlen und Impulsen. Denkt gut, fühlt gut, handelt gut, sprecht gut – der Pfad wird frei und rein, leicht und mühelos sein. Denkt schlecht, plant Schlechtes, tut Schlechtes – und der Pfad wird vollgesät sein mit Furcht und Fehlschlag. Der Geist muß gereinigt werden, damit der Pfad sanft wird. Gottesverehrer verdienen diesen Status nicht, wenn sie nur Almosen verteilen, heilige Orte aufsuchen oder religiöse Vorträge besuchen. Erfüllt den Geist mit Liebe, beseitigt Haß und Neid; laßt euer Denken und Planen geradlinig sein. Dies allein kann den Status eines Gottesverehrers rechtfertigen. Geht stetig und still auf das Ziel zu: die Vereinigung mit Gott.

Da dies der Tag ist, der euch an Krishna und Seine Geburt in menschlicher Form erinnert, ist es das Beste, daran zu denken, daß Er diese Botschaft der Liebe durch Unterweisung und Beispiel während Seiner ganzen Erdenlaufbahn lehrte. Das Bhagavatam und das Mahabharata sind voll von Lektionen für euch über die Entwicklung von Bhakthi – zielgerichteter Liebe zu Gott und allen göttlichen Kreaturen. Die Pandava-Brüder und ihre Gemahlin waren solch hohe Verehrer. Als Draupadi, ihre Königin, in der königlichen Versammlungshalle durch ihre Vettern gedemütigt und öffentlich entehrt wurde, rief sie nicht ihre Gemahle zu Hilfe, welche furchterregende Helden waren, die manch eine Schlacht bestanden hatten und mit himmlischen Bögen und Keulen bewaffnet waren; sie rief Krishna an, denn sie wußte, daß Er ihr engster Verwandter, ihr Schild und Schwert war. Viele Jahre später bemerkte sie scherzhaft zu Krishna, daß Er in dieser Situation recht spät zu Hilfe gekommen sei; aber Krishna bat sie, die Worte zu wiederholen, mit denen sie Ihn damals gerufen hatte. Sie sagte, sie hätte gerufen, „Oh Du, der Du in den Herzen der Gopis wohnst! Oh Du, der Du in den Blumenwäldern Brindavans umherschweifst! Oh Du, der Du Dich in Dwaraka aufhältst!" Dann erklärte ihr Krishna, daß die Verzögerung durch die falsche Adresse, an die das Gebet gerichtet war, verursacht worden ist. Er sagte, „Deine Worte zwangen Mich, Mich nach Brindavan und Dwaraka zu begeben, bevor Ich dorthin kommen konnte, wo du warst. Wenn du nur ausgerufen hättest, ‚Oh Du, der Du in meinem Herzen wohnst', so hätte Ich im gleichen Moment vor dir erscheinen können."

Deshalb solltet ihr euch darum bemühen, Ihn in eurem Herzen Wohnung zu geben und euch immer dessen bewußt zu sein, daß Er dort ist. Nur Radha hatte dies Bewußtsein und die aus diesem Wissen entstehende ununterbrochene Seligkeit. Entwickelt dieses Wissen, diese Nähe. Wie könnt ihr euch je auf den im Innern Wohnenden konzentrieren, wenn ihr euch die ganze Zeit nur des Körpers und seiner Forderung nach Aufmerksamkeit bewußt seid? Entwickelt den Blick ins Innere, die innere Schau, und genießt die Seligkeit, die sie verleiht, jeden Tag wenigstens für eine halbe Minute. Dies wird euch sicherlich große Stärke und Sicherheit geben. Radha betete, Krishna möge sie im kühlen Schatten Seiner

Gegenwart halten, damit sie davor bewahrt würde, in der Wüstentrockenheit des irdischen Lebens versengt zu werden.

Verkörperungen des universalen Atma! Die Schriften sind endlos; zahllos sind die Sadhanas (Übungen). Es gibt nur wenige Gelegenheiten, die Zeit ist schon überzogen. Aber ihr könnt den Lebenskampf trotz dieser Schwierigkeiten leicht gewinnen, wenn ihr euch mit Liebe wappnet, was ja das Wesen der Lehre aller Schriften, das Ziel all der verschiedenen Sadhanas ist; sie ist der beste Nutzen, der aus den sich bietenden Gelegenheiten gezogen werden kann, und der lohnendste Weg, Gebrauch von dem wertvollen Kapital zu machen. Die einfachen Leute, die das Vieh in Gokul hüteten, wo Krishna Seine Jugendjahre verbrachte, kannten kein Sadhana, lernten keine Sastras (heilige Schriften), befolgten keine Gelübde, besuchten keine Tempel; sie bewahrten nur ständig Namen und Form des Gottes, der unter ihnen wandelte, im Schrein ihres Herzens. Und sie wurden gerettet.

Verkörperungen der Liebe! Ich weiß, ihr seid erregt, da heutzutage die Welt von Wellen der Unruhe und Unsicherheit geschüttelt wird. Aber werft es nicht der Welt vor. Die Unruhe ist nur ein Bild eurer eigenen Unruhe, die ihr in die Welt projiziert habt. Die Unsicherheit raucht in eurem Geist; die Furcht erhebt ihr Haupt in eurem Herzen. Die Kräfte der Welt, die Wesen der Natur, alle sind unberührt, unverändert! Ihr habt euch verändert; ihr seid nervös; ihr fürchtet euch; ihr habt keinen Frieden.

Ihr tragt farbige Brillen und seht alles durch diese Gläser. Korrigiert eure Sicht; dann wird die Welt korrigiert. Formt euch selbst um; dann wird die Welt umgeformt. Ihr schafft die Welt nach eurer Wahl. Ihr seht das Viele, weil ihr das Viele und nicht das Eine sucht. Versucht, das Viele in das Eine einzuordnen, die physischen Körper von euch und von anderen, die Familie, das Dorf, die Gemeinde, den Staat, die Nation, die Welt. Schreitet so nacheinander fort zu immer umfassenderer Zusammengehörigkeit und erreicht den Zustand der Einheit im Denken, im Wort und in der Tat. Dies ist das Liebessadhana; denn Liebe ist Ausweitung, Einbeziehung, Gegenseitigkeit. Das Individuum muß sich um Universalen, zum Viswa-Swarupa ausdehnen.

Wenn ihr mit diesem Sadhana (Übung) beginnt, müßt ihr alle Neigungen zu Haß, Gier, Neid und Mißgunst unterdrücken und euch auf Ausdehnung der Liebe auf alle, allezeit konzentrieren. Ihr mögt von allen

Seiten Widerständen begegnen; aber betrachtet sie als Tests der Ausdauer, der Ernsthaftigkeit und des Standvermögens. Eure eigenen Eltern, Geschwister, Frau und Kinder, Bekannte und Verwandte, Freunde und Gönner, Landsleute und andere mögen versuchen, euch durch Lächerlichmachen und Drohungen vom Wege abzubringen. Ihr mögt sogar selbst eine Abneigung gegen Gott entwickeln, da Er euch Hindernisse in den Weg legt; atheistische Vorstellungen mögen in euch keimen und versuchen, den Glauben zu vernichten, aber ihr müßt all das mit Mut und Vertrauen überwinden.

Die Guten sind immer das Ziel von Mißgunst und Neid, von Verleumdung und Beschuldigungen durch die Bösen. Laßt euch versichern, daß das Gute in euch so gestärkt werden kann, daß es diesen Feuerproben standhält. Auch Avatare sind von den Bemühungen dieser bösen Kräfte nicht ausgenommen.

Krishna mußte von der Wiege an bis ganz zum Ende Seines Erdenlebens diesen Hindernissen entgegentreten. Auf Seine Person gerichteter Haß, Verleumdung, unbegründete Schmähung und üble Nachrede folgten Ihm bei jedem Schritt. Die Dämonen wollten das Licht und die Liebe nicht dulden, die Er um Sich herum verbreitete; sie verschworen sich, um Seinen Namen in den Schmutz zu ziehen und Seine Mission zu behindern. Sie versuchten, Ihn zu binden, Seine Pläne zu vereiteln und Seine Werkzeuge zu mißbrauchen. Aber die Wahrheit siegte und die Falschheit stand bloß und entehrt da.

Die Wahrheit mag für einige Zeit durch den Nebel der Verleumdung umwölkt sein, aber der Sieg ist sicher. Die Kräfte des Hasses werden durch ihre eigenen Tücken geschlagen; sie graben sich ihre eigene Grube; ihre Taten bringen Reaktionen hervor, die sie selbst zu Fall bringen. Am Hofe Dhritharashtras planten die Kauravas, Krishna zu fesseln und Ihn außer Gefecht zu setzen, als Er in einer Friedensmission vor Seinen Hof trat. Aber was geschah? Die Kriegslist fiel auf sie zurück und sie wurden vernichtend geschlagen. Krishna wurde durch ihre Ränke und ihre Verleumdungskampagnen nicht verletzt. Als die Kauravas ihre Schmähaktion unternahmen, waren viele seiner Verehrer sehr bekümmert. Sahadeva, der jüngste der Pandava-Brüder, begrüßte zum Beispiel den Herrn Krishna bei Seiner Rückkehr in ihr Lager mit den Worten: „Ich sorge mich nicht wegen des Scheiterns Deiner Mission; ich weiß, daß alles ein Teil

Deines Plans ist. Aber ich bin überglücklich, daß Du unverletzt aus diesem Dämonennest zurückgekehrt bist."

Krishna ist unbesiegbar, immer rein, Sein Ruhm glänzt und erstrahlt immer. Diejenigen, die Ihn im Stich lassen, sind durch ihre eigene Abscheulichkeit für immer befleckt. Die Bösartigkeit derjenigen, die Seinen Ruhm nicht ertragen können, wird ewige Ungnade für sie bedeuten. Ihn kann das nicht im geringsten berühren. Sein Ruhm wird sich durch jede Herausforderung dieser Schmähhausierer hundertfach vermehren. Böse Menschen versuchten, durch Verfolgung und Folterung von Verehrern wie Prahlada den Herrn in schlechten Ruf zu bringen; aber wenn sie jeder Herausforderung mit freudiger Kraft begegneten, schlugen die bösen Absichten fehl. Prahlada gewann größeren Ruhm, und die Wahrheit des Herrn behauptete sich auf herrliche Weise. Personen, die den Ruhm des Avatars nicht ertragen können, haben in jedem Zeitalter solche Kampagnen durchgeführt! Sie haben auf diese Art dazu beigetragen, daß in jedem Zeitalter der Glanz verstärkt und die Botschaft verbreitet wurde. Alle ihre Handlungen sind Werkzeuge für die Verbreitung des Ruhms über die ganze Welt.

Selbst heute passieren solche Dinge; aber ihr müßt alle ihre Unvermeidlichkeit und ihre grundlegende Falschheit erkennen und mit unverminderter Begeisterung und Freude, mit vollem Vertrauen und Sicherheit euer Sadhana fortführen. Das Sai-Prinzip, die Sai-Göttlichkeit können nie durch irgendwelche Verleumdungen beeinträchtigt werden; sie können nie durch irgendwelche Taktiken erschüttert werden. Beachtet nicht das Gebell, das ihr hört.

Ein streunender Hund hält an und betrachtet seinen eigenen Schatten im Strom; er hält den Schatten für einen anderen Hund und fängt an, laut zu bellen. Dies läßt alle Hunde der Nachbarschaft und später der ganzen Gegend, gemeinsam bellen. Der Grund für das Bellen des ersten Hundes ist die eigene Unkenntnis der Tatsachen. Der Grund, warum die anderen Hunde mit einfielen, ist, weil der erste Hund den Ton angab. So entsteht durch eine offenkundige Lüge eine große Panik, und die Geschichte geht weiter und fügt ein Ding zum anderen.

Ebenso wie die Ihm Hingegebenen im Zeitalter Krishnas unerschüttert blieben, so müßt auch ihr standhaft und ungerührt bleiben. Der Glaube muß euch Mut und Gelassenheit verleihen. Krishnas Leben lehrt euch diese Lektion besser als alles andere: hört nicht Skandal- und Lügenerzählern zu und glaubt ihnen nicht.

Krishna mußte diesen Verleumdern gegenübertreten und sie Sein ganzes Leben lang nacheinander vernichten. Seine Eltern, Seine Begleiter, Seine Verehrer, niemand hatte vor diesem Volk Ruhe. Die Botschaft dieser Festlichkeit ist, daß ihr die *Wahrheit* sehen müßt, die durch all die Geschichten und Legenden verdeckt und getrübt wird.

Hingabe an das Göttliche wird euch Seligkeit, Wohlergehen und Frieden geben. Sie kann nicht Schmerz, Verwirrung oder persönliche Angst hervorrufen. Sie fördert die Liebe und bringt alle als eine Bruderschaft zusammen. Der Avatar wird nicht im geringsten durch diese niedrigen Taktiken berührt. Er selbst ist Liebe; so ist Er immer voller Seligkeit, immer glücklich in Gesang und in Tanz.

Krishna lebte all Seine Jahre im Gesang und im Tanz der Ekstase, die Seine eigentliche Natur war. Er summte die ganze Zeit innerlich eine Melodie, ob Er sich auf einem Blumenberg oder einem Schlachtfeld befand.

Auch Ich bin unbeeinflußt von Lob oder Tadel. Mein Ananda (Seligkeit) vermindert sich nie. Wo Liebe ist, dort ist Ananda; wo Ananda ist, da ist Musik. Aus diesem Grunde sang Krishna die Bhagavad Gita (den himmlischen Gesang), während aus den dichtgedrängten Reihen von Kämpfern, die auf die Schlacht warteten, die Hörner zur Massenvernichtung riefen.

Liebe kennt keine Furcht, keine Unwahrheit, keine Angst, keinen Kummer. Ich bin Liebe; Ich ströme Liebe aus; Ich teile Liebe aus; Ich freue Mich über die Liebe; Ich segne euch, damit ihr immer mehr Liebe zu immer mehr Wesen habt. Liebe ist Gott. Liebe ist Liebe – dies ist die Botschaft des Sri Krishnajanmashtami.

Prasanthi Nilayam, 10. 6. 1974

Die höhere Rolle

„Ekam sath; viprah bahudha vadanthi", „Nur das Eine existiert; die Weisen sprechen von Ihm als aus vielen Facetten bestehend". Dies ist die einigende, harmonisierende Wahrheit, die Indien alle Zeiten hindurch lehrt. Eine andere Lektion, die die indische Kultur verkörpert und die indisches Denken betont, ist: Wenn der Lebenswandel sich um den Körper dreht, ertrinkt man im Elend. Wenn er sich um den Atma dreht, den inneren göttlichen Funken, strahlt das Leben voller Freude.

Wenn die Lebensjahre verstrichen sind und der Mensch noch nicht einmal entdeckt hat, wer er ist, ist solch ein Leben gewiß eine dumme Verschwendung. Suche nach der Realität, nach dem inneren Zeugen, dem lebensspendenden Göttlichen, dies ist die erste Pflicht des Menschen sich selbst gegenüber. Die indische Kultur fordert jeden auf, für sich selbst die besondere Natur seiner „Istheit" und deren geheiligte Konsequenzen zu entdecken und seine Handlungen wie auch seine Haltung entsprechend auszurichten.

Ayam Athma Brahma – Dieser Atma ist Brahma. Das Individuum ist das Universale, das ‚vorgibt', getrennt zu sein! Das Individuum existiert, erkennt und wird erkannt, freut sich und bereitet Freude, weil es das Universale ist! Die kleine Flamme einer Kerze kann tausend andere Kerzen entzünden und dennoch mit unverminderter Stärke leuchten. Die anderen Flammen müssen nur erkennen, daß sie in sich nur die Flamme der ersten haben. Das Eine hat die Vielen angezündet; das Eine leuchtet in und durch die Vielen; das Eine ist die Vielen. Ekoham bahusyam; das Eine entschloß sich, Viele zu werden, sich seiner eigenen Mannigfaltigkeit zu erfreuen. Das Eine erscheint als all diese Verschiedenheit. Das ist die Wahrheit.

Die Luft, die nur eine ist, erscheint als Sturm, Wirbelwind, Brise, Wüstenwind durch Veränderung des Bewegungstempos nimmt sie verschiedene Formen an. Auch die Namen unterscheiden sich von Form zu Form. Das Bestehen auf der grundlegenden Einheit der gesamten Schöpfung ist der besondere Zug indischen Denkens. Es ist eine falsche Betrachtungsweise, Vielfalt als Vielfalt und die Welt als aus rasenden Elementen und Kräften zusammengesetzt zu sehen. Trotz dieses großen Erbes, das den Indern zugefallen ist, setzen sie es heute herab und entwerten es durch ihr Verhalten und ihre Meinungen.

Wie die Gita erklärt, müssen die Glaubensformen des Menschen frei von Asuya sein. Asuya ist die böse Natur, die das Glück und Wohlergehen eines anderen nicht ertragen kann, die den Menschen daran hindert, seinen Nachbarn zu lieben, den Notleidenden zu dienen und in allen den gleichen göttlichen Beweger zu sehen, den er selbst als seinen inneren Wagenlenker hat. Sie läßt den Menschen die Handlungen anderer kritisieren und macht sie deren Tugenden und Vorzügen gegenüber blind.

Dies ist ein College, eine Einrichtung, die Erziehung vermittelt und die heranwachsende Generation darauf vorbereitet, einmal bessere Frauen und bessere Bürgerinnen zu sein. Die Erziehung muß die Augen öffnen und ihnen ermöglichen, das Eine hinter dem Vielen zu erkennen. Wenn man das Eine kennt, kann das Viele leicht und klar erkannt werden. Strebt nach dem Großen, dem Kosmischen, der allumfassenden Wahrheit; seid nicht zufrieden mit erbärmlichen Teilstücken an Information; sucht nach dem Wissenden hinter dem Wissensvorgang. Das ist der eigentliche Sieg.

Die Erzieher müssen sich auf die Methoden konzentrieren, durch die Einheit vermittelt und den Unterschieden eine untergeordnete Rolle zugewiesen wird. Aber heutzutage wird im Namen von Individualität und bloßer Lust an Unterschiedenheit unglücklicherweise Eigentümlichkeit und Waghalsigkeit, Geziertheit und Geschwätzigkeit ermutigt. Die Eltern und die Älteren müssen vor den Launen ihrer Kinder beschämt den Kopf hängenlassen.

Die Erziehung muß Frieden, Sicherheit und Glück fördern. Aber als Ergebnis des Erziehungsprozesses, den sie durchlaufen hat, ruft die Jugend in der Gesellschaft, von der sie ein Teil ist, Angst, Furcht und Unruhe hervor. Sie hat weder Frieden noch Freude noch Sicherheit. Die Kaurava-Brüder strebten nach Macht, Ruhm, selbstsüchtigem Gewinn und Vorrangstellung im Wettbewerb. Sie liebten eine separatistische, zerteilte Politik. Ihr Machtdurst konnte, wie Krishna sagte, nur durch einen Pfeilregen gestillt werden, der sie von der Erde vertilgte. Um den Schrecken zu beenden, der das Land vom einen Ende bis zum anderen beherrscht, ist eine sofortige Reform des Erziehungssystems notwendig.

Die Wurzeln halten den Baum fest; das Fundament bewahrt das Gebäude vor dem Zusammenfallen. Bewußtheit der eigenen Verantwortlichkeit, Lösung von verstrickten Bindungen, Vertrauen in den eigenen

Sinn für Rechtschaffenheit – dies muß in den höheren Bildungsstätten gefördert werden. Integrität, Ernsthaftigkeit und der Wunsch, sein Geschick und seine Intelligenz zum Dienste der eigenen Mitmenschen zu nutzen, dies ist wesentlich für die Jugend.

Gegenwärtig fehlt es den gebildeten Leuten an der nötigen Tatkraft, um ihren Überzeugungen entsprechend zu handeln; sie wissen, daß eine Sache richtig ist, aber ihnen fehlt der Wille, sie durchzuführen. Lehrt die Studenten, auf eine unvoreingenommene Weise zu unterscheiden und richtige Schlußfolgerungen zu ziehen, und ermutigt sie, ihren Glauben furchtlos in die Praxis umzusetzen. Da die Pflege des Geistes jetzt im Namen des Säkularismus geschieht, außerhalb des Gesichtskreises des Systems, führen die Lehrer, die sich selbst nicht höherer Werte bewußt sind, die Jugend auf immer unsicheren Grund in Furcht und Wankelmut hinein. Wie können solche Menschen, die keine innere Stärke, keinen lebendigen Glauben an sich selbst haben, andere führen? Was kann das Land von dieser Methode, die Jugend aufzuziehen, erwarten, von diesem dummen und nutzlosen Kreislauf, in dem Blinde diejenigen immer wieder sinnlos im Kreis herumführen, die nicht gewillt sind, ihre Augen zu öffnen?

„Nayam tama balahinena labhyah", der Atma kann von Schwachen nicht errungen werden. Das sagen die Veden. Ohne die Bewußtheit der Quelle aller Stärke, des Atma, ist der Mensch von Grund auf schwach, und er kann andere Menschen nur immer wieder in Schwäche hineinführen.

Es gibt viele, die schwören, sie hätten unbegrenztes Vertrauen und Glauben an sich selbst, aber sie behaupten, daß sie keinen Glauben an Gott besitzen. Wie können sie dann aber Glauben an sich selbst haben? Denn was genau ist das Ich? Ist das Ich ein Bündel von Knochen und Muskeln? Ist das Ich der Name?

Nein, die Realität des Ich ist Gott; das Ich ist eine Welle auf dem Meer des Göttlichen, das die gleiche Erhabenheit, die gleiche Qualität, die gleiche Tiefe hat. Wie kann das Ich dann Niederlagen erleiden?

Der Mensch muß ständig jeden Wunsch, der in seinem Geiste aufsteigt, untersuchen, damit er ihn unterdrücken, zerstören, übergehen oder ihm gehorchen kann. Er muß von den Eltern, von den Älteren, Lehrern, Freunden und den Führern des Landes wie auch aus den Büchern, die von den Weisen seines Landes sowie anderer Länder geschrieben worden sind, die Norm lernen, mit deren Hilfe er seine Wünsche überprüfen kann. Er muß sie annehmen oder verwerfen. Es gibt einige, die vorsätzlich böse sind, die immer wieder versuchen, mit umfangreicher Argumentation die von ihnen begangenen Ungerechtigkeiten zu rechtfertigen. Aber selbst dann wissen sie, daß sie auf dem falschen Pfad sind. Gott im Innern hört nicht auf zu warnen und Rat zu geben.

Studenten! Wenn ihr durch die Jagd nach momentanem Vergnügen ins Böse gezogen werdet, müßt ihr als Konsequenz des Impulses das tausendfache Elend erleiden. Böse Gedanken, wilde Pläne und lustige Eskapaden mögen einen Augenblick lang Vergnügen geben, aber sie führen euch auf die Dauer ganz sicher zu unwiederbringlichem Untergang.

Eure Rolle ist etwas viel Höheres. Ihr müßt jene korrigieren und umwandeln, die sich wie Blinde verhalten, obwohl sie Augen haben; jene, die sich wie Lahme bewegen, obwohl ihre Beine kraftvoll und gerade sind; jene, die sich wie Toren benehmen, obwohl sie einen ausgezeichneten Verstand besitzen. Solche Menschen gibt es heute in allen Bereichen. Es gibt Heuchler, die von ‚Frieden' reden und ‚Krieg' praktizieren. Eure Aufgabe ist es, sie zu entlarven und sie zu normalem und tugendhaftem Verhalten zurückzuerziehen. Werdet zu Werkzeugen dieses großen Unternehmens, die Rechtschaffenheit in der ganzen Welt wiederherzustellen.

Dieses College ist nicht nur dazu eingerichtet worden, euch auf Abschlußgrade vorzubereiten. Der Hauptzweck ist, euch zur Entwicklung von Selbsterkenntnis und Selbstvertrauen zu verhelfen, damit ein jeder von euch Selbstaufopferung lernen und Selbstverwirklichung erlangen kann. Den Universitätslehrplan zu lehren und euch darauf vorzubereiten, euch den Universitätsprüfungen zu stellen und Universitätsgrade zu erhalten – dies sind nur Mittel, die für den Zweck gebraucht wurden, nämlich für spirituelle Erhöhung, Selbsterforschung und Dienst an der Gemeinschaft im Sinne der Liebe und Unvoreingenommenheit. Wir hoffen, daß ihr zu leuchtenden Beispielen spiritueller Bewußtheit und ihrer heilsamen Auswirkungen für den Einzelnen und die Gesellschaft werdet.

Anantapur, August 1974

Die Banane und die Schale

Tulsi Das sagte in seinem Ramacharithamansa, er habe das große Epos über die Geschichte von Raghunath für ‚swaanthassukhaaya' gedichtet, das heißt für sein eigenes Sukha oder Glück und Freude. Er übernahm diese sich selbst auferlegte Aufgabe nicht dazu, um irgendeinem Herrn oder selbst Rama zu gefallen, sondern um sich selbst eine Freude zu bereiten. Er erhielt großes Ananda (Seligkeit), während er es schrieb und als es beendigt war. Das war der Drang, der ihn bewegte.

In der Tat ist alles, was ein Mensch tut, letztlich auf dieses Drängen zurückzuführen – auf den Drang, Selbstbefriedigung zu erhalten. Ein Mensch baut ein Haus, schreibt ein Buch, übernimmt eine Arbeit, führt einen Plan aus – alles, weil er daran Freude hat. Der Kuckuck singt so herrlich, und er gewinnt daraus weit mehr Freude als jene, die ihm zufällig zuhören. Die Rose erblüht an der Pflanze aufgrund eines inneren Dranges, nicht aufgrund eines äußeren Antriebs. Der Vater verhätschelt sein Baby und gewinnt dadurch weit mehr Freude als er je gibt. Die verschiedenen Disziplinen, denen sich Sadhakas (geistig Strebende), Mönche, Asketen und jene, die auf dem Pfad der Selbsterkenntnis schreiten, unterziehen, werden alle ausgeführt und befolgt, weil sie einem selbst Freude machen und einen inneren Drang befriedigen.

Dieser Tag wird von euch als der Tag gefeiert, an dem Kaiser Bali durch Gott in der Form Vamanas sowohl erniedrigt als auch gesegnet wurde. Bali nannte sich selbst ‚Kaiser der drei Welten', denn er hatte mehr Bala oder Macht als irgendein anderer. Er war von Egoismus durchdrungen. Während er eifrig mit einem Yaga beschäftigt war, kam Gott in der Gestalt und Verkleidung eines Brahmanenjungen zu ihm und bat ihn um die Gabe von drei Fußbreit Land. Bali sagte ihm, er könne um unendlich viel mehr Reichtümer und Land bitten; aber der Junge bestand nur auf dieser kleinen Gabe. Der Lehrer von Bali warnte ihn vor der Identität und Gutgläubigkeit dieses merkwürdigen Bettlers; er erwähnte, er könne Gott selbst sein. Dies machte Bali umso froher, denn falls das wahr wäre, wäre er so mächtig, daß selbst Gott als Bettler an seine Tür käme. So groß war seine Selbstgefälligkeit.

Aber als Vamana sich selbst zu kosmischen Ausmaßen erhob und die ganze Erde mit einem Fuß ausmaß und mit einem weiteren die ganze Weite des Raumes, war Bali gedemütigt; er bot seinen eigenen Kopf für den dritten Schritt an und ließ sich zertreten und in die Unterwelt befördern. Dieser Tag bezeichnet den Tag, an dem die Inkarnation Vamanas stattfand, um die Lektion zu lehren, daß Stolz ins Verderben führt. Als das Ego so unterdrückt wurde, wurde Bali gereinigt, und Gott segnete ihn mit verschiedenen Gaben. Er versicherte ihm, Er würde immer sein Beschützer sein. Er erlaubte ihm, in jedem Jahr am Onam-Tag in die Welt heraufzukommen und selbst sein Reich zu sehen und dabei die Verehrung seines Volkes zu empfangen. So ist dies das Fest von Vamanas Herabkunft wie auch von Balis Verwandlung.

Dieser Tag stellt auch den Wert von Gaben, Verzicht, Wohltätigkeit anderen gegenüber heraus, wie geringfügig sie auch sein mögen, denn alle sind Abbilder Gottes. Thyaga oder Verzicht, Aufopferung, liegt an der eigentlichen Basis von Seligkeit, von Gnade, von Unsterblichkeit. ‚Na medhaya na prajya dhanena, thyagaineke amrthathwam asnuthe', sagen die Veden. ‚Nicht durch den Intellekt, nicht durch Nachkommenschaft, nicht durch Reichtum, sondern nur durch Entsagung allein kann man die Seligkeit der Unsterblichkeit erlangen.' Onam ist das Fest, das diese Botschaft jenen vermittelt, die sie mit einem Blick auf ihre innere Bedeutung befolgen.

Kerala hat recht viel zur Erhaltung der vedischen Kultur und der Sanskritgelehrsamkeit beigetragen. Die Keraler sind für ihren Glauben und ihre Hingabe bekannt. Denkt an das uralte Privileg, das die Nambudiris von Kerala als Priester des großen Vishnu-Schreines genießen, der Tausende von Meilen von ihrem Land entfernt ist, nämlich in Badrinath im Himalaya.

Natürlich gibt es überall, wo Glaube und Hingabe an Gott sichtbar sind, Kräfte, die sie lächerlich zu machen und seine Kraft zu verringern suchen. Wo Asthikam (Glaube) ist, erhebt auch Nasthikam (Unglaube) sein Haupt. Aber nicht an Gott oder an einen höchsten Willen zu glauben, kann nur eine Pose sein, die aufgrund persönlicher Erhöhung oder öffentlicher Anpreisung angenommen wird. Das kann dem Licht der Vernunft oder des Erlebens nicht standhalten. Selbst sogenannte Atheisten haben Liebe in ihren Herzen, ehren die Wahrheit, wenn sie mit der Gesellschaft zu tun haben, und leben auf der Grundlage einiger fundamentaler Prinzipien der Gerechtigkeit. So glauben sie also an Sath-Chith-Ananda (Sein-Bewußtsein-Seligkeit).

Ihr habt die Pflicht, in eurem Leben den Mut, die Freude, die Stärke, die Großherzigkeit, die Bescheidenheit zu bezeugen, welche wahre Spiritualität und Glauben dem Menschen angesichts von Enttäuschung, Not, Niederlage, Verleumdung und anderem Unglück verleihen können, gegen die Atheisten keinen derartigen Schutzschild haben. Gold gewinnt an Wert, wenn es im Schmelztiegel geschmolzen wird. Wenn ein Diamant zu einem vielfacettigen Edelstein geschliffen wird, leuchtet er mehr und wird kostbarer. Der matte Stein ist nicht begehrt. Prahlada, der Großvater des Kaisers Bali, wurde von seinem erzürnten Vater gefoltert; aber dies mehrte nur seinen Glanz. Bali selbst strahlte durch die Bestrafung, die er durch den mitleidsvollen Herrn erfuhr, umso heller. Dies ist die Lektion, die ihr heute aufnehmen sollt. Jedes Hindernis ist ein Schritt, der euch zu dem Ananda (Seligkeit) führt, das nie zerstört oder weggenommen werden kann.

Es gibt eine weitere Pflicht, die ihr euch selbst gegenüber schuldig seid und die ihr heute zu erkennen habt. Die Welt ist das Spielfeld von Nara und Narayana (Mensch und Gott). Nara formt sich selbst zu Narayana und Narayana formt sich selbst zu Nara, und sie spielen ihre Rollen zusammen. Ihr wißt sehr gut, daß Narayana menschliche Gestalt angenommen hat, um in der Welt Dharma (Rechtschaffenheit) wiederherzustellen, um die Wurzeln des Glaubens an Gott zu nähren und Gott dem Menschen zu erklären: es muß euch versichert werden, daß es auch für den Menschen natürlich ist, sich selbst durch sprituelle Disziplin, moralische Erhabenheit, Ausdehnung der Liebe und andere Mittel so zu erheben, daß er Narayana wird. Aber der Mensch ist sich dieser hohen Bestimmung nicht bewußt. Er mißversteht seine Fertigkeiten und seine Stärke und ist so geistesabwesend, daß er zur Stufe eines Ungeheuers oder eines Affen absinkt. Natürlich gibt es viele, die gegen diese herabziehenden Neigungen ankämpfen und sich bemühen, edler zu werden; doch sie tappen oftmals im Dunkel und werden schlecht geführt.

Es gibt zwei Wahrheiten, die jeder Pilger oder Gott Hingegebene anzunehmen hat. 1. Hingabe muß vollkommen, frei und umfassend sein. 2. Die Göttlichkeit muß als vollkommen, frei und umfassend vorgestellt werden. Andererseits ist Hingabe heutzutage zumeist eine Teilzeitangelegenheit. Das bedeutet, wann immer Krankheit, Niederlage oder Enttäuschung euch zustößt, wendet ihr euch Gott zu und betet um Seine Gnade; aber wenn es euch wohl geht, wenn ihr glücklich, gesund und in guter Form seid, verachtet ihr Gott und behauptet, daß dies alles durch eure eigenen

Fähigkeiten und Erfolge kommt. Man ignoriert Gott, wenn die Sonne scheint, und ruft nur nach Ihm, wenn es dunkel ist. Hingabe muß ohne Rücksicht auf Zeit, Ort und Umstände fortdauern und gedeihen.

Auch muß Gott in Seiner Fülle erfahren werden, und man muß das Ananda (Seligkeit) dieser Erfahrung zu seinem ständigen Besitz machen. Kasturi trug das Gedicht vor, das schön im Ohr klang und voll von Sanskritworten war. Aber Worte kommen selten aus echter Erfahrung. Es ist unmöglich, Gott zu erleben und außerdem über Ihn zu sprechen. Worte wie Sarvajna, Sarvavyapi, die bedeuten, „Er weiß alles", „Er ist überall", werden von den Leuten gebraucht, da die Ältesten und Heiligen sie von alters her gebraucht haben. Es ist niemandem möglich, ein vollständiges und ganz umfassendes Erleben des Wesens Gottes zu haben und dann über die Erfahrung zu sprechen.

Die Gita spricht von Gott als Achalam Chalamevacha, unbeweglich wie auch beweglich, was einem unmöglich scheint. Gott scheint sich zu bewegen, zu handeln, zu segnen, zu retten, zu testen; aber im Grunde ist Er davon unberührt. Schaut euch einen Baum an. Die Zweige, Blätter usw. mögen sich im Wind bewegen; der Stamm ist jedoch fest und unbeweglich. Gott ist, erscheint jedoch als nicht-seiend. Der Körper bewegt sich, der Verstand bewegt sich, der Geist bewegt sich, aber der Atma ist davon unberührt; er ist beständig fest, unbeweglich. Der See ist unbewegt; die Oberfläche wird durch jede Brise zu kleinen Wellchen angeregt. Der farblose Vorhang oder die Leinwand sind unberührt von den Bildern von Feuer, Aufruhr, Fluten und Gletschern, die auf ihnen ganz realistisch erscheinen. Wenn man die Bilder sieht, sieht man die Leinwand nicht; wenn man die Leinwand sieht, sieht man die Bilder nicht. Aber ohne die Leinwand (Brahman) haben die Bilder keine Bedeutung, tragen keine Botschaft, erzählen keine Geschichte. Sie vermitteln kein Ananda (Seligkeit).

Ihr habt vielleicht eine Streichholzschachtel in der Tasche. Es besteht dabei keine Gefahr, daß Feuer ausbricht, obwohl die Bestandteile dazu in der Schachtel sind. So gibt es auch Bestandteile der Göttlichkeit in euch. Sie ist jedoch verborgen, sie ist nicht ausgedrückt. Nehmt ein Streichholz und reibt es gegen die Reibfläche an der Seite der Schachtel, und plötzlich blitzt die Feuerflamme auf. So nehmt auch den Jiva (das Individuum) und reibt es am Brahman-Prinzip, das im Universum enthalten ist, macht es sozusagen seiner bewußt, und das Individuum manifestiert die in ihm verborgene Göttlichkeit. Der Baum ist das Individuum; der Wald ist Brahman. Das von dem Vielen abgetrennte Eine ist das Individuum. Das Viele und das Mannigfaltige ist Brahman. Kasturi, der alleine, abgetrennt dasteht, ist Vyashti; wenn er kommt und zwischen euch sitzt, zwischen den Tausenden, die wegen des Onam hierhergekommen sind, geht er in den Samishti ein. Samishti ist Brahman; Vyashti ist der Jivatman.

Prahladas Enkel, Bali, den ihr heute ehrt, pries den Herrn, der vor ihm stand, als den Meister des gesamten Kosmos, als ,,Urdieb aller Diebe" (Dongalalo gajadonga)! Denn Gott stiehlt den wertvollsten Schatz des Menschen, selbst wenn sein Besitzer wach ist. Er stiehlt den Chitta; Er ist der Chittapahari, der Herzensdieb. Ich enttäusche euch; Ich habe euch sogar gebeten, nicht von eurem so weit entfernten Zuhause zu diesem Ort zu kommen; aber Ich habe ja eure Herzen gestohlen, und deshalb konntet ihr nicht fernbleiben. Onam ist der Tag, an dem ihr Keraler das Bananenfasten begeht. Wenn ihr eine Banane eßt, müßt ihr zunächst die Schale entfernen. Genauso ist es, wenn wir eine Mango oder eine Limone essen wollen. Das süße Innere erreicht man, wenn man die bittere Schale beseitigt hat. Damit Bali von Gott empfangen und aufgenommen werden konnte, mußte die bittere Schale des Egoismus und der Machtgier beseitigt werden. Unwissenheit, Maya, Illusion, Stolz, all diese sind Bestandteile der Schale. Onam kommt und Onam geht; aber die Menschen kommen nicht näher ans Ziel. Dies ist so, weil, obgleich man Onam eine herzliche Abschiedsfeier gibt, Verzicht, Liebe und der Geist des Dienens nicht in gleicher Weise willkommen geheißen werden. Ihr müßt dies als die Botschaft von Oman annehmen – strebt danach, Liebe zu entwickeln und zum Ausdruck zu bringen, und unterdrückt Stolz und Egoismus, damit ihr Gottes Gnade gewinnen könnt.

Prasanthi Nilayam, 30. 8. 1974

Die Siegesfahne

Das Hissen der Pransanthiflagge auf dem Prasanthi Mandir ist die Eröffnungshandlung aller Feste, die in Prasanthi Nilayam gefeiert werden. Dies ist zu einem Ereignis geworden, dem die Tausende von Verehrern, die sich hier versammeln, mit großer Erwartung und Begeisterung entgegensehen. Aber die meisten Leute wissen nicht, daß das Hissen der Flagge ein bedeutungsvolles Siegeszeichen ist, und selbst diejenigen, die es wissen, denken nicht oft daran, was für ein Sieg mit dem Hissen dieser besonderen Flagge gemeint ist.

Natürlich wissen alle von euch, daß das Dasarafest den Triumph der Kräfte des Guten über die Kräfte des Bösen darstellt, von Parasakthi (die Göttin der Energie) in Ihren drei Formen von Mahadurga, Mahalakshmi und Mahasaraswathi, die die asurischen (dämonischen) Verkörperungen von Lust, Gier, Haß und anderen rajasischen (leidenschaftlichen) und thamasischen (dunklen) Lastern unterwirft und zerstört.

Aber was ist *euer* Anteil an diesem Kampf und diesem Sieg? Welche Wirkung sollte diese Zeremonie auf *euch* haben? Diese Prasanthiflagge symbolisiert den Sieg, den jeder von euch über die asurischen Triebe, die euch infizieren und quälen, erlangen soll. Der Sieg, der es verdient, hier von euch gefeiert zu werden, ist der über die Kräfte der Unwissenheit und Täuschung, die durch ihren subtilen und finsteren Einfluß eure wahre Natur und Realität verbergen und euch in die öde Wüste der Sinnenwelt führen.

Was nützt es, alles über das ‚Objekt' zu wissen, wenn man nichts über das ‚Subjekt' weiß? Solch ein unvollständiges Wissen nützt überhaupt nichts; darauf stolz zu sein, kommt einem Sich-lächerlich-machen gleich!

Untersucht irgendeinen Gegenstand der Natur; untersucht irgendetwas in der Schöpfung, ob es belebt oder unbelebt ist. Ihr werdet feststellen, daß sie alle einem Vorgang der Auflösung, der Umwandlung, der Umformung unterworfen sind; nie sind sie in einem Moment das, was sie im vorigen Moment waren! Es ist ein fließender Strom, in welchem ihr nie öfter als einmal in das gleiche Wasser tauchen könnt! Ein Same, der auf den Boden fällt, wird bald zu etwas anderem: zu einem Keim! Er wird schnell zu einem Sproß, einem Baum, der aus recht vielfältigen Teilen besteht, aus Stamm, Ast, Zweig, Blatt, Knospe, Blüte und Frucht! Eine jede dieser Ausdrucksformen hat eine unterschiedliche Farbe, die scheinbar von nirgendwoher kommt; sie fühlt sich anders an, Form, Geschmack, Name sind verschieden, und so sind Zweck und Nutzen jeweils einzigartig. Der Same selbst verschwindet vom Boden, aber man findet ihn in der gleichen Form und vertausendfacht in jedem der tausend Früchte! Welch ein großes Mysterium ist dies!

Der gleiche Lehmhaufen wird von den flinken Händen des Töpfers zu einer Vielzahl von Tellern und Pfannen umgewandelt. Der eine Goldklumpen wird durch die Kunstfertigkeit des Goldschmieds zu einem faszinierenden Arrangement wunderbarer Juwelen. Diese Tatsachen kennt jeder. Die Frucht, der Topf und das Juwel sind ‚Wirkungen'; sie gibt es nicht ohne eine ‚Ursache'. Der Same, der Lehmhaufen und der Goldklumpen sind die materiellen Ursachen, der Gärtner, der Töpfer und der Goldschmied sind die instrumentalen Ursachen, die verändernden Ursachen. Wenn es die Schöpfung der Mannigfaltigkeit des Universums betrifft, so nennen wir sie Gott.

Als der Kosmos sich durch den Willen Gottes manifestierte, der das universale Absolute ist, entstand es nur aus dem Absoluten, da es damals nur *Eines* gab, so wie es selbst jetzt, trotz dieser scheinbaren Vielfalt, nur Eines gibt. Jener Wille, der aus dem Absoluten hervortrat, brachte uns dazu, das Viele zu sehen und zu erleben. Das ist alles, was geschehen ist. Die Eine Wirklichkeit ist immer noch die Eine, sie hat sich überhaupt nicht verändert. Wir haben dem Einen die Illusion des Vielen übergestülpt!

Gott ist deshalb die materielle Ursache wie auch die instrumentale Ursache, das Gold und der Goldschmied, der Töpfer und der Lehm, der Same wie der Baum. ‚Bijan maam sarva bhuthaanaam', sagt Er in der Gita, ‚Ich bin der Same aller Elemente und aller Wesen'. Die Natur ist Sein Körper; der Kosmos ist Sein Wille; die Veden sind Sein Atem.

Die Denker der Sankyaschule erklären, daß die gegenständliche Welt aus der Ansammlung und Zusammenfügung rasender Atome entstand; aber sie verfolgen die Sache nicht weiter und erklären nicht, was die Atome dazu veranlaßte, sich mit ihresgleichen zu besonderen Gestalten und Gruppen zusammenzufügen. Wie entstand dieser Drang? Wie konnte er in dem kleinen Atom entstehen? Wer hat diesen Wunsch dem winzigen Herzen des Atoms eingepflanzt? Diese Fragen werden übergangen.

Die meisten Philosophen, insbesondere im Westen, ignorieren das Problem, die Ursache aller Wirkungen, die wir jeden Moment um uns herum finden, zu identifizieren. Die Upanischaden erklären, ‚Ekoham bahusyam', ‚Ich bin eines, laß mich zu vielem werden', das war Gottes Wille; und Gott wurde zu all diesem als Antwort auf diesen göttlichen Wunsch, den Urdrang.

Er wurde zu all diesem. Er ist deshalb der Anthar-atma (die innere Wirklichkeit) und der Anthar-yami (der innere Beweger). Die Veden erklären, ‚Vaasudevassarvamidam‘: ‚All dies ist Vasudeva, Gott‘. Sie sagen alle, ‚Neha naanaasthi, kinchana‘, ‚Es gibt hier nicht die geringste Spur von Viel-heit‘. ‚Ekam eva‘: ‚Es gibt nur *Eines*‘; ‚adwithiyam‘, ‚ohne ein Zweites‘.

Wenn man diese grundlegende Wahrheit verwirklicht und erlebt, wird man glückselig und sich seiner angeborenen Göttlichkeit bewußt; dies ist der Sieg, den die Prasanthifahne anzeigt.

Habt ihr diesen Sieg errungen? Nein. Warum hisse ich sie dann an diesem Festtag zu eurer Freude? Ich hisse sie nur, um euch zu unterweisen, zu unterrichten, zu inspirieren und euch an das wertvolle Erbe upanischadischer Weisheit zu erinnern, das eure Vorväter verdient und euch überlassen haben. Ihr badet euch heutzutage im Sonnenschein ihres Ruhms; ihr habt die Gelegenheit, aus dem Schatz zu leben, den sie für ihre Kinder und Kindeskinder zurückgelassen haben. Diese Fahne lädt euch alle dazu ein, an diesem unermeßlichen Schatz teilzuhaben.

Prasanthi Nilayam, 16. 10. 1974

Wagenpflege

Die Ärzte stimmen darin überein, daß Krankheit durch falsche Ernährungsweisen und falsches Freizeitverhalten verursacht wird. Aber sie scheinen nicht zu wissen, daß Nahrung ein Wort ist, daß einen größeren Bereich von ‚Einnahmen‘ umfaßt. Eine jede Erfahrung, die als ‚Nahrung‘ durch einen der Sinne aufgenommen wird, hat eine Wirkung auf unsere Gesundheit. Wir sagen ‚Nahrung fürs Denken‘; was auch immer wir sehen, hören, schmecken oder berühren, hat eine Wirkung auf den Körper, ob gut oder schlecht. Blut zu sehen läßt einige Menschen ohnmächtig werden; auch können schlechte Nachrichten einen Schock hervorrufen. Allergien werden durch unangenehme Gerüche hervorgerufen, oder wenn man etwas äußerst Unangenehmes berührt oder anfaßt. Ein gesunder Geist bringt einen gesunden Körper hervor; ein gesunder Körper bringt einen gesunden Geist hervor. Die beiden hängen voneinander ab. Gesundheit ist wesentlich für das Glück; Glück oder die Fähigkeit glücklich zu sein, ganz gleich, was geschieht, ist auch für die physische Gesundheit notwendig.

Die Nahrung, die wir aufnehmen, sollte wohlschmeckend, kräftigend und angenehm sein. Sie sollte nicht zu scharf oder zu salzig sein; es muß eine Balance und Ausgewogenheit erhalten bleiben. Sie sollte weder aufregen noch abstumpfen. Rajasische (scharfe) Nahrung reizt die Emotionen; thamasische (dumpf machende) Nahrung ruft Faulheit und Schlaf hervor. Sathwische (frische) Nahrung jedoch läßt weder die Leidenschaften entbrennen noch steigert sie die Emotionen.

Im Erscheinungsbild der Natur gibt es viele Mysterien. Der Mensch ist nur in der Lage, jene zu enträtseln, die er durch seine fünf Sinne erkennen kann; er begreift nicht, daß es außerhalb der Sphäre der fünf fehlerhaften Wahrnehmungsorgane, die er hat, einen großen, unbekannten Bereich gibt. Zum Beispiel entspringen aus jedem Wesen und Ding ständig, ohne Unterlaß, Millionen kleinster Teilchen und Millionen Vibrationen. Bestimmte Substanzen, wie Kampfer, strahlen soviel davon aus, daß ein Stück in ein paar Tagen verschwindet. Die Körper anderer wirken auf und durch diese Emanationen, und auch wir beeinflussen sie auf die gleiche Weise. Zum Guten wie zum Schlechten haben wir unvermeidlich diese Wechselwirkungen. Natürlich wird durch den Kontakt und den Umgang, den wir pflegen, das Wachstum des Körpers wie auch seine Gesundheit und Stärke beeinflußt. Diese Ausstrahlungen werden intensiviert, wo Schmutz sich aufhäuft, Abwässer sich sammeln oder der Abfluß verstopft ist. Man erstellt sanitäre Einrichtungen und erläßt Bestimmungen, um die Möglichkeit der Verbreitung von Krankheiten aus diesen Bereichen zu verringern.

In den Hinduschriften werden fünf Arten von Bädern vorgeschrieben, um die physische Immunität gegen die Ausstrahlungen anderer bewahren zu können. Zunächst haben wir das ‚Schlammbad‘, wo feiner Schlamm über den ganzen Körper verteilt wird, der einige Zeit dort verbleibt, bis er abgewaschen wird. Als zweites wird das ‚Sonnenbad‘ empfohlen, weil die Sonnenstrahlen kraftvolle Desinfektionsmittel sind; sie nähren und erfrischen. Drittens das Wasserbad. Wenn das Wasser als ein Fluß fließt, der als heilig angesehen wird, und wenn das Bad nach dem Singen entsprechender Hymnen usw. genommen wird, so wird es den Körper reinigen sowie auch gleichzeitig den Geist erheben. Die vierte Art ist das ‚Luftbad‘, bei dem der Körper einer kühlen Brise und ihren wohltuenden Wirkungen ausgesetzt wird. Die fünfte und letzte Art ist das ‚Aschenbad', bei dem der Körper mit einer feinen Asche oder Vibhuti bedeckt wird, das als ein Zeichen Shivas verehrt wird. Die Asche bewahrt den Körper vor üblen Kontakten und den schädlichen Wirkungen der Schwingungen, die von anderen ausgehen; sie heiligt und reinigt ebenfalls die Schwingungen, die von dem Menschen, der sich die Asche aufgetragen hat, ausgehen; denn sie erinnert ihn immer an das unvermeidliche Ende alles dessen, was man als sein Eigen empfindet, mit Ausnahme des Herrn, der Selbst die eigentliche Person ist.

Unberührbarkeit als eine soziale Praxis muß ihren Ursprung in der Erkenntnis dieser Wahrheit gehabt haben. Aber die Praktiken des Vermeidens von Kontakten mit niedrigen und schmutzigen Menschen oder Dingen wurden später zu einem Ritual, einem sinnlosen Kreislauf der Ablehnung. Jene, die wegen des Befolgens solcher Einschränkungen und Tabus lächerlich gemacht werden, finden es schwierig, die innere Bedeutung ihres Verhaltens zu erklären. Diese Regeln entspringen der Sorge um ein langes Leben und einen kraftvollen Körper, damit der Sucher das Ziel erreichen kann. Die Gita spricht von ‚Yukthara viharasya', Ernährungs- und Erholungsgewohnheiten, die kontrolliert und reguliert werden. Der grobe Teil der Nahrung wird als Exkrement ausgeschieden, der feinere Teil wird zu Muskeln, Blut usw. umgewandelt, und der noch feinere Teil der feinen Bestandteile wird in das Denkorgan und seine Aktivitäten verwandelt. Deshalb haben die Weisen bestimmte Beschränkungen und Richtlinien bezüglich der Nahrung vorgeschrieben, um den spirituellen Drang zu fördern und entgegengesetzte Tendenzen zu verhindern.

Aber heutzutage bevorzugt man aufgrund des degenerierten Zeitgeistes in zunehmendem Maße Nahrung, die dem spirituellen Drang Schaden zufügt! Die grundlegenden Regeln persönlicher Reinlichkeit werden im Namen von ‚Neuheit und Neospiritualismus' vernachlässigt. Man vernachlässigt das Baden. Mundpflege wird geringgeschätzt. Man pflegt und toleriert schädliche Gewohnheiten. Der Mund ist das Tor des physischen Hauses; wenn das Tor übelriechend ist, was können wir da von der Wohnung und den Bewohnern sagen! Unsauberkeit ist ein populärer Kult geworden; es ist wichtig, sich von dessen Jüngern fernzuhalten, denn Sauberkeit steht der Göttlichkeit am nächsten. Ungekämmte, zerzauste, schmutzige Köpfe und Körper weisen auf einen ungekämmten, zerzausten Intellekt und Geist hin.

Natürlich stimmt es, daß viele Weise und Heilige sich wenig um persönliche Sauberkeit gekümmert haben, da sie sich immer auf der höheren Ebene der Nähe zur Wirklichkeit befanden. Sie nachzuahmen oder die innere Überzeugung, daß man nicht der Körper, sondern der universale, im Körper Wohnende ist, kann nur Heuchelei und Zurschaustellung sein. Iswara verschlang das Gift, das aus dem Ozean aufstieg; aber Sterbliche können nicht das Gleiche tun. Sie können noch nicht einmal die geringen Gifte der Welt beseitigen. Entwickelt Gleichmut, verankert in eurem Geist den Glauben an das Göttliche. Dann bekommt ihr die Berechtigung, ungestraft die Belange des Körpers zu vernachlässigen. Ihr könnt nicht die Weisheit der Weisen herausfordern und fragen, was es schadet, wenn ich mich genauso verhalte! Es wird ganz gewiß einen großen Schaden zeitigen, wenn ihr mit dick aufgeblasenem Ego in diese Bereiche des Geistes eindringt.

Der Körper muß liebevoll und sorgfältig gepflegt werden; er ist eine wertvolle Gabe, eine sehr komplizierte, aber gut koordinierte Maschine, die euch zu einer löblichen Aufgabe gegeben wurde. Auch sein Äußeres muß sauber und voll dem Zauber der Güte sein. Der physische Körper ist die Haut der Frucht Ananda (Seligkeit); das saftige Fleisch sind Muskeln, Knochen und Nerven; der harte, ungenießbare Kern ist das Böse, das sich ins Leben einmischt. Der Saft, den die Frucht enthält und um dessentwillen der Baum gepflanzt und gepflegt wurde, ist die Seligkeit, die sie allen vermittelt. Wenn der Charakter verfeinert ist, wird der Körper leuchten; Dienst am Menschen und Verehrung Gottes wird seinen Scharm bewahren. Der Herr wird die geringste Aktivität des Menschen mit tausend Augen beobachten, um die kleinsten Spuren selbstloser Liebe zu entdekken, die die Frucht süß werden lassen.

In der Vergangenheit wurden Krankheiten durch die einfachen Mittel, die die Natur selbst hervorbringt, geheilt – Wurzeln, Knollen, Früchte, Blätter usw., Ruhe, Wechsel des Wohnortes, Regulierung der Diät, Sadhana (geistige Übungen) usw. Aber heute lebt der Mensch in einem Zeitalter der Tabletten und Injektionen. Glaubt nicht, daß Gesundheit durch Ärzte wiedererlangt oder erhalten wird; auch Drogen können sie nicht garantieren. Wäre es so, müßten die Toten jetzt alle noch leben. Überprüft, ob die Ärzte selbst die Ratschläge befolgen, die sie anderen geben. Sie sind Opfer der selben Gewohnheiten, vor denen sie warnen! Sie verurteilen Rauchen und Trinken als gesundheitsgefährdende Gifte, aber sie frönen beiden und fördern dadurch die gleichen Übel, vor denen sie warnen!

Dies ist die Art von Gesundheitsberater, die wir haben! In jedem Bereich, im spirituellen, moralischen, ökonomischen, politischen und literarischen, ist das Fehlen richtiger Führer die Hauptursache für alle Not, Angst und Furcht, die die Welt quälen.

Ihr seid Verkörperungen des göttlichen Athma. Strebt nicht nach Anerkennung und Respekt anderer; strebt vielmehr danach, Gottes Gnade zu gewinnen. Laßt euch beim Verfolgen dieses Ziels nicht durch das Auftreten von Hindernissen und Hemmnissen in die Irre führen.

Prasanthi Nilayam, 16. 10. 1974

Ehrt eure Verwandten und Bekannten

Freiwillige! Verkörperungen des göttlichen Atma! Dienst ohne Gedanken an sich selbst ist der erste Schritt im spirituellen Fortschritt des Menschen. Denn er erzieht euch dazu, alle Unterschiede zu transzendieren, die durch Geschichte und Geographie künstlich auferlegt sind, und erkennt, daß die menschliche Gemeinschaft *eins* und unteilbar ist. Lernt diese Wahrheit; erfahrt sie im Handeln. Dies ist die Pflicht der Seva-Dal-Organisation. Wie kann eine Person für ‚göttlich' gehalten werden (wie jeder Mensch es in Wahrheit ist), solange sie sich nicht selbst im Verständnis dieser Einheit begründet und all ihre Handlungen dadurch geprägt hat? Der Mensch ist geboren worden, um dieses Erbe zu genießen, nämlich die Seligkeit, die aus der Verwirklichung des Einen entsteht. Jede Handlung, die nur auf das Individuum abzielt, ist aus diesem Grunde unfruchtbar. Denn die Gemeinschaft ist für das Überleben des Einzelnen wesentlich. Euer Dienst wird euch und eurer Gemeinschaft, in der ihr lebt, ungezählte Wohltaten verleihen, er wird ebenfalls eine unsichtbare, aber kraftvolle Wohltat bringen, nämlich göttliche Gnade. Seva oder Dienst ist ein wichtiger Bestandteil der neunfachen Disziplin der Hingabe oder Bhakthi. Ihr könnt andere, mit denen ihr verwandt seid, sehen, fühlen, verstehen und mit ihnen sympathisieren, und so habt ihr mehr Grund, ihnen zu helfen und zu dienen. Wie könnt ihr, wenn ihr nicht beim Anblick menschlicher Not, Krankheit oder Abweichung vom rechten Pfad den Ruf verspürt, dann die Entschlossenheit und Hingabe aufbringen, die notwendig ist, um dem unsichtbaren, unauslotbaren, geheimnisvollen Gott zu dienen? Wenn ihr nicht den Menschen liebt, wird euer Herz Gott nicht lieben. Wenn ihr den Bruder Mensch verachtet, könnt ihr nicht zur gleichen Zeit Gott verehren; wenn ihr es tut, wird Gott eure Heuchelei nicht annehmen. Gott wohnt in jedem Herzen; so dient jemandem, damit dieser Dienst den Gott in ihm erreicht. Es bringt euch Gottes Gnade. Das Herz, das nicht hinschmilzt beim Anblick von Menschen, die sich in den Fängen der Unwissenheit, Krankheit oder Armut befinden, muß als dämonisch bezeichnet werden; es tierisch zu nennen ist eine Schande für die Tiere. Gebt Egoismus, Sinneslust und Gier auf; füllt euer Herz mit Verzicht; glaubt an die Herrlichkeit des Atma (Selbst) und der Liebe. Das ist das Mittel, durch das ihr euch selbst zu tüchtigen Seva-Dal-Arbeitern machen könnt.

Tausende kommen während der Feste nach Prasanthi Nilayam. Unter ihnen ist eine große Anzahl kranker Menschen, die Alten und Kinder. Ihr müßt diesen Besuchern mit besonderer Sorgfalt und Liebe dienen. Lauft nicht strotzend vor Stolz herum, daß ihr ein Abzeichen und einen Schal habt. Bewegt euch bescheiden unter den Leuten, mit Liebe in eurem Herzen, mit sanfter Sprache und Freundlichkeit im Handeln. Es ist ein Abzeichen, das nur ein ‚Diener' zu tragen berechtigt ist, nicht ein Meister, der über andere herrscht. Die Abzeichen ruhen auf eurem Herzen, nicht wahr? Wenn eure Herzen voller Stolz und einem Gefühl von Überlegenheit über andere sind, die kein Abzeichen auf ihrer Brust tragen, werden die Herzen selbst durch das Böse beeinträchtigt, das diese Dekoration hervorruft. Wenn ihr das Abzeichen mißachtet oder nicht respektiert, mißachtet ihr eure eigene innere Realität und respektiert sie nicht. Das Abzeichen und der Schal erlauben euch nicht, im Basar herumzulaufen oder euch im Hotel außerhalb des Nilayam aufzuhalten und euch niedrigem Geschwätz und schlechten Gewohnheiten hinzugeben. Es ist euch nicht erlaubt, über irgendjemand Autorität auszuüben oder euch etwas von jemandem anzueignen.

Es ist ein Ruf und eine Herausforderung an euch, jenen, die in Not sind, Trost und Erleichterung zu geben, Mittel und Methoden herauszufinden, durch die ihr anderen mehr helfen und zu ihrer Freude beitragen könnt.

Seid dieser Gnadengabe wert; erhaltet die hohen Ideale der Seva-Dal-Organisation. Diese Gelegenheit wurde euch aus reiner Gnade gegeben; sie wird euch nicht aufgrund einer Regel oder eines Anspruchs gegeben. Sie bindet euch nicht; sie gibt euch beides, Auszeichnung und Pflicht. Wenn ihr dies habt und euch dennoch vom Dienst zurückzieht oder zögert, ihn zu tun, seid ihr auf der falschen Bahn. Die Menschen kommen zu dieser Präsenz, um von Sünden frei zu werden und um spirituellen Verdienst zu erlangen; wenn ihr das Abzeichen entehrt, behaltet ihr die Sünden und nehmt noch viel mehr auf. Denkt daran, daß ihr euch mit jedem Akt der Liebe und des Dienens der göttlichen Gegenwart nähert; mit jedem Akt des Hasses und der Habgier bewegt ihr euch immer weiter weg. Das Ideal des Dienens muß jene inspirieren, die Autorität haben, die Reichtum besitzen, die über Fertigkeiten und Intelligenz, Zeit und Gesundheit verfügen. Dient der Gemeinschaft, und die Gemeinschaft wird euch dienen. Beutet sie aus, und sie wird euch vernichten. Macht der Faulheit ein Ende; begrabt euer ungestümes Ego; begrabt die Gier nach Macht und Geld; dann werdet ihr die Qualifikationen bekommen, die ein Mitglied des Seva Dal benötigt.

Ich weiß, daß einige Leute anderen erlauben, den Schal und das Abzeichen zu benutzen, das ihnen gegeben wurde; sie tun dies, um ihrer Arbeit zu entkommen oder um ihren Freunden einen Gefallen zu tun. Dies ist sehr falsch; diese Symbole des Seva sind für jeden von euch so notwendig wie der eigene Atem. Wenn ihr sie anderen gebt, schadet ihr euch wie eurem eigenen Atem. Ich weiß, es gibt auch andere, die sie vor dem Blick anderer verborgen halten, wenn sie trinken, spielen oder rauchen und sich auf solch schädliche und schändliche Handlungen einlassen. Auch dies ist verächtlich.

Nun über ein paar Dinge, an die ihr denken solltet, wenn ihr den Leuten dient, die hierherkommen und das Fest über bleiben. Verteilt Wasser an die Dürstenden; helft den Älteren, Plätze zu finden, wo die brennende Sonne oder ein Regenguß ihnen nichts anhaben kann. Arrangiert bei den Versammlungen für jene Personen, die von weither gekommen sind, um Darshan zu bekommen, Plätze in Reihen, von wo aus sie das Fest in all seinen Aspekten sehen und genießen können. Wenn euch Krankheitsfälle bekannt werden, so berichtet es sofort einem Arzt und helft. Zögert nicht. Wenn man euren Dienst wünscht, so lauft nicht in großer Zahl hin; laßt einige gehen, so wie es notwendig ist. Zu viele enthusiastische Leute würden nur die Arbeit behindern; und die Arbeit in anderen Bereichen würde darunter leiden.

Ich bin Prema, und ihr solltet an Prema als eurer Art des Dienens festhalten. Sanftes Sprechen erreicht das Herz schneller und tiefer. Gebt in sanften Worten den Grund an, warum ihr nicht erlaubt, daß gewisse Dinge getan, oder warum ihr wünscht, daß gewisse andere Dinge nicht getan werden. Seht, daß ihr die freiwillige Kooperation der Leute gewinnt und nicht ihre grollende Einwilligung. Verlaßt euch nicht auf grobes Verhalten oder gewaltsame Mittel. Dies ist ein Weg, auf dem viele leicht abrutschen, aber sie erkennen nicht, daß sie sich als Starrköpfe und Bullen vor jenen lächerlich machen, mit denen sie zu tun haben. Gebraucht euren Status auch nicht, um auf irgendeine Weise euren Verwandten oder Freunden eine Gunst zu erweisen. Alle sind in der Sai-Familie eure Verwandten und Bekannten.

Dies ist euer Heim, und die Tausende, die zu diesem Heim kommen, sind eure Verwandten und Bekannten. Heißt sie willkommen, wie ihr eure nächsten und liebsten Verwandten willkommen heißt. Macht ihren Aufenthalt angenehm, soweit ihr es vermögt. Dieser Schal und dieses Abzeichen geben euch das Recht, zu erklären, daß Prasanthi Nilayam euer Zuhause ist. Behaltet das im Gedächtnis und verhaltet euch nicht auf eine Weise, die den Glanz dieser Erklärung beflecken könnte. Der Status ist eine wertvolle Gabe. Überschreitet nicht die durch die Organisation auferlegten Grenzen; mißachtet nicht die aufgestellten Regeln; weicht nicht von den grundlegenden Idealen ab. Schreitet geradeaus und erreicht das Ziel.

Prasanthi Nilayam, 16. 10. 1974

Die vedischen Riten

Jeder von euch sollte stolz darauf sein, daß er in diesem heiligen Land geboren wurde, das schon lange als das Land des Yoga, des Thyaga

(Loslösung) und des gottwärts gerichteten Karmas bekannt ist. Ihr seid die Kinder der Mutter Veda, die euch so hingebungsvoll liebt, daß sie euch hierhergerufen hat, damit ihr Zeugen dieses großen vedischen Yajnas (Opfer) sein könnt. Bharat (Indien) ist das Land, das Gott liebt, denn Er hat sich häufig hier als Avatar verkörpert und wandelt selbst jetzt in diesem Land und führt Seine Aufgabe aus, das Dharma bei den Leuten, die es unbeachtet lassen, wiederherzustellen. Dieses Yajna gehört zu dieser großen Aufgabe.

Es ist ein Jammer, daß Bharat, das im spirituellen Bereich einen so großen Ruf erlangt hat, heutzutage auf dem Hintergrund der Falschheit, der Ungerechtigkeit, des Hasses und der Zwistigkeit einen Teufelstanz des Lasters und der Bosheit durchzumachen hat. Dieses Land ist in Angst und Furcht versunken. Bei diesem Stand der Dinge ist es deshalb notwendig, das Licht der Liebe und der Hoffnung anzuzünden und Mut und Vertrauen zu verbreiten, sowohl durch Unterweisung als auch durch das Beispiel.

Die Veden sind die eigentliche Wurzel der Bharathiya-Kultur. So ist es die Pflicht und Schuldigkeit eines jeden Sohnes Indiens, die Riten und Rituale, die Gebote und Anweisungen zu befolgen, die in den Veden niedergelegt sind. Viele haben die Gewohnheit angenommen, zu fragen: was ist der Zweck dieser Anweisungen, was können wir durch sie erlangen? Ich möchte denjenigen sagen, daß die Veden als einziges Ziel ins Auge gefaßt haben, den Menschen durch eine Reihe spiritueller Übungen göttlich zu machen. Sie führen den Menschen vom Tierstadium, in dem er glaubt, nur dieser Körper zu sein, der unter Hunger, Durst und verschiedene Arten von Wünschen leidet, zum Zustand des Menschseins, wo er erkennt, daß er weit mehr ist als ein Tier, und später bringen die Veden ihn dazu, seine Intelligenz und sein Unterscheidungsvermögen zu benutzen, um seine Leidenschaften und Emotionen zur göttlichen Ebene hin zu vergeistigen, wo er in ewiger Seligkeit weilt.

Die Veden führen das Sanathana Sastra aus, die erste Wissenschaft vom Geist. Das einwandfreie Verstehen und Praktizieren dieser Wissenschaft stellt die Pflichten dar, die jeder Mensch sich selbst schuldet. Das Ergebnis jener Wissenschaft ist die Beseitigung der Unwissenheit und die Erlangung von Wissen; nicht das Wissen um materielle, weltliche Dinge, die sich verändern und alle paar Jahre überholt sind! Sie gibt dem Suchenden das Wissen, das der Schlüssel zu der ganzen Skala des Wissens ist; wer dies weiß, weiß alles andere.

Deshalb werden die Veden so genannt. Das Wort bedeutet ,Vedayathi ithi vedah', das heißt, ,Veda' bedeutet, ,das, was euch wissen läßt'. Das kosmische Prinzip ist für die mystischen Formeln und Klangmuster, die die Mantren der Veden darstellen, zugänglich. Die vier Grundimpulse des Menschen (Dharma, rechtschaffen zu sein; Artha, zu verdienen und anzusammeln; Kama, zu wünschen und die Wünsche erfüllt zu bekommen, und Moksha, sich auszudehnen und vom ,Hier und Jetzt' befreit zu werden zum ,Immer und Überall') werden durch den vedischen Weg geheiligt und erhalten. Die materielle Physis Gottes kann durch das Yanthra (materielle Instrument) verehrt werden; Seine spirituelle Physis muß durch Mantren (heilige Namen) günstig gestimmt werden.

Wenn ihr zu diesem Yajna-Ritual kommt, das wir jetzt eröffnen, werdet ihr feststellen, daß die Pandits, wenn sie die geheiligten Opfergaben ins Feuer werfen, bei jeder Opferhandlung das Wort ,Svaha' aussprechen. Der Grund, warum dieses Wort ausgesprochen wird, ist, wie sie sagen, es möglich zu machen, daß die Gabe vollständig umgewandelt und vom Feuer verzehrt wird. Nun ist es die dem Feuer eigene Natur, zu verzehren, und so ist es nicht nötig, das Feuer auf diese Weise anzurufen; es ist nicht einleuchtend, wenn behauptet wird, daß man zum Feuer beten muß, damit es sich so verhält.

Es wird gesprochen, um die Energie und den Glanz anzurufen, die im Feuer verborgen sind, und um das göttliche Thejas (Strahlen) herbeizurufen, das dem Feuer ermöglicht, zu leuchten und zu reinigen. Die herrschende Gottheit wird angerufen, um die Gabe zu dem entsprechenden Gott zu befördern, dem sie geweiht ist; und man sagt: Indrayasvaha, Kesavayasvaha, Rudrayasvaha, Varunayasvaha usw.. Indra, Kesava, Rudra und Varuna werden durch Agni, dem über das Feuer herrschenden Gott, die Gabe nur erhalten, wenn Er angerufen und mit der Silbe Svaha hervorgerufen wird.

Nicht nur das Feuer ist göttlich; alle Elemente sind göttlich. In der Tat gibt es nichts in der Schöpfung, das nicht göttlich ist. Kalidasa hat in dem Kumara Sambhavam Gedicht den Himalaya und die Ströme, Gletscher, Gipfel und Bäume als göttlich angeredet, als Symbole und Signale des immanenten Göttlichen. Das Feuer, das jedem Element und Wesen Wärme und Licht gibt, wird als das Lebensprinzip, als der Lebensatem angesehen.

Es gibt noch etwas anderes, was ich glaube, jetzt klarstellen zu müssen.

Die Veden sind zahllos, man sagt, ‚Anantho vai Vedaah'. Nun mag man jetzt Zweifel haben, warum zahllose Veden notwendig sind, um den Pfad spirituellen Fortschritts festzulegen. Laßt uns folgendes Beispiel betrachten. Um ein Kind die Bedeutung eines Wortes verstehen zu lassen, benutzen die Eltern oder Lehrer oftmals viele Wörter. Die Erklärung besteht aus genauen Angaben, Wiederholung und neuerlichem Einprägen. Um sie also Menschen mit durchschnittlicher oder gar keiner Intelligenz klarzumachen, wurde es notwendig, eine Anzahl von Zusatz- und Ergänzungstexten und Schriften zu verfassen, und da ihre Zahl recht umfangreich ist, wurden sie als ‚zahllos', ‚anantha', bekannt. Das Ziel eines jeden Veda, ganz gleich wie groß die Anzahl ist, wie vielseitig die Methoden, ist das gleiche: den Menschen vom tierischen Stadium durch das menschliche zur Höhe göttlicher Selbstverwirklichung zu führen.

Aus dem universalen Absoluten manifestierte sich das Brahman, das kosmische Prinzip. Aus dem Brahman ging Karma oder durch vedische Vorschriften geregelte Aktivität hervor. Über diese Art von Karma freuen sich die Götter, und sie lassen Regen sich ergießen, veranlassen den Gott Parjanya, die Welt und deren Bewohner zu segnen. Weil der Regen fällt, wächst das Getreide und es gibt Nahrung zum Essen; durch die Nahrung erlangt der Mensch Gesundheit, Stärke und Vitalität. Aus dieser Vitalität heraus vermehrt und schafft der Mensch sich neu. Dies ist, nach den Veden, der Kreislauf – Karma, Regen, Ernte, Nahrung, Fruchtbarkeit. Krathus oder ausführliche Rituale dieser Art werden ausgeführt, um rechtzeitigen Regen, ungestörten Ablauf der Jahreszeiten und Frieden und Wohlergehen für die ganze Welt zu erlangen.

Durch die Aktivität zeigt sich, ob der Einzelne oder die Gesellschaft gut oder schlecht ist. Das Thermometer mißt die Temperatur des Körpers und kündigt an, ob der Körper gesund oder krank ist. Das Karma oder die Aktivität sagt über den inneren Charakter aus. Wenn man seine Handlungen, ihre Motive, ihre Konsequenzen und das Ausmaß der eigenen Schwierigkeiten beobachtet, ist es möglich, zu erkennen, ob man Pasu (Tier) oder Pasupathi (der Herr der individuellen Seelen, d. h. so göttlich wie Gott selbst) ist.

Das Krathu ist auch ein Karma; obwohl es ein vedisches Karma ist, das dem Erlangen des Wohlergehens der Welt gewidmet ist. Alles Karma, das ohne Streben nach persönlichem Vorteil getan wird, sondern um dem Wohlergehen anderer zu dienen, ist gutes Karma, das die Götter als ein

Krathu würdigen würden. Den üblen Folgen, die euch sicherlich ereilen werden, wenn ihr schlechtes Karma erwirkt habt, könnt ihr entgegenwirken, wenn ihr euch mit wohltätigen Karmas befaßt und euch dadurch verdient macht.

Man versucht heute nicht, dem Schlechten durch Gutes entgegenzuwirken, und deshalb geht das Land schnell auf den Verfall zu. Wie kann dieses Land sich selbst wieder aufrichten? Das Land ist nicht nur Teil einer Landkarte oder ein Stück Erde. Es ist eine Gemeinschaft von Männern, Frauen und Kindern, die durch Tradition und bestimmte gemeinsame Lebens- und Denkweisen zusammengehalten werden, die durch Generationen von Patrioten und Führern des spirituellen Lebens als wertvoll und kostbar überliefert worden sind.

Vor langer Zeit, als die Laster der Gier und Eitelkeit sich unter den Menschen wild entwickelt hatten, war der Veda so erzürnt und verletzt, daß er die Form eines schwarzen Hirsches annahm und in die Wälder floh. Man sagt, daß daraufhin die vedischen Pandits, Weisen und Gelehrten ihm mit eindringlichen Gebeten folgten, aber er wollte nicht zurückkehren. Sie kamen nur mit dem Fell des Hirsches zurück und mußten sich mit diesem Stück zufriedengeben. Diese Rithwiks (Priester), die an diesem und anderen vedischen Ritualen teilnehmen, tragen, wie ihr sehen könnt, Fellstücke eines schwarzen Hirsches, um so vor der Wiederholung dieser Katastrophe gewarnt zu sein. Sie setzen sich auch auf Hirschfelle. Jede Handlung und Geste, jeder Akzent und Tonfall der Mantren hat eine Bedeutung, die auf die uralte Vergangenheit und die Erfahrungen jener, die unsere Kultur gebildet haben, rückführbar ist. Das Fell wird im Sanskrit ‚Charma‘ genannt. Aber wenn es während des Rituals getragen wird, verleiht es ‚Sarma‘, das bedeutet Freude und Begeisterung, Ananda und Sukha.

Yajna bedeutet, wie ihr wißt, Opfer, Thyaga Entsagung. Das hier gefeierte Yajna ist nicht dazu da, besondere individuelle Wünsche zu befriedigen. Sein Ziel ist es, nicht irgendeinem Individuum, einer Region, einer Gemeinschaft oder einem Land Wohlstand und Frieden zu sichern, sondern der *ganzen* Menschheit.

Gandhi fuhr gewöhnlich im Land umher und betete, ‚Sabko sanmathi de Bhagavan‘, ‚Oh Herr, gib einem jeden, gib allen ein gütiges Gemüt‘. Ihr, die ihr dies Yajna besucht, das dem Wohlergehen der Welt geweiht ist, solltet ähnlich beten und euch selbst nur mit Sanmathi beschäftigen, damit die Welt von eurem Vorbild Nutzen hat.

Prasanthi Nilayam, 10. 10. 1974

Das Labyrinth

Das Wirkliche und das Unwirkliche (das dem Unwissenden als ‚wirklich' erscheint), sind nicht zwei voneinander getrennte Dinge; das eine bedeutet das Fehlen des anderen, das ist alles. Das ‚Fehlen' der Realität kann nicht etwas ‚Unreales' sein. Das Fehlen von Licht kann nicht als ein Zustand betrachtet werden, der von ‚Dunkelheit' verschieden ist. Es gibt nur Eines; es erscheint als zwei. Um dies zu erklären, gab Brahmasri Mudigonda Pichayya Sastry ein gutes Beispiel. Er sprach von rotglühender Schlacke, die die Hand verbrennt, da das Kohlenstück in Brand ist. So entwickelt auch das Ego, wenn es in den Jiva eintritt, Eigenschaften und erscheint als vielgesichtig.

Aber untersucht einmal, wie die Kohle selbst entstand. Auch dies war ein Ergebnis des Feuers! Der Jiva selbst wurde manifestiert, da im Nirguna Brahman, dem attributlosen, wunschlosen Universalen das Gefühl von Aham oder Ego entstand.

Der Sastry (Schriftgelehrte) sprach auch über die Schwierigkeiten, die damit verbunden sind, den Jiva aus den Fängen des Ego zu befreien. Er sagte, es ist, als ob man die Hitze von der rotglühenden Schlacke trennen wollte, sie ist ein Teil und Bestandteil der Kohle geworden. Aber durch Abkühlen kann die Kohle sich wieder von der Hitze, die sich in jedem Teilchen ihrer Substanz gebildet hat, befreien.

Er nannte das ‚Leben' ein Labyrinth, aus dem nur wenige entkommen können, obwohl wir alle es ganz leicht betreten haben! Er zitierte die Geschichte aus dem Mahabharatha, wo Drona (er wurde auch Kumbhaja, der in einem Topf Geborene genannt wurde), der den Familien die Kriegskunst gelehrt hatte, die Kauravatruppen auf dem Schlachtfeld von Kurukshetra in Labyrinthform aufstellte. Drona forderte den jungen Sohn von Arjuna, Abhimanyu genannt, auf, in das Padmavyuha (Labyrinth in Lotusform) zu kommen, um sich, wenn er es wagen würde, hindurchzukämpfen. Sein Vater Arjuna befand sich nicht im Lager; seine Frau war damals schwanger und der werdende Vater hatte, wie die Sastras (heilige Schriften) erklären, kein Recht, mit seinem Leben zu spielen. Als der junge Krieger die Herausforderung erwähnte, stellte ihn seine Mutter zur Rede und sagte ihm, er könne sich sehr gut von dieser Probe zurückziehen.

Die Gründe, die sie ihm für diesen Rückzug gab, hatten eine tiefere Bedeutung. Das Labyrinth war nach Kumbhaja-Art konstruiert, was bedeutet, daß es aus der Intelligenz, Brahman selbst, geboren war, denn Brahman ist Prajnanam oder höchste Weisheit. Wie kann ein Mensch ein Labyrinth durchbrechen, das von Brahman entworfen ist, wenn er selbst von egoistischen Trieben erfüllt ist, von Rücksicht auf seine Frau, das Kind im Mutterleib und die Abwesenheit seines Vaters? Diese zwei Entschuldigungen sind Symbole des Ich und Mein.

Das Mahabharatha führt aus, daß nur Arjuna das Geschick und die Fertigkeit besaß, das Padmavyuha zu durchbrechen (d. h. das Labyrinth von Geburt und Tod, den Knoten von Wunsch und Erfüllung). Warum? Weil Arjuna (das Wort bedeutet rein, unbefleckt, fehlerlos) frei von Ego war und so die Kriegslist vereiteln konnte. Nur durch den reinen Geist kann die Kette zerrissen, der Knoten gelöst werden. Der reine Geist reflektiert klar die Realität, die Realität oder Gott, der die Grundlage des eigenen Selbst wie der objektiven Welt ist. Chittasuddhi (die Reinigung des Geistes) bringt Jnanasiddhi (die Befreiung durch Weisheit) hervor; der reine Geist verleiht Weisheit. Gott ist in jedem Teilchen des Universums enthalten; die klare Schau kann Ihn überall und zu allen Zeiten erleben.

Diese Schau gibt unermeßliche, unausdrückbare Seligkeit. Was nützt all das laute Singen und Beten, Jammern und Wehklagen, wenn das Herz von Egoismus und selbstsüchtigen Wünschen verunreinigt ist. Ein Mensch, der sich so verhält, mag von normalen Sterblichen als dem spirituellen Weg äußerst hingegeben erscheinen; aber tief in seinem gestörten Bewußtsein wird er von Angst und Furcht gequält. Andererseits mag der Mensch dem normalen Sterblichen arm, notleidend und deprimiert erscheinen; er mag nach außen hin keine Hingabe zeigen. Aber Gott mag immer in seinem Herzen wohnen, ihn leiten und beschützen. Er mag alles, was er tut, Gott weihen, der in seinem Herzen wohnt.

Der Vogel in diesem physischen Käfig, in welchem der Mensch

gefangen ist, zwitschert vom Augenblick der Geburt bis zum Augenblick des Todes ständig ‚Soham‘ und singt damit, daß der Jiva und der Deva *eins* sind. Diese Erklärung rechtfertigt die Gabe des Lebens. Wenn der Atem dieses Singen nicht hervorbringt, ist der Körper ein Leichnam, Savam! Wenn er im Käfig den göttlichen Duft zum Ausdruck bringt, ihn damit erleuchtet und füllt, so ist dieser ein Tabernakel, Sivam! Identifiziert euch selbst mit dem Mantra, das der Vogel singt, das der Atem wiederholt. Ihr könnt jedes andere Sadhana oder jede andere von euren Pflichten vergessen – aber der Atem vergißt dieses Sadhana nie, selbst nicht für einen Augenblick – dies erinnert euch an die euch innewohnende Realität, nämlich Sa (Er). Ich bin Er. Er ist Ich... das ist der Refrain eines jeden Atemzuges. Welche tiefgreifendere Unterweisung, welche größere Inspiration braucht ihr noch, um euch in ausgewogenem Gleichmut zu halten?

Ein Gott Hingegebener klagte einmal, „Oh Gott! Du hast mich vergessen!“ Dies ist nie möglich; der Gott Verehrende vergißt, daß er ein Kind Gottes ist, daß Gott sein nie von ihm weichender Freund und Führer ist. Gott ist allwissend, allmächtig, reine Gnade. Der Glaube an Gott muß angesichts einer jeden Herausforderung durch Schicksal oder Glück beständig und fest bleiben. Bei einer Gelegenheit hielten die Hirsche des Waldes eine große Konferenz ab, um ihre traurige Lage zu untersuchen. Der Führer der großen Menge, die sich versammelt hatte, riet zu Mut und Einheit; er sagte, es sei eine Schande, daß niedere Kreaturen wie Hunde, die nicht so flink wie sie seien und keine Hörner wie sie hätten, ihnen Angst einjagen könnten. Da beschloß die große Versammlung einmütig und unter großem Beifall, daß von nun ab kein Hirsch fliehen solle, wenn Hunde ihn verfolgen, sondern daß er den Boden verteidigen und bis zum Ende kämpfen solle. Als das Echo ihres Applauses noch durch den Wald scholl, hörten die scharfen Ohren der Hirsche das entfernte Bellen eines einsamen Hundes, und im nächsten Augenblick sah man keinen einzigen Hirsch mehr, wo sich doch Tausende zur Abfassung der Resolution eingefunden hatten. Sie lösten sich in Luft auf und verleugneten ihre eigene Resolution. Dies ist verbale Heuchelei, die spirituellem Fortschritt schädlich ist und in jedem Bereich schadet.

Der Fehler liegt in dem Glauben, daß die Dinge als ein Ergebnis menschlichen Bemühens und Planens, durch menschliche Intelligenz und Sorgfalt entstehen. Niemand kann in irgendeinem Bereich ohne göttliche

Gnade Erfolg haben. Es ist ein Plan Gottes, der durch den Menschen ausgeführt wird, aber der Mensch behauptet stolz, daß er ihn selbst ausgeführt hat.

Dies erinnert mich an eine Geschichte. Ein armer Dörfler machte seine erste Reise mit der Eisenbahn. Er kaufte eine Fahrkarte und bestieg ein Abteil; er sah, daß es schon von ein paar Reisenden besetzt war, die ihre Kisten, Bündel und andere Gepäckstücke in die Netze oder unter die Bänke, auf denen sie saßen, gelegt hatten. Sie dachten nicht an die Extralast, die die Maschine durch diese Kisten und Bündel zu ziehen hätte. Wie grausam sie sind, dachte der Dörfler. Die Maschine muß schon ihr Gewicht ziehen, und jetzt muten sie dem Zug noch diese Extralast zu. Er selbst wollte dem armen Ding diese Extralast nicht zumuten; deshalb behielt er seine Kiste auf der Schulter und sein Bündel auf dem Kopf. Er glaubte, daß er nun seine Kiste und sein Bündel trage und nicht die Maschine. Die meisten Menschen verhalten sich auf ähnlich dumme Weise und ignorieren die Tatsache, daß Gott alles ist; der Mensch ist nur ein Instrument in Seiner Hand, um Seinen Plan auszuführen. Vertrauen in diese Tatsache ist der Schlüssel zu Frieden und Freude.

Prasanthi Nilayam, 23. 10. 1974

Diamanten im Staub

Mitleid mit allen Kreaturen ist die höchste Tugend, absichtliches Verletzen einer Kreatur ist das schlimmste Übel. Glaubt daran; verbreitet Liebe und Freude aus Mitgefühl und seid selbst voller Freude und Frieden. Ihr habt jetzt hauptsächlich deshalb keine Freude und keinen Frieden, weil euer Blick verzerrt und unsicher ist. Der Blick ist jetzt auf die Fehler und Irrtümer anderer und nicht auf die eigenen Fehler und Irrtümer gerichtet. Die Ohren freuen sich ebenfalls über die Geschichten von Fehlern und Schwächen anderer. Es wird nicht versucht, die eigenen Fehler und Schwächen zu ergründen. Doch in Wirklichkeit muß die Untersuchung und Erforschung bei einem selbst beginnen; denn was wir in anderen

sehen, ist die Wiederspiegelung unserer selbst, unserer eigenen Vorurteile und Vorlieben.

Nebenbei gesagt, wenn eure Aufmerksamkeit auf Fehler und Fehlschläge, Übel und Unrecht ausgerichtet ist, wird auch der Geist davon besudelt, und er beginnt, nur noch derartige Erfahrungen zu suchen. So verliert das Leben solcher Leute den Frieden und die Freude, die das Erbe der Weisen und der Bedächtigen sind.

Nehmen wir einmal als Beispiel eine Schlange. Sie hat zwei Eigenschaften: 1. Sie geht nie geradeaus. Ihr Pfad ist immer krumm. 2. Sie stößt mit allem, was ihr in den Weg kommt, zusammen. Auch der Mensch ist schlangenhaft, denn er zeigt diese zwei Eigenschaften in bemerkenswerter Weise. Dann teilt er noch ein anderes Charakteristikum der Schlange, nämlich das Gift.

Gift wird im Sanskrit Visha genannt. Ein verwandtes Wort ist Vishaya, was die Sinnesobjekte betrifft, die den menschlichen Geist mit Lust, Ärger, Gier, Begehren, Stolz und Haß vergiften. Wegen ihres Giftes wird die Schlange überall, wo man sie trifft, vernichtet. Die Versklavung des Menschen an Vishaya ist der Grund für seinen Niedergang. Aber die Situation ist nicht gänzlich hofflungslos. Die Schlange kann gezähmt und die Giftzähne beseitigt werden, wenn die Musik der Nagaswaram-Flöte erklingt und sie von dieser süßen Melodie fasziniert ist. Die Wirkung des Vishaya-Giftes auf den menschlichen Geist kann ebenfalls aufgehoben und beseitigt werden, wenn der Mensch von der süßen Melodie des Namasmarana oder Sankirtans, d. h. dem wiederholten Singen der bedeutungsvollen Namen des Herrn, bezaubert wird. Das Gift in beiden kann in reinen Nektar verwandelt werden.

Das, was mit dem Menschen geschieht, wenn sein Geist sich durch Namasmarana aus den Fängen des Sinnlichen löst, ist, daß er eine neue Ausgewogenheit, einen seligkeitserfüllten, inneren Gleichmut, Samachitta genannt, erlangt. Natur bedeutet ständiges Fließen. Nichts bleibt auch nur für ein paar Sekunden unverändert. Die jetzt gekochte Süßspeise wird in ein paar Stunden schlecht und stinkend und so sehr verdorben sein, daß sie die Gesundheit schädigt, falls man sie ißt. Andere Arten der Veränderung geschehen in anderen Bereichen, an anderen Dingen und Wesen.

Und der Mensch erwartet diese Veränderungen nicht nur, er bereitet sich sogar auf sie vor; in der Tat ist er in vielen Fällen unglücklich, wenn

diese Veränderung nicht eintrifft! Wenn alles beim alten bleibt, so verursacht das bestimmt eine große Enttäuschung. Ein neugeborenes Baby muß an Gewicht zunehmen; die Bewegungen der Glieder, die Nahrungsaufnahme, die durch Aktivität geäußerte Energieleistung müssen sich steigern. Sonst bekommen die Eltern Angst und laufen von Arzt zu Arzt. Das gleiche geschieht, wenn das Kind nicht geht oder spricht, nicht weint oder lacht.

Bei einem normalen Baby gibt es echten Samachitta, denn es ist kein Wunsch da, der es reizen könnte (mit Ausnahme des instinktiven Wunsches nach Nahrung, Trinken und mütterlichem Schutz). Das Baby ist Erbe der Unsterblichkeit; deshalb wird es nicht durch die Angst beeinträchtigt, die den Erwachsenen quält. Im normalen Sprachgebrauch wird das Wort Samachitta nur mit der Bedeutung ‚Gleichmut' gebraucht – eine unerschütterliche Ausgewogenheit angesichts von Erfolg oder Fehlschlag, Verlust oder Gewinn, Vergnügen oder Schmerz. Aber ‚Sama' hat noch einen anderen und tieferen Sinn, nämlich Brahman, das universale, ewige, absolute Prinzip. Samachitta bedeutet deshalb in seinem philosophischen Sinne ein Bewußtsein, das in absolutem Brahman gegründet ist und deshalb jenseits und über Sturm und Stille der Welt der Dualität ist. Dieses ständige Bewußtsein der Wirklichkeit ist die Frucht des Yajna oder Opfers, des vedischen Symbols von Thyaga (Verzicht), wie es in der Aussage ‚Na medhya, na prajaya, dhanena, thyagenaike amrthathwam anasuh', ‚Nicht durch den Intellekt, nicht durch Nachkommen, nicht durch Wohlstand, sondern nur durch Verzicht kann Unsterblichkeit erlangt werden' zum Ausdruck gebracht wird. Yajna bedeutet Thyaga.

Um dieses große Axiom herauszustellen, wird jedes Jahr während Dasara das vedische Yajna durchgeführt; die Tausende, die das Fest besuchen, können an dem Wissen und der Inspiration des Yajnas teilhaben.

Dieser Tag ist der Amapthi des Yajnas. Sama bedeutet, wie ich gerade sagte, Brahman. So bedeutet Sama-apthi das Erlangen von Sama oder Brahman, das das höchste Gut des Rituals ist. Diese Verwirklichung der Realität Brahmans ist das Geburtsrecht aller Menschen. Aber obwohl der Mensch als Amrtha-Putra (Kind der Unsterblichkeit) mit diesem Recht und dieser Verantwortung geboren wird, verzichtet er auf seinen Sieg, erklärt seine Niederlage, und ist noch stolz darauf, ein Anartha-Putra, ein Kind der Illusion, der Verblendung zu sein. Die ihm zustehende

Verwirklichung ist nicht etwas Unerreichbares; sie ist ein einfacher Sieg; er ist so einfach, daß die Menschen ihn nie zu erlangen versuchen!

Das starke Ego, das den Menschen dazu drängt, sich mit dem Körper und dem Instrument, mit dem er ausgestattet ist, den Motiven, mit denen jene Instrumente arbeiten und den Reaktionen, die diese Motive hervorbringen, zu identifizieren, muß durch das wahre Selbst, das eine Welle des großen kosmischen Bewußtseinsozeans ist, gemeistert werden; das ist alles. Jetzt erklärt der Mensch sich als Aham und ist auf sein Ahamkara oder Aham-Bewußtsein stolz. Aber er ist sich der inneren Bedeutung des Wortes Aham nicht bewußt! Aham ist nur ein verbales Symbol für das, was er wirklich ist. A ist der Laut, der die allgegenwärtige Gottheit darstellt, die auch Vishnu genannt wird. In der Gita heißt es, ‚Aksharanam Akarosmi', ‚Von den Buchstaben bin Ich das ‚A' (das ausgesprochen wird wie in Atma, Anatomie usw.). Ham bedeutet Energie, Kraft, Macht, Shakti.

Wenn man also auf sich selbst als Aham hinweist, erklärt man unbewußt, daß man die verstofflichte Energie des allgegenwärtigen, universalen, absoluten Brahman ist, die auch Vishnu genannt wird.

Der Herr sagt außerdem in der Gita, ‚Maya krtham idam sarvam', ‚Ich habe all dies aus Mir Selbst gemacht!' Wenn all dies Er ist, seid ihr und alle Jivas (individualisierte Seelen) Er. Wie können wir also jemanden als schlecht bezeichnen und uns an Geschichten über ihn freuen und seine Fehler und Irrtümer aufzählen?

Man stellt vielleicht die Frage, „Das Gute und das Schlechte sind so offensichtlich, wie können wir sie leugnen oder ignorieren?" Es gibt sie offensichtlich nur, solange wie das Individuum nicht vollständig in der Wahrheit gegründet ist, daß Gott alles ist (Vasudevassarvamidam). Bis zu diesem Augenblick beherrscht der Körper das Denken, quälen Wünsche den Geist, das Ego; es herrscht der Intellekt. Also herrschen Dualitäten über den Menschen. Wenn man wie der Junge Prahlada in das Gottbewußtsein versunken und davon durchdrungen ist, kann es kein Gefühl von Gewinn oder Verlust, von Freude oder Schmerz geben. Man ist von dem Wort durchdrungen und kümmert sich nicht um die Bedeutung, die sich in all ihrer Vielfalt in der objektiven Welt manifestiert. Das eine Wort scheint viele Bedeutungen zu haben, was ein Ergebnis der Unwissenheit ist. Das Wort ist es, die Para-Shakti (das Höchste Prinzip), das einer jeden Bedeutung Sinn und Wert gibt.

Eine weitere Vorstellung, Ekagratha (Zielgerichtetheit) genannt, kann jetzt auch erläutert werden. Sadhaks (geistig Übende) klagen oft, daß sie keine Zielgerichtetheit erlangen können. Damit meinen sie, daß sie ihre Aufmerksamkeit nicht lange auf eine Flamme, ein Licht, ein Bild oder ein Idol richten können. Das Augen konzentriert sich auf etwas Sichtbares, die Nase auf einen Geruch, das Ohr auf eine Melodie. Aber der Geist konzentriert sich auf das Eine, das Ekam, das Brahman – das als ekam nithyam vimalam achalam sarvadhi sakshibutham beschrieben wird (das Eine, das Ewige, das Reine, das Unwandelbare, der Zeuge). Ekagratha bezeichnet deshalb die Konzentration der inneren Schau auf Brahman. Der Intellekt, das Ego, die Sinne – diese sollten diesem großen Zweck untergeordnet werden und dabei helfen, das Ideal zu erreichen. Sie sollten darauf achten, daß der Blick nicht abgewandt oder von Brahman abgelenkt wird.

Man muß jedoch zugeben, daß ein solches Sadhana heutzutage sehr selten ist; nur sehr wenige richten ihren inneren Blick auf das Universale und Ewige; auch achten sie nicht auf Seine Majestät und Sein Mysterium. Die Tragik, die die Menschheit überkommen hat, ist folgende: der menschliche Geist ist aus seiner Verankerung herausgerissen und wird von den Wellen des Zweifels und des Zwiespalts umhergeworfen. Brahman ist Eins, unveränderlich, ewig. Ein mit dem Verlangen nach Brahman gefüllter Geist wird in allem das Eine sehen, er bleibt vom Lächeln wie vom Spott des Schicksals unberührt. Aber der menschliche Geist wurde auf merkwürdige Wege verleitet, die ihn nur zu Furcht und Frustration führen können. Der Mensch verflucht die Welt und nennt sie eine Stätte der Bosheit und des Krieges.

Der Fehler liegt nicht in der Welt, sondern in ihm selbst. Er hat in sich Krieg, und deshalb sieht er Krieg; er ist im Innern bösartig, und deshalb beobachtet er um sich herum Bösartigkeit. Eine leuchtende Lampe kann nicht die Dunkelheit beseitigen, die einen Blinden immer umgibt. Sie leuchtet für jene, die Augen haben, um zu sehen; sie ist das Licht, das sie umgibt. Die Dunkelheit, die der Blinde verflucht, ist in ihm selbst, nicht im Äußeren. So wird auch der Mensch, der mit sich selbst in Frieden lebt, überall um sich herum Frieden erkennen. Die Natur ist Schönheit, Wahrheit, Frieden. Der Mensch sieht sie als häßlich, als falsch und als gewalttätig – das ist alles.

Es ist merkwürdig aber wahr: im Sterblichen ist die Unsterblichkeit verborgen. Im Schmutz und im Staub gibt es Diamanten; in diesem Haus aus Muskeln wohnt die Weisheit; der Atma erleuchtet diesen Tabernakel des Jiva. Der Mensch schaut nicht in sich selbst hinein; er ist arm, obwohl ungehobene Schätze unter seinen Füßen vergraben sind. Obwohl unerschöpfliche Seligkeit sein Erbe ist, läuft er den Scheinfreuden des Augenblicks nach. Er bekommt als Belohnung dafür nur Mühsal, Enttäuschung und Niederlage. Er verbringt all die ihm zugeteilten Jahre mit diesen unnützen Beschäftigungen, und selbst im letzten Augenblick seines Lebens, wenn er den Körper verläßt, ist er besessen von Kummer und Furcht. Er hat keinen Frieden, wenn er den Körper verläßt, denn er hat die Chance versäumt, mit seiner Hilfe Frieden zu erlangen.

Es gab einmal einen Holzfäller, der täglich in den Wald ging und ein Bündel Brennholz sammelte, das er im nächsten Dorf für einen kleinen Betrag verkaufte, was ausreichte, um seine Frau und seine Kinder am Leben zu halten. Eines Tages, als er gerade aus seiner Hütte ging, erinnerte ihn seine Frau daran, daß am nächsten Tag Yugadi (das Neujahrsfest) sei; sie bat ihn, an jenem Tag ein größeres Bündel zu sammeln, damit sie ein wenig mehr Geld hätten, um dem Kind einen Happen süßen Reis geben zu können. Der Mann war einverstanden und ging hinaus. Es gelang ihm, ein besonders großes Bündel zu sammeln, aber wegen der schweren Last auf seinem Kopf war er bald erschöpft. Er mußte sie auf dem Boden ablegen, bevor er weiter dem Dorf entgegengehen konnte. Dies ließ ihn über seine traurige Lage nachdenken. Er hatte all seinen alten Lebenswillen verloren. Er rief den Todesengel, den Mrthyudevatha an, ihm seine Last zu erleichtern. Er rief, ,,Oh Tod! Hast du keine Gnade mit mir? Warum hast du mich so lange vergessen? Wie sehr wünsche ich mir, ich könnte sterben und dieser täglichen Plackerei entkommen!" Der Todesengel erbarmte sich seiner und erschien vor ihm, um ihm seinen Wunsch zu erfüllen. Aber plötzlich wich der Holzfäller zurück, er veränderte schnell den Zweck seines Anrufs an den Todesengel. Er hätte nicht sterben wollen, obwohl er ihn in seiner Verzweiflung um Hilfe gerufen habe. Er sagte, ,,Nein, Nein, ich hatte niemanden hier, der mir dieses Bündel auf den Kopf heben konnte, und so rief ich nach dir, damit du mir helfen kannst. Das war der einzige Grund meines Gebetes. Bitte hilf mir, diese Last aufzunehmen und sie auf den Kopf zu laden; ich muß schnell das Dorf erreichen! Da der Mensch seiner Natur nach unsterblich ist, weicht er dem Zugriff des Todes aus; der Lebenswille ist sehr stark, viel stärker als der Todeswille.

Diese Frage, dem Tod zu begegnen oder ihm auszuweichen, ist wie die Geschichte von der Sonne und der Dunkelheit. Der Sonnengott war eines Tages sehr beeindruckt von den 1008 Namen, mit denen ein Betender Ihn verehrte. Er hörte sich die Namen an, die mit festem Glauben ausgesprochen wurden. Er fühlte sich auf besondere Weise alarmiert, als Er als Andhakaradweshi angerufen wurde, als der, der von der Dunkelheit als Feind angesehen wird. Er konnte die Existenz eines lebenden Feindes nicht ertragen. Deshalb rief Er zu einem Krieg gegen diesen Dämonen, der Dunkelheit genannt wird, auf. Er ging überall hin, wo die Dunkelheit sich verbarg; aber immer, wenn Er auf sie traf, verschwand dieser Dämon, so daß Er ihn nie ergreifen konnte. Schließlich folgerte Er, daß es die Dunkelheit nicht gäbe und daß sie nur eine Schöpfung der Einbildungskraft Seiner Verehrer wäre! Vor dem Glanz der Unsterblichkeit muß auch die Dunkelheit der Sterblichkeit schnell fliehen.

Der im Körper Wohnende hat weder Geburt noch Tod. Aber der Mensch hält an der Unwahrheit fest, daß er der Körper ist und somit Tod und Geburt unterworfen ist. Ein silberner Becher kann vom Schmied in einen Teller oder später in eine Pfanne umgeformt werden; aber obwohl Name, Form und Funktion sich verändern, verändert sich die Substanz des Silbers nicht, trotz seines Erscheinens als Teller und Pfanne und seine Auflösung als Becher und Teller. Wenn ein Mensch an einer Wasserfläche steht, erscheint sein Spiegelbild im Wasser. Die Leute sagen, daß er es ist, aber Vedanta sagt, daß er es nicht ist. Wenn man das Spiegelbild mit einem Stock schlägt, wird er nicht verletzt; so ist er es also nicht; aber wenn jemand sagt, er sei mißraten, häßlich usw., wird er ärgerlich! So ist er es doch. Das Spiegelbild sowohl er als auch nicht-er. Er ist weder wahr noch falsch, er ist wirklich-unwirklich, er ist Mithya.

Das Auge ist vom Objekt, das es sieht, verschieden: das Auge ist ein Instrument, das vom Ich gebraucht wird, welches ein Strahl des Glanzes des Atma ist. Die Sinne sind Spiegel, und wenn das Licht jenes Strahles auf sie fällt, werden Dinge und Objekte in ihnen reflektiert. Der Atma leuchtet, und all die inneren Wahrnehmungsorgane erwachen, um ihre Pflicht zu erfüllen, Wissen zu sammeln und Seligkeit zum Ausdruck zu bringen. Es ist ihre Pflicht, entsprechend ihrer Natur zu funktionieren. Das Ergebnis darf nicht angestrebt werden. Es folgt, wenn die Pflicht nach bestem Können und Wollen getan wird. Das Messer schneidet Gemüse, aber es ißt es nicht. Es zerschneidet eine Frucht, aber es ist nicht versucht, ihre Süße zu genießen.

Stellen wir uns einen Becher voll süßen Fruchtsaftes vor. Der Becher ist sich der Süße des Saftes nicht bewußt. Zum Trinken des Saftes benutzt man einen Strohhalm; der Saft durchläuft die ganze Länge des Strohhalmes; aber dennoch kennt der Strohhalm den Geschmack nicht. Der Saft kommt auf die Zunge; aber sie weiß nichts von seinem Kalorienwert oder seinen Bestandteilen. Sie kann nur ein Urteil über den Geschmack abgeben; zu anderen Zwecken sendet sie den Saft in den Magen. Der Magen trifft Unterscheidungen und sendet die Bestandteile des Saftes zu jedem Teil des Körpers, zu jedem Nerv und jeder Zelle und trägt so zu deren Effektivität und Stärke bei. Der Becher ist der menschliche Körper; er hat in sich das göttlich süße Atmaprinzip. Die Sinnesorgane sind die Strohhalme; der Intellekt ist die Zunge; das Egoprinzip ist der Magen; es verwandelt die Süße in Geist und verleiht Seligkeit, Frieden und Licht.

Prasanthi Nilayam, 25. 10. 1974

Vier Schritte zur Freiheit

Die Kultur dieses alten Landes ist ebenso unergründlich wie unermeßlich. Sie wurde auf den starken und kraftgebenden Prinzipien der menschlichen Entwicklung errichtet. Aber in der heutigen Zeit vernachlässigen die Inder ihre Lektionen und verstricken sich in die Suche nach materiellen Freuden und Vergnügen. Sie ignorieren die wahren und ewigen Werte. Sie stellen sich taub, wenn der Ruf des Göttlichen ertönt. Sie hören auf die verführerische Stimme des Weltlichen. Dies ist das 20. Jahrhundert, das Zeitalter der Wissenschaft und Technik. Man kann leicht viel materiellen Komfort und Sinnesfreuden erlangen. So läuft der Mensch in seinen Untergang, getrieben durch einen verrückten Drang nach dem Zeitlichen und Trivialen, und er verliert das kostbare Erbe des atmischen Schatzes, das die Kultur ihm verspricht. Wüßte der Mensch nur den Zweck und den Plan des Lebens, würde er wirklich nicht seine Jahre und seine Fähigkeiten mit der Jagd nach bloß vorübergehenden Freuden vergeuden. Die bedauerliche Tatsache, daß er sich überall in diesen Bestrebungen verliert, ist einem Unglück oder seiner Unwissenheit zuzurechnen. Der Mensch hat natürlich den Glauben an sich selbst verloren; und deshalb ist es kein Wunder, daß er auch den Glauben an Gott verloren hat. Nur jene, die sich selbst kennen und die sich selbst vertrauen, können Gott kennenlernen und Ihm vertrauen. Erkenne zuerst dich selbst; das wird dir dein Bemühen, die Welt kennenzulernen, leichter machen.

Die indische Kultur hat die vier Ashramas oder Stadien individueller Entwicklung nachdrücklich betont, um einem jeden die Erziehung zukommen zu lassen, die notwendig ist, um sich selbst zu erkennen. Für Atmavicharana (Untersuchung der Natur des Atma) ist Asharamadharma (Verhaltensregeln für die Lebensstadien) sehr wesentlich. Indem man die Regeln und Vorschriften für Verhalten und Studium befolgt, die einer jeden Stufe oder Ashrama zugeordnet sind, erlangt man leicht und automatisch Wissen und Weisheit. Weisheit entsteht nur durch Arbeit, die als Verehrungshandlungen durchgeführt wird; die Ashramas führen den Menschen dahin, daß er alle Tätigkeiten zu Verehrungshandlungen erhebt.

So wie wir die vier Stufen Kindheit, Jugend, mittleres Alter und hohes Alter haben, so haben wir auch vier entsprechende Ashramas: Brahmacharya, Garhasthya, Vanaprastha und Sanyas – Schülerstand, Haushälterstand, Einsiedlerstand und Mönchstum. Während der Jahre der Kindheit und im Jugendalter muß der Mensch sich mit den Informationen versehen, die für seine Teilnahme am Arbeitsleben der Gemeinschaft erforderlich sind, woraus ihm auch Gesundheit und Glück erwachsen, und er muß sich mit den Werkzeugen des Wissens und den Pfaden vertraut machen, auf denen die Weisheit erlangt werden kann. Ein Haushälter, der eine Familie ernährt und eine Gesellschaft erhält, muß ebenfalls die Ideale von Gerechtigkeit und Wahrheit hochhalten und sie durch sein Handeln fördern. Er muß die der Menschheit eingeborene Majestät fühlen und in Übereinstimmung mit diesem hohen Status leben. Im Alter dann, als Einsiedler oder Mönch, muß er den Leuten, die ihn umgeben, Führer und Lehrer sein und sie an dem Schatz der Weisheit, den er durch seine Erfahrung gewonnen hat, teilhaben lassen.

Die Sastras (heilige Schriften) legen die Richtlinien fest, die den Menschen in seinem Denken und Handeln leiten sollen. Aufrichtige

Befolgung dieser Gesetze und Einschränkung kann allein Weisheit oder Jnana garantieren. Sonst verliert sich der Mensch ziellos in den Wirbeln des Lebens und weiß am Ende nichts über die Natur des Loka (Welt) und die Herrlichkeit Lokeshwaras (Gott).

Von Kindheit an muß man den höheren Pfad wandeln; man kann damit nicht in einem späteren Alter beginnen. Das Kind muß lernen, in Wort und Tat wahrhaftig zu sein und das feige Verhalten der Falschheit zu vermeiden. Später müssen die Jungen und Mädchen bewußt ihre Sinne zu lenken lernen anstatt automatische Sklaven zu sein. Familienoberhäupter müssen das für sie vorgeschriebene Programm der Riten und Verehrungshandlungen befolgen. Sie müssen auf das Verhalten und Betragen der Mitglieder des Haushaltes achten; sie müssen Gastfreundschaft anbieten und freigebig gegenüber den Armen sein. Sie müssen auch ihren Söhnen und Töchtern das erforderliche Rüstzeug vermitteln, mit dem sie geistigen Frieden und Gleichmut in allen Lebenslagen erlangen können. Da diese Pflichten seit einigen Generationen vernachlässigt wurden, ist die Macht des Atheismus jetzt stärker geworden.

Wie kann der Baum eine reiche Ernte bringen, wenn der Samen nichts taugt? Wie kann das Land gedeihen und frei von Angst und Unruhe sein, wenn die Eltern und Alten den unter ihrer Obhut aufwachsenden Kindern nicht gute Beispiele sind? Ihr könnt die Schale, das Fruchtfleisch und den Samen einer Tamarindenfrucht nicht voneinander trennen, solange sie noch grün ist. Ist sie jedoch reif, so kann die Trennung leicht erfolgen. So kann auch der Mensch noch nicht seine Identifikation mit dem Körper, den Sinnen und dem Geist lösen, solange er nicht reif an Erfahrung geworden ist und weise genannt werden kann. Er wird nicht in der Lage sein, zwischen Atma und Nicht-Atma zu unterscheiden, zwischen Kshetra (Körper) und Khetrajna (der im Körper Wohnende, Gott), zwischen Prakrithi (Natur) und Paramatma (höchstes Selbst) zwischen Guna (Qualität) und Trans-Guna und anderen solchen Wesenheiten.

Ich möchte euch ein kleines Beispiel bringen: Krishna tötete die Kaliya-Schlange, die den Kalindi-Fluß vergiftete und meilenweit alles Leben durch tödliche Dämpfe zerstörte. Sobald Kaliya getötet war, baten die Frauen (Schlangenfrauen seines Harems) Krishna um Beistand und ergaben sich Ihm. Dies ist eine Geschichte aus dem Bhagavatham. Was bedeutet sie? Im Geistessee (dem Mana-Sarovar) des Menschen haust eine giftige Schlange, die Begierde. Wenn sie vernichtet ist, ergeben sich die verschiedenen Sünden und Eitelkeiten, Triumphe, Versuchungen und Fehlschläge, Schmerzen und Freuden, die die Begierde begleiten, Gott.

Die Begierde kann nur getötet werden, wenn man fest im Glauben an den Atma als Kern des eigenen Wesens gegründet ist. Da alle Bemühungen jetzt auf Ansammlung materieller Güter und Befriedigung sinnlichen Verlangens gerichtet sind, wird der Mensch auf den Wellen des Kampfes und der Zwistigkeit, der Falschheit und der Gier umhergestoßen. Der Einzelne ist eng mit der Gesellschaft verbunden, und deshalb beeinflußt seine Ruhelosigkeit auch die Gesellschaft.

Der individuelle Wille ist letztlich für den Wohlstand und das Wohlergehen der Welt zuständig. Die Welt ist nur ein geistiges Bild des Einzelnen. Wie dies geschieht, ist ein Mysterium. Man kann nur sagen, daß so wie Schlaf die Ursache des Traums ist, Maya oder die grundlegende Unwissenheit die Ursache der Schöpfung ist. Ärzte schreiben die Träume verschiedenen Gründen zu: Verdauungsstörung, Gedankenzwängen, Verwirrungen geistiger Bilder usw. Aber nur der eine Grund stimmt mit Sicherheit: nämlich der Schlaf! Träumen hört auf, wenn der Mensch zu einem Jnani (einem, der sich der Wahrheit bewußt ist) wird. In diesem Stadium hören sowohl die nächtlichen Träume wie auch die Tagträume auf.

Die vier Ashramas wurden geplant, um den Menschen zum Jnani-Zustand zu erwecken. Heutzutage ist die Erziehung ein Vorgang, der auf allen Stufen Informationen in den Kopf und Fertigkeiten in die Hände packt. Sie taugt nur, um mit Gelehrsamkeit, dialektischen Kontroversen und gegenseitigen Beschuldigungen zu prunken. Sie vermittelt nicht Bescheidenheit oder Sinn für Ausgewogenheit und Gleichmut. Spirituelles Training fehlt selbstverständlich vollkommen. Vielleicht meint man, Spiritualität sei eine Sache des Einzelnen, die man nur in der Stille des Waldes ausüben könne. Nein! Wahre Spiritualität ist das Bewußtsein der grundlegenden Einheit des Menschen mit Gott.

Die Menschen feiern die Geburt eines Kindes. Sie sind glücklich, wenn das Kind groß und kräftig wird. Aber der passende Anlaß für eine derartige Feier ist, wenn das Kind seine Geburt dadurch rechtfertigt, daß es als Wohltäter des Menschen oder als Diener der Menschheit einen guten Ruf erwirbt. Der Kaiser Dhrtharashtra hatte hundert Söhne! Er muß auch ihre Geburtstage gefeiert haben. Aber keiner von ihnen tat irgendjemandem Gutes. Sie waren alle arrogant, gierig und voller Bosheit. Deshalb erreichten sie nur, daß die gesamte Dynastie mit allen, die mit ihr verbunden waren, ausgelöscht wurde.

Heutzutage sind die Söhne und Töchter darauf aus, das Eigentum ihrer Eltern zu teilen und ihren Anteil so schnell wie möglich auszugeben. Sie kümmern sich nicht um den viel wertvolleren Schatz an Erfahrung, den ihre Vorväter um ihretwillen angesammelt haben. Sie vergeuden ihre Jahre so sehr in eitlem Bemühen, daß selbst ihre Gesundheit zerstört wird. Die Kinder tragen schon mit zehn Jahren Brillen; sie färben mit kaum 14 Jahre ihre Haare. Sie altern schnell und zeigen schon mit 16 Jahren Zeichen von Altersschwäche! Diese Gewohnheiten, die die Leute heutzutage als „modern" oder „fortschrittlich" annehmen, auch noch loben, ist, gelinde gesagt, lächerlich.

Wie die Alten betonen, müssen die Essens- und Erholungsgewohnheiten sathwisch werden; das heißt, sie müssen derart sein, daß sie nicht die Leidenschaften des Menschen hervorrufen und nähren oder ihn dumpf und dumm, träge und eitel machen.

Vor allem muß jeder erkennen (und sich dementsprechend verhalten), daß die Hauptaufgabe des Menschen hier auf Erden darin besteht, zum Ideal der Einheit und des Friedens aufzusteigen.

Prasanthi Nilayam, 23. 11. 1984

Niemals eine Party

Verkörperungen des göttlichen Atma! Ihr feiert diesen Tag als Swamis Geburtstag, und ihr bekommt durch die verschiedenen Programme, die hier von euch mit besonderer Begeisterung durchgeführt werden, Ananda; aber Ich habe in Wirklichkeit nicht den Wunsch, ihn, weil er der Geburtstag ist, als einen besonderen Tag zu betrachten und als einen solchen zu feiern. Ich bin gekommen, um dem Menschen das Mysterium seiner Realität und seines Lebenszieles zu offenbaren; Ich bin nicht gekommen, um ihnen die Aufgabe zu geben, Geburtstag zu feiern oder irgendwelche pompösen und persönlichen Feste zu arrangieren. Ich habe keinen solchen Wunsch, weder jetzt noch zu einer anderen Zeit.

An welchem Tage feiere Ich Meinen Geburtstag? An dem Tage, an dem ihr alle echten Ananda in euren Herzen erlebt! Jetzt, wo eure Herzen von Angst und Furcht überfließen, durch Not und Elend zerrissen und durch Gram gespalten sind, erscheint es Mir sinnlos, diesen Tag zu Meinem Geburtstag zu erklären!

Da wir gerade schon bei diesem Thema sind, möchte Ich euch dringend noch vor einer anderen Sache warnen. Vergeudet nicht eure Zeit mit dem Versuch, Mich zu verstehen; verschwendet die Zeit nicht mit diesem Versuch. Ich sage das aus diesem Grunde: Niemand ist in der Lage, Mich zu begreifen. Versucht deshalb nicht das Unmögliche, ihr verschwendet nur eure Zeit und Mühe. Nur wenn ihr euch selbst kennt, könnt ihr Mich erkennen.

Ich benötige nichts in diesem Universum, ganz gleich wie groß oder wie klein es sein mag. Zu keinem Zeitpunkt hat ein Wunsch Mich zu einer Sache oder einer Aktivität getrieben. Ich bin Derjenige, der gekommen ist, um zu geben, und nicht um zu empfangen. Und was ihr Mir anbieten könnt ist nur dies: reine, unverfälschte Liebe. Wenn ihr Mir dies darbringt, bekomme Ich Ananda (Seligkeit).

Während des vergangenen Dasara-Festes gab es einige Bekanntmachungen. Wenn ihr Mich fragt, was Ich mit ihnen zu tun habe, so antworte Ich, daß hier nur die Verbindung mit dem Namen besteht. Sonst habe Ich damit nichts zu tun.

Nachdem die Mitglieder des Sathya Sai Central Trust die falschen und unerwünschten Pfade erwogen hatten, denen gegenwärtig die Jugend in der ganzen Welt folgt und die sie bevorzugt, haben sie sich entschlossen, in vielen Staaten Colleges zu errichten und der Jugend durch diese Institutionen Gelegenheit zu geben, sich auf verschiedene Weisen umzuwandeln, um die Ideale der indischen Kultur ungeschwächt zu erhalten und um die Jugend in den Genuß der Stärke und Anmut kommen zu lassen, die die allen Glaubensrichtungen gemeinsamen Werte und ihre grundlegende Wahrheit sind. Um diesen Plan zu verwirklichen, entschlossen sie sich dazu, den 50. Geburtstag von Swami zu benutzen und ihn in großem Rahmen zu feiern. Sie beschlossen dies aus tiefer Ernsthaftigkeit und Hingabe. Zur Gründung von Colleges sind Gelder notwendig; keine Aufgabe kann ohne Geld erfüllt werden, selbst nicht die kleinste und geringste. So vereinbarten sie eine Methode, bei der jeder Anhänger einen Beitrag auf Lebenszeit in Höhe von 50 Rupien gibt. Dadurch kann ein Korpus aufgebaut werden, mit dessen Hilfe die Erziehungs- und Gesundheitsprogramme begonnen und entwickelt werden können. Hohe Ideale und reine Absichten haben sie zu diesem Beschluß bewegt.

Sie legten Mir diesen Beschluß vor. Ich antwortete folgendermaßen auf ihren Vorschlag: Führt diese Aufgabe nicht in aller Eile durch, geleitet von dem einen Zweck, Geld zu sammeln. Seid freimütig dabei; bedient euch solcher Mittel, die alle Zweifel aus dem Geist der Einzelnen, der Regierung und der Welt draußen beseitigen werden.

Schließlich erfolgte an jenem Tage die Bekanntgabe. Aber viele haben diese Ankündigung mit ihren eigenen Interpretationen und Absurditäten überlagert, und sie fingen an zu verbreiten, es sei beabsichtigt, 50 Lakhs Rupien für die Feier von Swamis Geburtstag auszugeben.

50 Lakhs Rupien (1 Lakh = 100.000 Rupien) für eine verschwenderische Geburtstagsfeier oder eine andere derartige Festlichkeit auszugeben, ist wahrhaftig eine Sünde, die nicht ihresgleichen hat. Wenn jemand für seinen Geburtstag 50 Lakhs Rupien ausgibt, während überall in der Welt Menschen als Folge des Nahrungs- und Wohnungsmangels von Elend aller Art betroffen sind, so muß das als ein ungeheuerlicher Mißbrauch, als eine abscheuliche Sünde angeprangert werden. Ich kann Mich niemals zu einer solchen Handlungsweise hergeben.

Nicht nur dies. In Prasanthi Nilayam kann bei keinem Fest, weder Shivarathri noch Navarathri oder dem Geburtstag solch ein Mißbrauch oder eine solche Extravaganz geschehen. Viele Menschen stellen sich vor, daß hier während der Dasara-Feiern Hunderttausende ausgegeben werden; aber alle, die kommen, tun mit der ganzen Hingabe, die in ihrem Herzen ist, ihr Bestes, und so wird keine einzige Paisa für irgendeinen Zweck ausgegeben. Die Rithwiks (Priester), die beim Yajna amtieren, die Vortragenden, die Ansprachen halten – alle kommen und nehmen aus Liebe und Glauben an der Freude teil; die Mitglieder des Seva Dal und der Seva Samithis sowie die Freiwilligen, die ihre Kraft und ihr Geschick dazu einsetzen, das Fest zu einem Erfolg werden zu lassen, kümmern sich um deren Komfort. Keine Paisa wird für irgendetwas ausgegeben. Ihr seht, daß heute das Gebiet des Prasanthi Nilayam sauber und freundlich aussieht. Was ist der Grund dafür? Wieviele Feger haben wir beschäftigt, wieviele Kulis sind angestellt? . . . mögt ihr euch fragen. Nein, niemanden. Jeder reinigt den Platz, den er bewohnt, und das angrenzende Gebiet. So ist die Sauberkeit ohne Kosten sichergestellt. Man kann behaupten, daß an keinem Ort der Welt die Mittel zu so guten Zwecken und mit so geringen Aufwendungen gebraucht werden wie in Prasanthi Nilayam.

Prasanthi Nilayam bietet die höchsten Ideale und ist im materiellen, ethischen, ökonomischen, moralischen, spirituellen, weltlichen und selbst im politischen Bereich beispielhaft. Hier ist kein Platz für etwas Gegenteiliges. Dies kann ohne die Möglichkeit eines Widerspruches behauptet werden. Trotz alledem verlassen sich einige unwissende Leute mehr auf ihre Vermutungen als auf Tatsachen und erlauben sich, falsche Schlußfolgerungen zu verbreiten. Ich möchte ihnen sagen, wenn irgendjemand in der ganzen Welt in Prasanthi Nilayam einen falschen Schritt aufzeigt, so soll er empfangen und überzeugt werden. Denn Prasanthi Nilayam befaßt sich eifrig mit der Aufgabe, hohe und heilige Ideale aufrecht zu erhalten und zu demonstrieren und die spirituelle Verwirklichung zu erreichen. Es strebt nicht nach diesen weltlichen Reichtümern; noch ersehnt es Gunst und Ruhm.

Verkörperungen des göttlichen Atma! Wenn ihr den Wunsch verspürt, etwas aus Mildtätigkeit zu geben, richtet euer Denken auf die Entwicklung guter Erziehungsinstitutionen, auf Bereitstellung von Hilfsmitteln zur Krankenheilung und zur Linderung der Not der Armen. Nicht nur an diesem Ort, sondern überall müssen die Mitglieder unserer Organisation bereit und eifrig bemüht sein, den Schülern, den Kranken und den Armen zu helfen. Ihr sollt fühlen, daß diese Arbeit, wo immer sie ausgeführt wird, eine Arbeit ist, die Mir gefällt.

Ihr braucht Mir nichts darzubringen. Ich möchte nur, daß ihr das Ziel des Lebens verwirklicht, indem ihr eure Rolle bei den helfenden und heilerischen Aktivitäten spielt, die von solchen Einrichtungen durchgeführt werden.

Dieser Tatsache seid ihr euch alle bewußt: Ich erlaube niemandem, auch nur eine Blume, eine Frucht oder eine Kokosnuß mitzubringen. Dennoch bringen einige Leute, die von ihrer Hingabe und Verehrung mitgerissen oder von plötzlicher Begeisterung oder Freude bewegt sind, Mir Kleider mit, wenn sie hierherkommen, oder schicken sie per Post und legen sie Mir zu Füßen. Von heute an bestimme Ich, daß dies nicht getan werden sollte; befolgt dies als Meinen Befehl. Wenn jemand trotzdem Kleidung mitbringt, sollte er nicht in Prasanthi Nilayam zugelassen werden. Diese Leute werden als solche behandelt, die gegen Swamis

Wunsch und Anweisung verstoßen. Reine Liebe solltet ihr Mir als Gabe zu Füßen legen, nur reine Liebe.

Deshalb verbringt von heute an eure Tage und Jahre damit, jenen zu helfen, die in äußerster Not sind, und macht so euer menschliches Dasein lohnend und fruchtbar. Ich wünsche Mir, daß ihr euch dementsprechend verhaltet und Ich segne euch.

Prasanthi Nilayam, 23. 11. 1974

Der Stoff des Geistes

Es ist ein vergebliches Bemühen, die Dinge der Welt in gut und böse zu unterteilen, und es ist auch gotteslästerlich! Denn wenn alles aus Seinem Willen entstanden ist, wie kann etwas gelobt oder verdammt werden? Nebenbei, was für den einen gut ist, mag für einen anderen schlecht sein; was zu einer Zeit gut ist, mag zu einer anderen schlecht sein; was in kleinen Mengen gut ist, mag in großen Mengen schlecht sein. Die Krähe genießt die bittere Niem-Frucht; der Kuckuck ißt die zarten Blätter des Mangobaumes. Leute freuen und genießen die verschiedensten Dinge und Erfahrungen von höchst widersprüchlichem Charakter. Deshalb kann man nur daraus schließen, daß es der Geist eines jeden ist, der den Menschen dazu führt, dies als gut anzusehen und das andere als schlecht zu meiden.

Die Philosophie sagt uns, daß der Geist nicht nur über das Gutsein und Schlechtsein eines Dinges entscheidet, sondern daß er alle Dinge und alle Erfahrungen erschafft. Ohne den Geist gibt es kein Objekt, kein Gefühl, keine Empfindung. Kein Geist, keine Materie! Der Geist erfreut sich an Name und Form; er prägt Name und Form und hilft somit, Dinge und Erfahrungen zu erschaffen. Er kann mit nichts in Berührung treten oder auf es einwirken ohne den Namen und die Form. Deshalb ist der Geist hilflos, wenn über das Namenlose und Formlose meditiert werden soll. Er hält sich ständig an der Namen-Form-Einheit fest. Geistige Bilder haben sich als Objekte und Ideen konkretisiert. Deshalb erklären die Sruthis, „Yad bhavam, thad bhavathi", „Wie der Geist funktioniert, so wird die Materie bestimmt".

Gott ist jedoch jenseits von Name und Form; er ist alle Namen und alle Formen und dennoch unbegreifbar und geheimnisvoll. Wie kann man dann Gott durch das Mittel von Dhyana (Meditation) über Name-Form begreifen? Dies ist eine berechtigte Frage. Sie kann durch ein Gleichnis beantwortet werden. Wasser ertränkt den Menschen; Wasser hilft ihm auch zu schwimmen. Es zieht herab und treibt auch empor. Der Mensch muß nur die Methode lernen, durch die er auf dem Wasser bleibt. Auf gleiche Weise können Name und Form, die Begrenzungen und Hindernisse zu sein scheinen, als Werkzeug dienen und helfen, Name und Form zu transzendieren und Gott zu verwirklichen.

Die Gottverwirklichung verleiht Ananda, der keine Form hat, sondern nur einen vom Menschen gemachten Namen. Er entspringt im Herzen, quillt in ihm empor, durchdringt den gesamten Körper und drückt sich im Gesicht aus. Das Gesicht ist ein Anzeiger für innere Seligkeit. Traurigkeit, Angst, Furcht, Hoffnung, Entschlossenheit, Zweifel – alle werden im Gesicht reflektiert und können leicht erkannt werden.

Der Geist kann nur dadurch vom Ansturm der Emotionen unbeeinträchtigt bleiben, wenn er sich dem Joch des Intellekts oder Buddhi beugt. Er sollte dem Zugriff der Sinne entkommen, nach den Zügeln der Vernunft streben und deren Vorschriften ohne zu fragen folgen. Die Sinne sind so lange untätig, wie das Selbst den Geist davon fernhält, die durch sie gelieferte Information anzunehmen. Dieses Mikrofon vor mir hilft jenen, die im gesamten Auditorium verteilt sitzen, meine Worte deutlich zu vernehmen. Aber das Mikrofon und die Lautsprecher sind untätige metallische Dinge. Vor ein paar Minuten hielt ein College-Student eine Ansprache, die für ein paar Minuten unterbrochen wurde, da der elektrische Strom ausfiel. Ohne daß der Strom sie aktiviert, können sie überhaupt nicht funktionieren.

Das sehende Auge ist inaktiv; alle ‚gesehenen‘ Objekte sind inaktiv; nur der Sehende ist ‚intelligent‘. Und der Strom der Intelligenz wird durch den Atma, der eure Realität ist, beigebracht. Wenn der Strom das Auge nicht belebt, mag es schauen, aber es sieht nichts; das Ohr mag hören, aber der Hörer reagiert nicht und erkennt nichts. Der Geist ist woanders, er muß mit Hilfe des inneren göttlichen Bewußtseins funktionieren.

Der Geist ist wie eine duftende Blume; sie verströmt ihren Duft, ob man sie in der rechten oder in der linken Hand hält, ob die Person, die sie hält, gut oder schlecht ist. Der Geist macht einfach blind weiter, ohne

Rücksicht auf die Umstände. Er ist blind; und jemand muß ihn ins Schlepptau nehmen. Wenn ihr zehn Blinde zum Essen einladet, müßt ihr zwanzig Teller decken; denn jeder Blinde bringt einen Führer mit, der ihn nach Hause führen kann. So muß auch der Geist einen Führer haben, der den Weg, die Hindernisse, die Untiefen und die Fähren kennt.

Man muß mit Wachsamkeit auf den Geist achten und ihn vor seinen eigenen Tricks warnen. Er ist ein cleverer Schauspieler, der euch in viele Abenteuer verwickelt. Der Geist ist wie der ehrenwerte alte Herr, der während eines Hochzeitfestes abwechselnd im Haus der Familie des Bräutigams wie auch in dem der Familie der Braut erschien, der allen miteinander Anweisungen gab, die von beiden Parteien anerkannt wurden, da sie dachten, daß er eine Person wäre, die die Berechtigung dazu von der anderen Familie erhalten hätte. Schon bald aber erweckte sein Geprahle bei beiden Mißtrauen, und als sie ihn gemeinsam aufsuchten und ihn fragten, wer er sei, verschwand er und machte sich aus dem Staube. Der Geist ist auch wie dieser Herr. Stellt ihn zur Rede, woher er das Recht hat, euch herumzukommandieren; er wird im Nu verschwinden!

Die einzige Methode, die ihr benutzen könnt, um aus den Fängen des Geistes zu entkommen, ist die Entwicklung reiner Intelligenz. Dies ist die Summe und Substand aller spirituellen Disziplin. Und die Intelligenz wird von aller Parteilichkeit und allem Vorurteil, allem Haß und aller Gier nur durch die Verehrung Gottes gereinigt, durch Liebe, die auf alle Wesen ausgestrahlt wird, die von Gott geschaffen sind und Seine Herrlichkeit und Schönheit bezeugen. Teilt die Liebe mit allen; verdient den Schatz der Liebe, bewahrt ihn in eurem Herzen und ladet alle ein, daran teilzunehmen. Wenn ihr versucht, das von eurem Großvater oder Vater verdiente Eigentum zu verteilen, werden gesetzliche, moralische, ökonomische und praktische Hindernisse auftreten. Aber wenn ihr euer ‚selbstverdientes' Eigentum verteilt, kann euch kein Gesetz oder anderes im Wege stehen.

Denkt daran, daß der Geist ein sehr geschwätziger Kobold ist, der noch nicht einmal eine Sekunde ruhigbleiben kann. Ihr habt mir jetzt seit mehr als einer Stunde zugehört, und vielleicht habt ihr den Eindruck, daß euer Geist die ganze Zeit ruhig war. Nein, der Geist hat sich mit sich selbst unterhalten, obwohl ihr annahmt, er sei ruhig! Gebt ihm ständig Aufgaben. Bittet ihn (wie es einst ein Rishi mit einem Dämonen tat, der ihm diente, aber drohte, ihn zu verschlingen, wenn er einen Augenblick lang nichts zu tun hätte), bittet ihn, eine Säule auf und ab zu klettern, wenn er nichts anderes zu tun hat. Die Säule ist Soham (Ich bin Das), ein Mantra, das der Atem von Geburt bis zum Tod wiederholt, ,,So", wenn ihr einatmet, und ,,ham", wenn ihr ausatmet. Laßt ihn ständig Soham wiederholen.

Bhajans müssen in einer Haltung äußerster Demut gesungen und Gott dargebracht werden; man sollte sie nicht für Übungen halten, um seine Talente zu zeigen und um musikalische Fertigkeiten zu erlangen.

Sie müssen dem Herrn gefallen, nicht euren Fans. Mit jedem Bhajan sollte der Geist reiner werden, freier von Leidenschaften und stärker im Glauben. Erkennt jedoch, daß ihr diese Aufgabe nicht erfüllt habt. Die Verehrung kommt nicht aus dem Herzen; sie ist auch nicht ganz ernsthaft auf das Höchste gerichtet. Sie ist durch eine Beimischung von Neid, Stolz und Haß getrübt. Wie können derart beschmutzte Gebete Gott erreichen.

Ich stelle z. B. fest, wenn irgendein neuer Anhänger singt, daß ihn die anderen im Stich lassen und ihm nicht nachsingen! Sie ignorieren ihn und beschimpfen ihn auf diese Weise. Aber wenn jemand von ihnen, einer von der normalen Gruppe vorsingt, stimmen sie mit Begeisterung ein.

Diese Art von Gruppenpolitik hat keinen Platz unter Sai-Anhängern und kann in Sai-Bhajan-Gruppen nicht toleriert werden. Ich stelle fest, daß dieses Übel sich in den meisten Bhajan Mandalis verbreitet – die Mitglieder spalten sich in rivalisierende Gruppen, die um Singgelegenheiten kämpfen und versuchen, Aufmerksamkeit und Lob der Leute zu erlangen. Durch dieses selbstsüchtige Motiv entmutigen sie ernsthafte Bhajansinger; sie bleiben still, wenn sie ihre Gesänge darbringen; dies bedeutet, daß sie entweder ihre Stimme verloren haben oder daß ihre Herzen durch Selbstsucht abgestumpft wurden.

Was dieses heilige Sadhana angeht, sollten keine Unterschiede und Differenzen gemacht werden, die in die Herzen der Betenden eindringen, auch kann der Gesang solcher Leute dem Ohr nicht gefallen, denn nur wenn das Gefühl im Herzen entsteht, kann der Gesang auch die Herzen der anderen ansprechen. Es wäre für alle Beteiligten weit besser, wenn solche selbstsüchtigen und eingebildeten Leute vom Bhajansingen fernblieben, anstatt die heilige Atmosphäre durch den Geist der Rivalität und Zwistigkeit zu verunreinigen.

Wenn Verehrer den Namen von Sathya Sai auf solch eine Weise

benutzen, daß heißt Leute, auf die die Welt um Führung und Inspiration sieht, wenn sie zu solchen Ebenen herabsteigen, wie steht es da um die Erhebung der Welt und die Wiederherstellung von Dharma (Rechtschaffenheit)?

Bhajans, bei denen ihr euch zankt und wetteifert und euch daran ergötzt, andere herabzuziehen und euch selbst herauszustellen, mögen *euch* Befriedigung verleihen; aber Ich möchte euch hier sagen, das sie *Mir* überhaupt nicht gefallen. Ich freue Mich nur, wenn Liebe der Grundton ist, wenn das Gefühl von Einheit vorherrscht, wenn die Melodie aus einem reinen, gottliebenden Herzen kommt.

Diejenigen, die Ämter in unserer Organisation haben, sollten ständig darauf bedacht sein, daß dieses Gift nicht in die Arbeit der Einheiten eindringt, weder in die Bhajan-Gruppen noch in die Aktivitäten des Mahila Vibhag oder des Seva Dal.

Denkt daran, daß alle Söhne und Töchter der Sai-Mutter sind. Wie kann Ich es tolerieren, wenn die Söhne und Töchter miteinander streiten und sich in rivalisierende Gruppen zerteilen? Wenn ihr die Bhajans nicht zur eigenen Freude singt, könnt ihr andere auch nicht erfreuen.

Die Sathya Sai Organisation ist eingerichtet worden, um für jeden wachen Augenblick des Lebens heilige Aufgaben bereitzuhalten, um den Menschen die Launen und Eitelkeiten des Geistes bewußt zu machen und um sie Verfahren zu lehren, durch die sie den Geist auflösen und die Herrschaft des reinen Intellekts errichten können, der allein das, was jenseits all dieser Mannigfaltigkeit liegt, verwirklichen kann.

Prasanthi Nilayam, 24. 11. 1974

Kultur – Agrikultur

Indien ist ein heiliges Land, dessen Ruhm sich über alle Kontinente verbreitet hat, dessen Söhne und Töchter durch ihre materielle und spirituelle Vortrefflichkeit ewigen Ruhm in der ganzen Menschheit erworben haben. Sie haben ihr Mutterland von den Fesseln der Fremdherrschaft befreit; sie haben durch ihre Errungenschaften in Musik und den Künsten zum menschlichen Glück beigetragen. Selbst heute hat Indien einen Namen, der geehrt und hochgeachtet ist. Ihr habt eine große Verantwortung, denn ihr müßt den Glanz Indiens erhalten und entwikkeln.

Wir haben uns heute hier im Geist des Gebetes und des Sadhana versammelt, um uns einem neuen Schritt in der Erziehung zu widmen. Die Ziele der wahren Erziehung sind zwei und nur zwei. Das erste und grundlegendere der beiden ist die Erziehung zum Erwerb von Nahrung, Kleidung und Unterkunft, zur Förderung von Gesundheit und Harmonie in der Gesellschaft, um Gesundheitsschädigungen zu vermeiden und Ehrlichkeit zu fördern. Als in alten Zeiten der Student sich der Grundausbildung bei einem Lehrer unterzog, lernte er, bevor er 15 Jahre alt war, zu spinnen, zu weben und die Kleider für den Eigengebrauch herzustellen, die von ihm benötigte Nahrung zu erzeugen und sich um das für seinen Lebensunterhalt notwendige zu kümmern. Er war glücklich und zufrieden mit diesen einfachen Gewohnheiten, die ihm reichlich Zeit für Sadhana (geistige Disziplin) und die Betrachtung der Natur ließen. Jeder muß anstreben, selbstvertrauend und selbstgenügsam zu sein, was Nahrung und Kleidung angeht. Die Herrscher dieses Landes sind wegen des Bevölkerungszuwachses in großer Sorge, und sie befürworten erregt falsche und gefährliche Mittel, um die Zunahme einzudämmen. Sie vergessen jedoch, daß wir mit jedem Zusätzlichen, der gefüttert werden muß, auch zwei Extrahände bekommen, und ein Paar Beine und außerdem ein Gehirn, das die große Anlage hat, sich zu einem nationalen Aktivposten zu entwickeln. Wir haben keinen Plan, um diese zwei Extrahände und das wertvolle kleine Gehirn für den nationalen Aufschwung und Wohlstand zu nutzen. Wir fördern die Faulheit, indem wir sie zu einem Zeichen des Reichtums machen; wir verurteilen sie nicht überall dort, wo man sie vorfindet. Wir verfügen nicht über die Wendigkeit, neu die Produktion zu steigern und die Verschwendung, auch die von Nahrungsmitteln, einzudämmen. Wenn jeder in diesem Land nur die Menge an Nahrung verzehrt, die er benötigt, und nicht mehr, wird es keinen Mangel geben. Dieses Land hatte nie Mangel an Mitteln, um seine Kinder zu ernähren. Dies ist das Land der Göttin Annapurna (der Göttin des Nahrungsreichtums).

Das zweite Ziel der Erziehung ist die Entwicklung des Geistes und der Seele. Auch dies ist der Landwirtschaft sehr ähnlich, die den Menschen mit Nahrung und Kleidung versorgt. Wir wollen Dhanya (Korn), um den

Körper zu erhalten; wir benötigen Dhyana (Meditation), um den Geist zu erhalten. Beim Ackerbau bereitet ihr den Boden, pflanzt Samen, düngt die Pflanzen und bringt die Ernte ein. Bei der Pflege des Herzens müssen wir das Hrudaya-Kshetra (das Feld des Herzens) pflügen, Unkraut und Wildwuchs beseitigen und die Saat pflanzen. Das Unkraut sind gefährliche Neigungen, Haltungen und Gewohnheiten. Der Dünger ist Hingabe und Ergebenheit. Das Wasser zum Wachsen der Pflanze ist die Eigenschaft der Liebe. Die Samen sind die Namen Gottes, die ins gereinigte Herz gepflanzt werden. Die Ernte, die die Belohnung all dieser spirituellen Disziplin ist, ist Weisheit.

Herzenspflege war das Ziel und der Zweck des Sanathana Dharma, der uralten Religion Indiens. Sie ist wesentlich für ein glückliches und zufriedenes Leben. Dies Dharma weist uns an, die Saat der Liebe zu pflanzen und die Ernte der Weisheit einzubringen, um soziale Harmonie und nationalen Wohlstand wie auch den Aufschwung der gesamten Menschheit zu fördern. Sanathana Dharma läßt euch die Einheit erkennen, die hinter all der offenbaren Vielfalt liegt. Die Einheit ist die Grundlage und die Rechtfertigung, um alle zu lieben, ohne einen Wunsch nach eigenem Vorteil zu haben.

Aber die Inder haben so viel Zynismus und Verachtung ihrem Erbe gegenüber entwickelt, daß sie die Entdeckung der Veden und ihre Sammlung den krummen Plänen einiger Brahmanen zuschreiben. Die Moslems verehren den Koran als das Wort Gottes, die Christen verehren die Bibel als das Wort Gottes; aber die Inder behandeln ihre Schriften als unbedeutende Lehren daran interessierter Personen! Und sie weichen vom rechten Pfad ab und geraten in Not und Unzufriedenheit. Max Müller sagte, was man nicht in der indischen Kultur finden könne, das könne man auch nicht in anderen Ländern finden. Aber sobald die Inder englisch lernen oder irgendeine Fremdsprache, entwickeln sie soviel Ego, daß sie ihre eigene Kultur zu verachten beginnen und die Verhaltensweisen und Manierismen fremder Zivilisationen annehmen.

Gandhi sagte, „Mein Indien ist das Indien der Dörfer". Die gewonnene Freiheit und der angestrebte Wohlstand können nur dann sichergestellt werden, wenn die Dörfler frei sind und es ihnen gut geht. Und dies hängt wiederum von der Freiheit und dem Wohlstand einer jeden Familie des Dorfes ab. Jetzt gibt es keine Einheit, keine gegenseitige Zusammenarbeit, keine Liebe zwischen den vier oder fünf Brüdern der Familie;

unwillkürlich durchkreuzt jeder die Absichten der anderen. Wie kann da das Dorf Freiheit und Frieden und Wohlstand genießen? Und was ist erst von dem Land zu sagen, wenn die Lage der Dörfer so schlecht ist? Alle streben nach einflußreichen Positionen, ohne zu versuchen, sich durch die Erwerbung der notwendigen Qualifikation die Autorität zu verdienen, um sie richtig zu gebrauchen. Natürlich, wenn jemand gute Absichten hat, die rechte Tauglichkeit und die Schau des Göttlichen besitzt, kann er sehr wohl nach Autorität streben und auf richtige Weise anwenden. Aber selten sehen wir, daß jemand an seine Pflicht denkt; überall streben die Leute einflußreiche Positionen an.

Als Ergebnis dessen sind verschiedene Arten des Amtsmißbrauchs im Bereich der Erziehung eingetreten. Man muß Geld bezahlen, um an Schulen und Colleges zugelassen zu werden, man muß Geld bezahlen, um Auszeichnungen und Grade zu erhalten. Die Lehrer vermitteln nicht Geschmack, Stil, Haltung und Weltanschauung; es geht nur um Bücher und immer noch mehr Bücher. Häufig muß der Student sich diese von außerhalb der Erziehungsinstitution besorgen. Ferner mißt man der Information und ihrer Ansammlung übertriebenen Wert bei. Kein Versuch wird gemacht, um Transformation und Berichtigung von Gewohnheiten und Eigenschaften zu erzielen. Wie lernten die großen Künstler, die die Fresken von Ajanta erstellten oder die Tempel von Ellora meißelten, ihr Handwerk? Sie besuchten keine Schule; sie lernten es von den Lehrern, den Meistern des Kunsthandwerks, den inspirierten Künstlern.

Bücher können nicht zu wirklich guter Arbeit anleiten und inspirieren. Auch müssen die weltlichen Aspekte mit den spirituellen Aspekten in Harmonie gebracht werden, um ein vollkommenes Leben zu leben. Nur dann kann der Mensch genügend Selbstvertrauen haben und den Pfad der Imitation meiden. Geistiger Frieden kann nicht dadurch erlangt werden, daß man andere tadelt und eigener Verantwortung aus dem Wege geht.

Heute gründen wir dieses landwirtschaftliche Polytechnikum, damit jene, die hier studieren, nicht von anderen abhängen, die ihnen einen Job geben, sondern damit sie sich durch ihre eigenen Kenntnisse und Bemühungen ihren Lebensunterhalt verdienen können. Dies wird ebenfalls eine spirituelle Disziplin sein, und sie wird ihnen reichlich Gelegenheit zum Erlangen spirituellen Fortschritts geben. Die Studenten werden hier zur Zusammenarbeit mit anderen in produktiver Kooperation ermutigt.

Die fünf Finger der Hand müssen zusammenkommen, damit eine Sache fest angepackt werden kann. Heutzutage ernennt man, wie ihr wißt, für alle Arten von Arbeiten sogenannte Komitees, ein Komitee für Wasserversorgung, ein Komitee für Elektrizitätsversorgung usw. Aber sie arbeiten nicht reibungslos; es gibt Streit und Zwistigkeiten. Sie treffen sich zum Tee und beraten und beschließen nichts.

Gegenseitiger Respekt kann auf dem Glauben aufgebaut werden, daß alle Kinder Gottes und göttlich sind. Auf dieser Grundlage kann es dann Kooperation und Begeisterung für die Arbeit geben. Jeder wird dann sein Bestes geben, da er seine Pflicht und Verantwortung kennt.

Die Zukunft des Landes hängt von den Kenntnissen und der Ernsthaftigkeit der Jugend ab. Deshalb muß in der Jugend die nötige Begeisterung und Ermutigung erzeugt werden. All Meine Hoffnung ruht auf den Studenten, der Jugend. Sie sind Mir sehr lieb. Sie sind ohne Fehl; die Eltern und die Schule sind für die Launenhaftigkeit und die Gewalttätigkeit verantwortlich. Sie lenken sie in falsche Richtungen. Anstatt eure Köpfe mit Fakten und Zahlen zu belasten, solltet ihr eure Herzen mit Liebe und Licht füllen. Habt Vertrauen in die ungeheuren Kräfte des Atma, der eure Realität ist. Habt Vertrauen in Gottes Gnade, die ihr durch Gebet gewinnen könnt.

Wenn man betet und Mantren, Formeln oder solche Ausdrücke benutzt, muß man die wahre Bedeutung, die Wichtigkeit der Worte und ihren tieferen Sinn kennen. Ein Mann kannte z. B. nicht die volle Bedeutung des Wortes Shiva. Er dachte, das mit diesem Wort der Aspekt Gottes gemeint sei, von dem es heißt, daß er mit Frau und Familie in Kailas wohne. Er sagte mir, daß Shivokam „Ich bin Shiva" bedeute, und er war geschockt, als er gefragt wurde, „Was bedeutet dir dann Parvathi (Shivas Gemahlin)?"

Viele Leute üben Japa (Wiederholung des Namens Gottes) und singen Bhajans, aber sie sind sich nicht der Bedeutung und des Wertes der Worte bewußt, die sie mechanisch aussprechen. Die Älteren, die Mantren propagieren und sich als spirituelle Lehrer darstellen, kennen selbst nicht die innere Bedeutung dessen, was sie anderen empfehlen oder an ihre Schüler weitergeben. Shivoham bedeutet, daß ihr göttlich seid.

Der Mensch muß sich mit Arbeit befassen; er muß sie voller Glauben und Hingabe als eine Weihehandlung tun. Auf diese Weise wird er

Weisheit erlangen. Aber die heute vermittelte Erziehung führt ihn nicht in diese Richtung. Sie ist, so wie sie ist, eine sterile Instruktion. Ich hoffe, daß in diesem Politechnikum, dessen Grundstein ich jetzt lege, auch auf diese Punkte geachtet wird. Selbst wenn nur materielle Fächer gelehrt und gelernt werden, müssen die ganze Zeit auch moralische und spirituelle Prinzipien betont werden. Ich möchte, daß das Komitee, das die Verantwortung für diese Institution hat, die Ideale von Dienst, Liebe und Sadhana (geistige Disziplin), die Sanathana Dharma verkörpern, verbreitet. Selbst nur ein paar solcher Einrichtungen werden in unserem Lande ausreichen, um ein Beispiel und eine Anleitung für andere zu sein. Es ist nicht nötig, daß es ein College in jeder Stadt gibt. Wir haben nicht mehrere Hauptbefehlshaber; wir haben nur einen, obwohl es Millionen Soldaten gibt. Wenn dies eine College in Bombay auf ideale Weise geführt wird, kann es in der ganzen Bevölkerung der Stadt und selbst darüber hinaus die Ideale der Einheit des Menschen und des Wertes der Liebe verbreiten.

Wenn die Studenten, die hier in diesem College ausgebildet werden, in andere Bundesstaaten gehen, werden sie die Ideale, die sie hier aufgenommen haben, verbreiten. Die Rolle des Lehrers ist ebenfalls wichtig, denn wenn ein Schüler sich verschlechtert, wird nur er leiden. Wir müssen versuchen, in diesem College gute Lehrer für künftige ähnliche Colleges heranzubilden. Die Bürger von Bombay sollten sich bemühen, Erziehungseinrichtungen dieser Art sowie auch Einrichtungen, die der Gesundheit der Leute zugutekommen, zu fördern, damit das Land Frieden und Wohlstand haben kann.

Heute redet man viel davon, daß dieses Land keinen Frieden hat. Aber dies ist nicht richtig; denn Mangel an geistigem Frieden ist eine ausgesprochen individuelle Klage und Erscheinung. Dies Land hat sich überhaupt nicht verschlechtert! Es ist der Einzelne, der geheilt werden muß, die Gedanken und Gefühle müssen korrigiert und gereinigt werden. Einem einzelnen Menschen ist es nicht möglich, seine Ideen, seine Gewohnheiten, seine Haltung und Impulse zu verändern. Wir stellen z. B. fest, daß die Preise eines jeden Artikels himmelhoch steigen. Die Führer des Landes entwickeln verschiedene Pläne, um den Preis herabzubringen. Aber dies kann nur durch ein Mittel Erfolg haben: hebt man den Wert des Menschen an, so geht der Wert von allem anderen herab. Der Mensch wird jetzt zu einer Maschine abgewertet. Auch hat der Mensch selbst seinen Wert vergessen. Er erniedrigt sich zum Tier und erkennt nicht, daß in ihm

Göttlichkeit ist. Heute wird die Bequemlichkeit sehr hoch bewertet, aber der Mensch wird nicht hoch eingeschätzt.

Wenn der Mensch nach seinem wahren Wert eingeschätzt wird und als ein in dem Körper verborgener göttlicher Funken behandelt wird, dann wird er sich zu neuen Höhen des Erfolgs erheben und all das für das Leben Notwendige im Überfluß produzieren. Er wird nichts an sich reißen oder betrügen; er wird ein guter Arbeiter, ein reiner Mensch und ein aufrechter Sadhaka sein. Er wird die innere Schau entwickeln und erkennen, daß er nicht der Körper, die Sinne, der Geist oder selbst der Intellekt ist. Er wird voller Prema und Selbstvertrauen sein.

Es ist nicht gut für den Menschen, sich ständig mit erregenden Dingen zu befassen – mit erregender Nahrung, Gesprächen, Büchern, Filmen und Spielen. Sie sind rajasische Dinge, die den Geist stören und reizen. Auch ist es nicht gut, daß der Mensch sich mit Grausamkeit befaßt – grausamen Gedanken oder Handlungen.

Heute ist der Grundstein für dieses Landwirtschaft-College gelegt worden. Ich hoffe, daß hier bald ein schönes Gebäude entsteht. Ich hoffe, es wird keinen Geldmißbrauch durch verschwenderische Ausgaben geben. Ich hoffe, daß die Studenten, die in diesem College ausgebildet werden, zu effektiven Bauern werden, zu jungen Leuten voller Selbstvertrauen, die sich beim Erwerb ihres Lebensunterhaltes auf ihr eigenes Können, ihren Charakter und die eigene Kraft verlassen. Ich segne euch alle.

Bombay, 5. 1. 1975

Nicht zweimal, sondern dreimal!

Ihr habt alle teil an der Freude, anderen zu dienen, anderen nach euren Fähigkeiten und eurem Können Gutes zu tun. Es ist das Hauptziel der Sathya Sai Organisation – das müßt ihr euch immer vor Augen halten – dem Menschen zu helfen, die in ihm wohnende Göttlichkeit zu erkennen. Aber diese Göttlichkeit ist verborgen, sie ist verschleiert; sie ist einem selbst oder anderen nicht immer offenbar.

In der Schöpfung gibt es nichts vollkommen Schlechtes oder Gutes. Es gibt einige wenige, die keine Fehler begehen; es gibt einige wenige, die keine guten Taten vollbringen. Gut und schlecht, wohltätig und böswillig, konstruktiv und destruktiv, beides ist immer und überall gegenwärtig. Als Mitglieder des Verwaltungskomitees der Samithi-Einheiten und als Mitglieder des Seva Dal und des Mahila Vibhag seid ihr einzigartig, weil ihr eure Talente und eure Zeit dem Dienste anderer und letztlich der Förderung eurer eigenen besten Interessen gewidmet habt.

Zunächst möchte ich, daß ihr die blinde Imitation anderer Kulturen, anderer sozialer Systeme und anderer Ideale aufgebt. Diese Tendenz hat jetzt 99 von 100 Leuten in unserem Land erobert. Euer Betragen und Verhalten, eure Kleidung und Nahrung, euer Sport und eure Spiele, eure Methoden der Landwirtschaft und Industrie, eure Kunst und Architektur – alles ist von anderen Gesellschaften geborgt. Selbst eure Intelligenz folgt den Verfahren anderer kultureller Gruppen. Ihr führt ein Leben, das keine Wurzeln in der Vergangenheit hat; es wird durch diese anderen Zivilisationen geleitet und beherrscht.

Um dem Sog dieser fremden Attraktionen und materiellen Freuden zu entkommen, ist Glaube an Gott als eure innere Realität und als Quelle ungeheurer Macht erforderlich. Die Sathya Sai Organisation muß diese Wahrheit erkennen und ihr erneut Geltung verschaffen – daß der Atma die Realität eines jeden ist, ganz gleich, wie verschieden die körperliche Gestalt und geistige Verfassung eines jeden sein mögen. Wenn eine Lampe viele Lampen entzündet, leuchten alle mit gleichem Glanz. Das Param-Jyothi (der eine, höchste Glanz) ist der Ursprung und die Quelle all der Jivan-Jyothis (individuellen Lichter). Ekam eva adwithiyam: es gibt nur *Eines* ohne ein Zweites. Der gleiche Wind wird Brise, Wirbelwind, Sturm, Taifun, Hurrikan usw. genannt. Der gleiche Gott wird mit verschiedenen Namen benannt. Dies ist die eigentliche Grundlage unserer Kultur.

So ist es eure Pflicht, das Eine zu betonen, das Eine zu erfahren, in all dem, was ihr tut und sprecht. Meßt den Unterschieden in Religion, Sekte, Status oder Hautfarbe keine Bedeutung bei. Laßt jede eurer Taten von dem Gefühl der Einheit durchdringen. Nur jene, die dies tun, haben in dieser Organisation Platz; der Rest kann sich zurückziehen.

Ihr müßt die moralische Auffassung und das rechte Verhalten in diesem großen Land wiederherstellen. Das ist die Indien angemessene und angeborene Tradition. Seht dennoch nicht auf die Kulturen anderer Länder herab; versucht nicht, Fehler in anderen Kulturen zu finden und tadelt sie nicht. Die Bhagavad Gita weist euch an, „adwesta sarva bhuthanam", verurteilt oder haßt kein Wesen.

Ihr seid seit 7 oder 8 Jahren in dieser Organisation. Es ist Zeit für euch, euch selbst zu fragen, ob ihr aus Zwang oder aus eurem eigenen freien Willen dabei seid; ob ihr euer Bestmögliches gebt, mit aller Effektivität und Begeisterung. War die Arbeit auf Zurschaustellung ausgerichtet oder war sie echt? Ist euer Glauben an die Richtigkeit des Dienens in jeder eurer Taten enthalten?

Ich möchte euch sagen: wenn ihr mit eurem ganzen Herzen dient, wird das Ergebnis für euch Ananda (Seligkeit) sein. Halbherzige Arbeit wird euch nur oberflächliche Freude und Ruhm bringen. Denkt daran, daß der Gott, den ihr durch diese Arbeit ehrt, in eurem eigenen Herzen wohnt. Andere mögen sie sehen oder nicht; aber der allgegenwärtige Gott sieht und bemerkt alles, was ihr tut oder fühlt. Er mißt euch von allem, was ihr tut oder fühlt, die Folgen zu.

Es gab einst einen reichen Mann, der besaß eine Reismühle. Er hörte, wie ein Pandit erklärte, daß der Dienst, den Gott am meisten schätzt, das Verteilen von Nahrung an Hungrige ist. So entschloß er sich, den Armen seines Dorfes Nahrung zu geben. Aber er dachte nicht daran, die guten Reisarten für diesen Zweck zu gebrauchen. er meinte, jeder Reis sei gut genug für sie. So nahm er den Reis, der in seinem Hinterhof verrottete. Er dachte noch nicht einmal daran, die Würmer zu beseitigen, die ihn befallen hatten. Er kochte und teilte ihn an die hungrigen Armen aus, die ihn aßen und dadurch recht krank wurden. Seine Frau machte ihm Vorwürfe und sagte ihm, zehn Personen gute Nahrung zu geben wäre verdienstvoller als Hunderten schlechte Nahrung! Aber er war nicht dazu aufgelegt, auf diesen vernünftigen Ratschlag zu hören.

Die Frau faßte deshalb einen Plan für ihn. Sie legte ihm jeden Tag verrottete Nahrung voller Würmer auf den Teller. Als er ärgerlich wurde und sie tadelte, antwortete sie, „Der Pandit sagte, jeder müsse das Unrecht erleiden, das er anderen zugefügt habe. Du mußt in der anderen Welt verrottete Nahrung voller Würmer essen. Ich gebe sie dir jetzt schon zu essen, damit du dich daran gewöhnen kannst. Es wird dir helfen, die Konsequenzen deiner schlechten Tat zu verzehren." Da erkannte der Ehemann seine Schlechtigkeit; er bereute seine Fehler und lernte bessere Weisen, den Armen zu dienen.

Wenn ihr Patienten in einem Krankenhaus besucht, dient den

Patienten aus vollem Herzen, ernsthaft und in größtmöglichem Maße. Ich möchte euch sagen, daß die Dienstprogramme, die ihr in der Stadt Bombay unternommen habt, sehr gut durchgeführt werden. Sie können anderen nachfolgenden Städten als Vorbilder dienen.

Aber macht keinen Punkt, setzt nur ein Komma. Fahrt mit immer größerer Begeisterung fort und macht in allen Richtungen immer mehr Fortschritte. Dienen ist ein lebenslanges Programm, es kennt keine Rast und keinen Aufschub. Dieser Körper wurde euch gegeben, um seine Kraft und sein Geschick für den Dienst am Bruder Mensch zu gebrauchen. Dient dem Menschen, bis ihr Gott in allen Menschen seht; dann wird all euer Tun zur Weihehandlung erhoben.

Gott ist Liebe und kann durch Liebe erreicht und verwirklicht werden. Gott ist Wahrheit und kann durch Wahrheit erreicht und verwirklicht werden. Aber konzentriert ihr euch auf die Entwicklung von Liebe und Wahrheit?

Ich muß euch sagen, daß der Mahila Vibhag größeren Enthusiasmus und Liebe an seiner Arbeit – z. B. den Bala Vikas Klassen – zeigt als die Männer in den Samithis. Ich weiß, daß dies so ist, weil die Männer nicht soviel Zeit haben, sich den Samithi-Tätigkeiten zu widmen; aber sie können die zur Verfügung stehende Zeit auf heilige Weise und mit größerem Vorteil nutzen. Die Art von Seva (Dienst), den die Frauen in den Bala Vikas machen, ist sehr nützlich, denn das sichert unserem Lande eine gute Zukunft. Die Kinder werden auf sehr gute Weise ausgebildet. Diese Kinder werden die Last des Landes besser und intelligenter und mit mehr Hingabe zur Kultur und den Traditionen Bharaths tragen.

Erzählt den Kindern das, was sie nicht selbst durch Beobachtung lernen können, insbesondere die Geschichten des Ramayana, des Bhagavatha und des Mahabharatha. Erzählt ihnen auch Geschichten aus der Bibel, den buddhistischen Texten, dem Zend-Avesta und dem Koran. Daß ein Pferd vier Beine hat, ist eine Tatsache, die man das Kind nicht *lehren* muß; das kann es in einem Augenblick entdecken. Was das Kind nicht kennt, das sind die Geschichten und Verse, die unsere Kultur ausmachen.

Laßt euch nicht von dem abschrecken, was die Leute sagen, daß die Information und die Inspiration, die ihr gebt, eine zu große Last für den zarten Geist sei. Nur Erwachsene empfinden das Lernen neuer Fakten als eine Last. Das zarte Kindesalter ist die beste Zeit für diese Art der Unterweisung. Erzählt ihnen von der Wichtigkeit des OM und seiner

Bedeutung als Grundklang der gesamten Schöpfung. Es ist ein bedeutungsvoller symbolischer Klang; es ist etwas ganz anderes als der nutzlose Jargon, den die Kinder heute in der ersten Lektion der Schule lernen; Ba Ba, schwarzes Schaf! Ding Dong Glockenklang; die Mieze ist im Brunnen!

Die Mitglieder des Seva Dal müssen ihre Freizeit in Sathsang (guter Gesellschaft) und noch nicht einmal einen Moment mit unnützen Spielen verbringen. Nehmt einige gute Bücher und lest sie euren leseunkundigen Brüdern und Schwestern vor, verbreitet die Botschaft unserer Kultur unter all jenen, die keine Gelegenheit haben, sie kennenzulernen. Gebt diesen Dienst den Slumbewohnern, den Leuten, die in den Hütten und Dörfern wohnen. Die Stadtbewohner sind an dumme Comic-Strips und Romane gewöhnt, die ihr Gehirn vertrocknen lassen und in ihren Geist schlechte Gedanken einpflanzen. Aber die Armen in den Dörfern und Hütten werden euch willkommenheißen und den Geschichten vom Leben der Heiligen und der göttlichen Inkarnationen lauschen. Vermittelt diesen Leuten die heiligen Texte aller Religionen und das Leben von Heiligen aller Glaubensrichtungen. Denkt nicht, daß es eure Aufgabe ist, für Sai und Sathya Sais Reden und Seine Botschaft Propaganda zu machen. Das durch den Namen von Sathya Sai und Betonung der Botschaft auf Förderung von Göttlichkeit und Glauben an Gott. Schafft eine spirituelle Haltung, fördert spirituelle Disziplin. Es ist gleich, welchen Namen ihr benutzt oder auf welche Form sie sich konzentrieren. Führt sie durch irgendeinen Namen oder irgendeine Form auf den Pfad des Glaubens und des Sadhana (Übens).

Jetzt gerade dachten einige von euch, daß die Sonne den Platz, an dem Ich mich befinde, versengt, und ihr wolltet etwas tun, um es zu verhindern. Aber das geht vielen Leuten hier so, und ihr solltet nicht damit zufrieden sein, durch eine Maßnahme die Sonne daran zu hindern, einen einzelnen zu verletzen. Seva Dal muß sich um das Wohlergehen aller kümmern. In jedem ist der Atma. Dieser Körper ist für euch da, und all diese anderen sind auch Mein Körper.

Euer Prema (Liebe), eure Sraddha (Glaube), eure Bhakthi (Vertrauen und Hingabe) haben mich überzeugt, zweimal im Jahr nach Bombay zu kommen! Wenn ihr diese Tugenden noch mehr fördert, in noch größerem Umfange, werde ich nicht nur zweimal nach Bombay kommen, sondern dreimal im Jahr und euch Ananda geben. Ich segne euch für all euren Dienst und all die Liebe, die ihr miteinander teilt.

Bombay, 6. 1. 1975

Hütet euch, Eltern!

Jetzt, wo ich diese Versammlung sehe, das Marschlied höre und all die anderen Dinge erlebe, die ihr präsentiert, kann ich sagen, daß das, was heute Morgen geschah, nicht der Sonnenaufgang war, sondern der Aufgang von Ananda (Seligkeit). Die Leute sprechen vom Ruhm der indischen Vergangenheit; sie preisen endlos die Herrschaft Ramas oder, in jüngeren Zeiten, die von Asoka oder Krishna Deva Raya. Sie bemühen sich vergeblich, die Gegenwart in Begriffen der Vergangenheit einzuschätzen; sie schließen ihre Augen vor der traurigen Gegenwart und träumen von der Vergangenheit. Wenn die Kinder auf den rechten Pfad geführt werden und den Pfad entlang geleitet werden, den ihr jetzt geht, kann in diesem Land Rama Rajya wieder begründet werden.

Jedes Kind dieses Landes hat vier Schulden zu begleichen – Verehrung der Mutter, Respekt gegenüber dem Vater, Gehorsam gegenüber dem Lehrer und Anbetung Gottes. Neben diesen muß das Kind lernen, mit anderen Kindern und anderen Familien in Frieden und Liebe zu leben. Die Vorstellung, daß man für sich selbst leben kann und daß man sich nicht um die Wünsche und Schwächen anderer zu kümmern braucht, muß durch die Bala Vikas Gurus recht früh im Leben beseitigt werden. Ermutigt das Kind, Freude am Zusammensein zu entwickeln. Das wird den Kindern gefallen, und ihr sät den Samen sozialen Friedens. Der Same wird zu universalem Frieden und universaler Seligkeit heranwachsen.

Das Leben ist wie eine Bahnreise. Ihr jungen Kinder habt eine lange Reise vor euch; aber die Älteren werden recht bald aus dem Zug aussteigen. Ihr müßt lernen, eure Reise bequem und glücklich zu gestalten. Führt kein unnötiges Gepäck mit euch. Das würde die Reise mühselig machen. Beschäftigt euch nicht damit, Fehler bei anderen zu finden und sich mit ihnen zu streiten. Wünscht euch nicht, die besten Dinge nur für euch selbst zu haben. Teilt die guten Dinge, die euch gegeben werden, mit den anderen um euch. Ärger, Haß, Neid, Eifersucht, dies ist das schwere Gepäck, das ich euch bitte, nicht mit auf die Reise zu nehmen.

Ich muß den Älteren, den Eltern, die in großer Anzahl hier sind, ein paar Ratschläge geben. Gebt diesen Kindern kein schlechtes Beispiel, dem sie dann folgen werden. Wenn ihr wahrhaft seid, ruhig und gerecht bei Provokation und voller Liebe bei eurem Umgang mit anderen, werden auch diese Kinder in Sathya (Wahrheit), Dharma (Rechtschaffenheit), Santhi (Frieden) und Prema (Liebe) aufwachsen. Wenn ihr eurem Sohn sagt, wenn jemand anruft, solle er am Telefon antworten, Vater wäre nicht zu Hause, wo ihr doch in Wirklichkeit zu Hause seid, so sät ihr eine giftige Saat, die zu einem großen Baum wird. Ich möchte euch eine Geschichte erzählen, um die Gefahr solch kleiner Anfänge zu illustrieren. Eine Mutter trug ihren Sohn auf der Schulter, als sie auf den Markt ging. Eine Frau ging mit einem Korb voller Früchte an ihr vorbei: das Kind nahm eine Banane aus dem Korb und fing an, sie zu essen. Die Mutter bemerkte es, und als man ihr sagte, er habe die Frucht ganz geschickt aus dem Korb einer vorbeigehenden Verkäuferin geholt, lobte sie ihren Sohn wegen seiner Geschicklichkeit. Dies ließ das Kind mit kleinen Diebstählen und Taschendiebereien beginnen, und später, als herangewachsener Junge, beging er echten Einbruch und Raub. Während eines Raubes hat er sogar einen Mord begangen, und als er gefangen und eingesperrt wurde, drückte er den Wunsch aus, bevor er gehängt würde, möchte er seine Mutter sehen. Die weinende, klagende und verzweifelte Mutter wurde zu ihm gebracht. Sie schluchzte über das Schicksal ihres Sohnes. Der Sohn bat sie, dichter heranzukommen; plötzlich versuchte er, sie zu erwürgen, und die Wachen trennten sie voneinander. Der Sohn sagte, „Sie verdient die Bestrafung, denn sie hat mich in dieses Verderben gebracht. Hätte sie mich bestraft anstatt mich zu loben, als ich als zweijähriges Kind eine Banane stahl, wäre ich nicht auf diese schiefe Bahn geraten.“

Die Eltern geben schlechte Beispiele – sie sagen Falsches, nehmen an anderen Anstoß, spielen, trinken, werden gewalttätig, verletzen andere, gehen in Nachtclubs, Kinos und zu Trinkgelagen und zanken sich, wenn sie nach Mitternacht nach Hause kommen. Wie können Kinder, die an solch unwürdige Eindrücke gewöhnt sind, lernen, zu frischen, blühenden und duftenden Blumen des Sanathana-Gartens Indiens zu werden?

Viele solcher Eltern erlauben ihren Kindern nicht, die Bala-Vikas-Klassen zu besuchen oder zu Bhajans und Sathsangs (Versammlungen) zu gehen. Wenn die Kinder zu Hause um Erlaubnis dazu bitten, werden sie angeschrieen und ‚verrückt' genannt. Sie sagen, Religion und Gott seien nur für Müßiggänger oder alte, senile Leute, und daß dieser Weg sie nur zu Sanyas (Mönchstum) führe, was ein Unglück sei, das es zu vermeiden gelte! Sie kehren die eigentliche Lebensweise um. Die Eltern müssen sich selbst korrigieren, bevor sie versuchen, ihre Kinder zu korrigieren.

Kinder! Lernt die besten Lehren aller Glaubensrichtungen, setzt sie in die Praxis um. Singt den Namen Gottes mit eurem ganzen Sein. Nehmt die edlen Eigenschaften an, die diese Namen verkörpern. Reinigt euch selbst und reinigt die Welt. Das ist mein Segen.

Dharmakshetra, 6. 1. 1975

Narayana Seva

Nahrung zu geben ist die nobelste aller Gaben. Ihr habt heute die Speisung einer großen Anzahl von Menschen arrangiert und so den Namen dieses Dorfes gerechtfertigt. Die dem Menschen zugeteilten Lebensjahre sind sehr kurz; die Welt, in der er lebt, ist sehr weit; die Zeit dehnt sich weit dahinter und darüber hinaus aus. Das Wenige, was der Mensch hier zu tun hat, muß an dem Ort, der ihm zugewiesen, und in der Zeit, die ihm zugeteilt ist, schnell geschehen. Und der Mensch hat solch eine wunderbare Aufgabe vor sich. Er ist als Mensch gekommen, um sie zu erfüllen, und er hat all den Verdienst, den er während vieler vergangener Leben erworben hat, gegen diese menschliche Behausung eingetauscht. Die Aufgabe ist nichts Geringeres als die Manifestation der im Menschen verborgenen Göttlichkeit. Die leichteste und angenehmste Weise, um dies zu erfüllen, ist Seva – Dienst am Menschen, der im Geist der Hingabe wie eine Weihehandlung getan wird. Und in Dörfern wie diesem ist Seva eine wirksame und lohnende Disziplin. Und die Hungrigen zu speisen ist die beste Art von Seva. Der erste Schrit in dieser Disziplin ist die Nachbarschaftshilfe und Kooperation bei allen Seva-Aktivitäten. Dies wird dem gesamten Dorf Frieden, Sicherheit und Wohlstand sichern.

Ein eiziges Heim kann nicht ein Dorf ausmachen; es müssen sich viele zusammenfinden, die dann wie eine Familie leben, um ein Dorf auszumachen. Und für solch einen Dienst, wie ihr ihn tut, muß jede Heimstätte und jeder Bewohner Hand anlegen, um in dem gemeinsamen Unternehmen

Erfolg zu haben. Die körperliche Kraft, die Geldmittel, die Intelligenz aller müssen gemeinsam wirken, damit das Projekt zu einem Erfolg wird. Diese Girlande ist nicht aus einer einzigen Blume entstanden; viele Blumen mit verschiedensten Düften und Farben haben sich der Schnur entlanggereiht, um das gemeinsame Ziel zu erreichen, das Bild oder die Person zu schmücken. Kein Dorf kann sich absondern und sagen, ,,Dies ist nicht meine Arbeit; es ist die Verantwortung jenes Mannes oder dieser Gruppe."

Heutzutage machen sich in den Städten Verwirrung und Konflikte breit; sie haben keinen Frieden, bieten keine Sicherheit, keine Ruhe. Es herrscht Aufruhr, Angst, Furcht, Zwistigkeit und Mißtrauen. Nur in Dörfern wie dem euren gibt es ein wenig Ruhe; man findet auch ein Gefühl für Nachbarschaft, Toleranz und Wahrheit. Die Verderbnis des Charakters, die sich in den Städten ausbreitet, dringt auch schnell in die Dörfer ein. Die Dörfer sollten nicht der Versuchung der Nachahmung erliegen und so Unheil auf sich ziehen. Sie müssen die alten indischen Ideale von Einfachkeit und Aufrichtigkeit, von Dienst und spirituell ausgerichtetem Leben wertschätzen. Ihr müßt euch von Gier und Zorn, Neid und Stolz abwenden und in Freundschaft und im Geist der Brüderlichkeit leben. Dann wird Indien in Wohlstand und Glück leben. Ein jeder muß die Pflichten, die seine Rolle mit sich bringt, im Sinne einer Verehrungshandlung erfüllen.

Ich sehe, daß nur einige wenige junge und ältere Leute herumlaufen und die verschiedenen Aufgaben, die diese Funktionen mit sich bringen, anpacken. Dies ist in den meisten Dörfern so. Wenn sich nicht alle an den Kosten beteiligen, hat das Dorf nichts davon. Das Leben ist nicht nur zum Essen und Verdauen, zum Herumlaufen und Ausruhen gegeben worden, sondern zu einem viel größeren Zweck – zur Verwirklichung der Göttlichkeit in uns, in all dem, was um uns herum existiert und selbst jenseits all der Dinge, mit denen unsere Sinne Berührung haben. Solch ein Leben mit eitlen Zielen und Sinnesfreuden zu vergeuden, ist kein Kennzeichen einer intelligenten Person. Verdient euch Gottes Gnade, indem ihr den Armen und Schwachen, den Kranken und Behinderten, den Notleidenden und den Niedergeschlagenen helft. Lacht nicht über andere oder findet gar Freude daran, sie zu beschimpfen oder Geschichten, die sie herabsetzen, zu erzählen. Es gibt keine häßlichere Sünde als die Gefühle anderer zu verletzen. Der Mensch muß zwei Qualitäten entwickeln: Furcht vor Sünde und Hingabe an Gott.

Um Hingabe an Gott zu entwickeln, strebt immer danach, euch unter guten Menschen aufzuhalten, befaßt euch mit Namasmarana (Wiederholung des Namens Gottes); macht bei den Gruppen mit, die in den frühen Morgenstunden gemeinsam die Namen Gottes singen und geht mit ihnen durch die Straßen, erfüllt von der Freude, die dabei in eurem Herzen aufsteigt. Ihr habt in diesem Dorf ein paar Tempel, laßt sie aktiv und lebendig werden. Versammelt euch dort jeden Tag für eine Stunde und singt Bhajans. Warum wollt ihr Zeit vergeuden oder sogar dadurch besudeln, daß ihr schlecht über andere redet? Auge, Hand, Nase, Kopf, Magen, jedes sieht anders aus; ein jedes erledigt eine spezielle Aufgabe; jedes hat einen anderen Namen und eine andere Funktion. Aber sie dienen dem Interesse des einen Körpers, zu dem sie alle gehören. Sie arbeiten nicht gegeneinander, nicht wahr? So ist auch ein jeder von euch ein Glied des Körpers, der Dorf genannt wird. Tut eure Arbeit ohne zu murren; arbeitet in voller Kooperation mit allen. Nur dann kann das Dorf gesund und glücklich sein. Liebe, Liebe allein kann euch mit anderen und mit Gott, der die Verkörperung der Liebe ist, verbinden.

Ihr nennt das Geben von Nahrung Annadana, die Wohltätigkeit des Speisens. Aber niemand hat das Recht, etwas aus Wohltätigkeit zu geben, was von Gott gegeben wird, oder darüber stolz zu sein oder selbst zu fühlen, daß er etwas aus Wohltätigkeit gegeben hat. Gott gab den Regen, Gott ernährte die Saat und Gott ließ die Ernte reifen; welches Recht habt ihr, sie die eure zu nennen und sie aus Mildtätigkeit wegzugeben? Was ihr tut, ist nicht Dana; ihr erweist nur Gott Dankbarkeit; ihr heiligt das Getreide, das ihr geerntet habt, indem ihr die aus ihm bereitete Speise diesen Göttern (Narayana) in menschlicher Gestalt anbietet. Nennt es Narayana Seva! Das wird richtiger sein. Doch da ihr es mit Liebe und Bescheidenheit im Geiste göttlicher Verehrung tut, bin ich zu eurem Dorf gekommen, um euch zu segnen. Überlaßt nicht alle Verantwortung einem Komitee oder einer Gruppe von Begeisterten; schließt euch ihnen mit ganzem Herzen an und bietet an, die Last zu teilen. Ich möchte, daß ein jeder sich an diesem Narayana Seva beteiligt und daß es nicht, wie jetzt, einmal im Monat getan wird, sondern in noch kleineren Abständen.

Sure-Hunise-Dorf, 28. 1. 1975

‚Jugendführer' für die Jugend

Freude der Jugend! Lehrer der Jugend! Junge Menschen dieses Colleges! Wenn ihr tief in die Theorie und Praxis moderner Erziehungseinrichtungen hineinschaut und sie mit dem vergleicht, was wir von Theorie und Praxis der alten indischen Erziehungseinrichtungen wissen, werdet ihr über den großen Unterschied zwischen den beiden Systemen erschrocken sein. Die alten Schulen zielten zunächst auf Selbsterkenntnis und als Ergebnis dessen auf Wissen um die objektive Welt. Dies ist wirklich ein Zeichen eines gebildeten Menschen – die Bewußtheit seiner eigenen Realität. Wie kann ein Mensch gebildet genannt werden, wenn er nicht zwischen dem wirklich Realen und dem relativ Realen in sich wie der äußeren Welt unterscheidet?

Bei den Gebildeten finden wir keine Anzeichen von Selbsterkenntnis; noch sehen wir eine andere Eigenschaft, die wir von einem Menschen erwarten, nämlich die Eigenschaft des Mitleids, der Sympathie oder des Mitgefühls. Die ‚Nicht-Gebildeten' haben diese Eigenschaften eher als die ‚Gebildeten'! ‚Bildung' scheint die Herzen zu verhärten und die Gefühle von Mitleid und Pietät auszutrocknen. Viele Tierarten sind zart und sanft in ihrem Verhalten und ihrer Natur. Der Hirsch, der Elefant, die Kuh, das Pferd – sie leben von sathwischer (reiner) Nahrung und verhalten sich auf sathwische Weise; so werden sie vom Menschen verehrt und selbst angebetet. Tiger, Bären, Hyänen und andere wilde Tiere fürchtet der Mensch und treibt sie in die hintersten Winkel der Wälder. Das Wunder ist, daß der Mensch selbst die Wildheit, die Grausamkeit und die schreckenerregenden Eigenschaften dieser Bestien entwickelt und zur Schau stellt! Der Mensch preist sich selbst als Krone der Schöpfung; er behauptet, er habe in sich einen göttlichen Funken. Aber er ignoriert oder unterdrückt ihn und er ergötzt sich daran, die Eigenschaften der Raubtiere des Dschungels zur Schau zu stellen.

Stellt euch das Schicksal der Kühe vor, wenn ein Tiger an ihre Futterkrippe kommt. Können sie dem Überfall standhalten? So können auch die ‚Kühe' der Wahrheit, der Gerechtigkeit, des Friedens und der Liebe nicht im menschlichen Herzen leben, wenn die ‚Tiger', nämlich Gier, Ärger und Stolz, hereinkommen und Verwüstung anrichten. Heute ist das menschliche Herz (insbesondere die Herzen derjenigen, die gebildet sind) zu einem Tummelplatz wilder Wünsche und grausamer

Gewohnheiten geworden; Rajoguna (Gier, Drängen) hat die sathwischen Merkmale überwältigt.

Ein blinder Mensch kann die Nöte anderer nicht sehen; noch kann ein Stummer vom schmerzvollen Stöhnen eines anderen bewegt werden. Leiden zu sehen läßt das Herz weichwerden; Berichte über die Not drängen einen, zu Hilfe zu eilen. Aber die Erziehung, wie sie heute vermittelt wird, läßt die Menschen den Leiden anderer gegenüber indifferent werden, wirklich blind und taub. Die Dinge stehen noch schlimmer; denn die gebildeten Menschen und diejenigen, die jetzt eine Erziehung in Schulen und Colleges durchmachen, fügen anderen Schaden und Leid, Verlust und Wunden zu, und schwelgen in Gewalttätigkeiten und offensichtlich genießen sie es! Wenn man diesen Niedergang der Normen beobachtet, fängt man an zu zweifeln, ob dies Menschen sind oder wilde Tiere in menschlicher Haut.

Verkörperungen des göttlichen Atma; ihr seid dafür verantwortlich, die alte Kultur dieses Landes wertzuschätzen und zu entwickeln. Bharath ist das Land der Liebe, des Yoga und der spirituellen Suche, und der freudigen Aufopferung des niederen Selbst, um den Interessen des höheren Selbst zu dienen. Heutzutage aber leidet Bharath Mangel an all diesen wertvollen Eigenschaften. Gier, Ärger, Haß und andere häßliche Züge haben den Platz von Liebe, Brüderlichkeit und Mitgefühl eingenommen. Auch im Erziehungsbereich hat dieses Übel zugenommen. Die Erziehungseinrichtungen sind die Kinderstuben von Tradition, Treue zur Kultur und den Idealen des Dienstes an der Gesellschaft. Sie bilden die Jugend aus, damit sie von den Erfahrungen der früheren Generationen profitiert, und damit sie in der Schlacht um die Meisterung dieser und der nächsten Welt dem Sieg entgegengeht.

Deshalb wünsche ich, daß die Jugend des Landes vollen Nutzen aus diesen wertvollen Jahren auf dem College zieht, um die Kultur dieses großen Landes kennenzulernen und auszuüben, sie sollten diese entscheidende Zeit ihres Lebens nicht dadurch vergeuden, daß sie sich auf unnütze und wilde Abenteuer einlassen, die anderen Verlust und Schmerz zufügen. Die Studenten von heute sind die Lehrer der morgigen Colleges. Sie müssen das Schicksal dieses Landes durch Unterweisung und ihr Vorbild formen. Ihr könnt nicht lange jung bleiben. Jeden Tag kommt ihr dem Alter näher und näher, da ihr die Last auf euch nehmen müßt, einen Haushalt zu unterhalten, das Land zu verwalten. Wenn ihr heute daran

Gefallen findet, anderen Verlust und Schaden, Leiden und Schmerz zuzufügen, könnt ihr euch ganz gewiß später nicht beklagen, wenn ihr diesen gleichen Übeln aus den Händen der Jugend jener Tage ausgesetzt werdet.

Weisheit leuchtet wie ein Blitz zwischen den Wolken des inneren Himmels auf; man muß dem Leuchten voranhelfen und das Licht bewahren. Das ist das wahre Zeichen einer ‚gebildeten' Person. Glaubt nicht, daß die Meisterung vieler dicker Wälzer euch weise macht: Weisheit kann nur dort wachsen, wo Bescheidenheit herrscht. Sie gedeiht, wenn der Mensch sich vor Laster und Sünde fürchtet und sich auf das Göttliche in sich und allem anderen ausrichtet. Die Krise des Charakters, die die Wurzel all der Unruhen überall ist, ist als ein Ergebnis der Vernachlässigung dieses Aspektes in der Erziehung entstanden.

Ich möchte dies durch ein kleines Beispiel illustrieren. Die Universitäten legen die Regel fest, daß ein Student zu einem Grad berechtigt ist, wenn er von einem Fragebogen 30 von insgesamt 100 Punkten erlangt. Dies bedeutet, daß ihr die Auszeichnung, eine ‚gebildete Person' zu sein, bekommt, selbst wenn ihr 70 Fehler macht! Wenn ein derartiger Graduierter eine Arbeit auf der Basis der 70 Fehler (!), die er gemacht hat, bekommt, dann rutscht er durch den Zwang der Umstände leicht dazu ab, bei 100 Aufgaben, die er durchzuführen hat, 100 Fehler zu machen. Das Land leidet selbstverständlich darunter, und die Leute beklagen das Erziehungssystem. Die Erziehung schleppt sich langsam und halbherzig durch eine Reihe von Streiks und anderer Unterbrechungen, und so sind die Studenten selten in der Lage, ihre Hauptpflicht, das Studieren, zu erfüllen. Auch später, wenn sie verantwortungsvolle Beamte werden, neigen sie leicht dazu, die ihnen auf dieser Ebene vorrangig zugewiesene Pflicht zu vernachlässigen.

Solange ihr Studenten seid, müßt ihr spüren, daß Studieren eure erste und einzige Pflicht ist. Beobachtet nur, was außerhalb des Klassenzimmers geschieht; lauft nicht hinaus und laßt euch ablenken. Versucht, das Eine in dem Vielen zu erkennen; werdet körperlich, geistig und spirituell stark; nehmt so viel wie möglich die in der Vergangenheit angesammelte Weisheit in euch auf; entwickelt die Fertigkeiten, mit denen ihr der Gesellschaft dienen könnt. Das Herz voller Mitgefühl ist wahrhaft der Altar Gottes.

Wenn ihr diese Ideale vergeßt und Gier, Einbildung und Haß in euren

Herzen Wurzel schlagen laßt, erniedrigt ihr euch nur selbst auf die Ebene des Tierischen. Als ersten Schritt im Verlauf eurer Erziehung müßt ihr eure Eltern ehren und ihnen Dank und Liebe erweisen. Durch sie habt ihr diese wunderbare Gelegenheit eines Lebens auf Erden. Sie sind die Hüter der Kultur, die ersten Lehrer, die euch Tugend vermitteln. In diesem College werden euch ständig die alten Ideale der Wahrheit, Rechtschaffenheit, des Gleichmuts und der Liebe vor Augen geführt. Ich bin sicher, daß ihr sie in euch aufgenommen habt, und ich segne euch, damit ihr sie durch euer Beispiel überall dort verbreitet, wo ihr seid. Habt Mitleid in eurem Herzen mit den unglücklichen, ungebildeten, kranken oder leidenden Brüdern und Schwestern. Versucht euer Bestes, ihnen die Augen zu öffnen, ihre Krankheit zu heilen und ihre Not zu lindern. Dies ist die Botschaft, die ich euch am heutigen Tage geben möchte.

College-Tag, Brindavan, 23. 3. 1975

Ein Ratschlag für Suchende

Wenn jemand sagt, ihm seien Sai Babas Kräfte gegeben worden, dann eilen wir zu ihm. Sai Babas Kräfte sind derart, daß sie niemandem sonst gegeben werden. Niemand hat die Fähigkeit, von Sai Baba Kräfte zu nehmen, noch ist er fähig, sie jemand anderem zu geben. Sai Babas Kräfte werden nicht so gegeben, und ihr solltet euch durch solche Aussagen nicht beirren lassen. Die Kraft eines jeden ist in ihm selbst; es ist nicht möglich, solch eine Kraft jemand anderem zu geben. Wenn wir so einem schwachen Geist erlauben, uns zu beherrschen, wenn wir von Ort zu Ort laufen, wann bekommen wir dann Geistesstärke und Kontrolle über unseren eigenen Geist? Wir müssen in der Lage sein, *einem* Gedanken, *einem* Pfad zu folgen. Man braucht nicht nach spiritueller Kraft zu suchen, indem man in der Welt herumläuft und viel Geld dafür ausgibt. Bleibt in eurem eigenen Haus, entwickelt sie in euch selbst, diese spirituelle Kraft ist in *Euch!* Ihr braucht dafür nicht hier- und dorthin zu laufen. Gott ist nichts Äußerliches; Gott ist nicht außerhalb von euch; Gott ist in euch. Ihr seid kein Mensch, ihr seid selbst Gott. Ihr seid nicht eine Person, sondern drei: die, die ihr zu sein glaubt (physisch); die die andere glauben, daß ihr seid (geistig); und die, die ihr wirklich seid, ist Gott. Unterliegt nicht der Täuschung, daß Gott irgendwo ist und ihr Ihn suchen müßt. Gott ist in euch, und wenn ihr in der Lage seid, das zu erkennen, und wenn ihr in der Lage seid, die spirituelle Kraft aus euch heraus zu entwickeln, dann werdet ihr Gott sehen. Ihr geht auf dem Weg des weltlichen Bewußtseins; ihr nehmt nicht den Weg des Überbewußtseins. Wenn ihr den Weg des Überbewußtseins einschlagt, werdet ihr Verwirklichung finden, und ihr werdet in der Lage sein, die Wahrheit zu sehen.

Als erstes habt ihr Selbstvertrauen zu entwickeln. Leute, die ihrem eigenem Selbst nicht vertrauen, fangen an, herumzulaufen, zu schwanken und verschiedene Wege auszuprobieren. Wenn ihr euren Körper zu verschiedenen Orten führt und ziellos herumlauft, läuft auch der Geist von Ort zu Ort. Zuerst müßt ihr euren physischen Körper zügeln. Wenn der Körper sich die ganze Zeit bewegt, dann bewegt sich auch der Geist. Wenn ihr einen Behälter voller Wasser habt und der Behälter sich ständig bewegt, dann wird auch der Inhalt sich ständig bewegen. Wir sollten also in diesem Zusammenhang unseren Körper und unsere Glieder nicht ständig ziellos bewegen; dies ist ein sehr wesentlicher Teil unserer Meditationspraxis. Wir sollten ruhig sitzen, und der Körper sollte unbeweglich sein. Warum bitten wir die Leute, in der Meditation gerade und ruhig zu sitzen? Denn wenn der Körper gerade und ruhig ist, ist auch der Geist im Inneren gerade und ruhig. Wenn ihr euren Körper nicht beherrschen könnt, wie könnt ihr dann euren Geist beherrschen? Als *erstes* soll der Körper mittels beharrlicher Ruhestellung der Glieder und Körperorgane beherrscht werden. Die Ursache für einen unbeständigen Geist ist das ständige Wandern des physischen Körpers. So müßt ihr also als erstes von diesem ständigen Wandern des physischen Körpers ablassen.

Viele Leute denken, daß Konzentration das Gleiche ist wie Meditation, aber es gibt keine solche Verbindung zwischen Konzentration und Meditation. Konzentration ist etwas, das unterhalb der Sinne ist, wohingegen Meditation etwas oberhalb der Sinne ist. Aber viele haben den falschen Eindruck, daß Konzentration identisch ist mit Meditation, und so schlagen sie den falschen Pfad ein. Konzentration ist etwas, was wir unwillkürlich in unserem täglichen, normalen Routineleben benutzen. Schaut her, ich lese jetzt die Zeitung. Meine Augen sehen auf die Buchstaben. Meine Hand hält das Papier. Meine Intelligenz denkt jetzt. Der Geist denkt auch. Wenn so die Augen, die Hand, die Intelligenz und der Geist ihre Arbeit tun, und wenn die Handlungen von Geist, Intelligenz, Hand und Augen koordiniert sind, kann ich den Inhalt der Zeitung mitbekommen. Das bedeutet, wenn ich den in der Zeitung enthaltenen Stoff aufnehmen will, sind all diese aufgezählten Sinne konzentriert, sie sind alle koordiniert und arbeiten an der Zeitung.

Nicht nur dies. Wenn man einen Wagen fahren will, so kann man ihn doch erst durch die Straßen lenken, wenn man konzentriert ist. All die normalen Routinevorgänge wie Gehen, Sprechen, Lesen, Schreiben, Essen können wir nur mit Konzentration tun. Wenn solche Konzentration ein wesentlicher Bestandteil unseres täglichen Lebens ist, warum üben wir dann, um Konzentration zu erlangen? Was wir üben müssen ist etwas, was jenseits dieser normalen Sinne ist. Wir müssen uns von unterhalb der Sinne (dem Zustand der Konzentration) zu den Sinnen (der Mittelstellung, Kontemplation genannt) erheben; und von dort müssen wir uns über die Sinne erheben; dies wird Meditation genannt. Zwischen Konzentration und Meditation gibt es einen Grenzbereich, der beide betrifft, und das ist der Bereich der Kontemplation. In diesem Bereich der Kontemplation zu sein bedeutet, daß ihr euch von allen weltlichen Bindungen befreit. Wenn ihr alle weltlichen Bindungen – alle die routinemäßigen Bindungen an die Welt – abbrecht, dann werdet ihr den Bereich der Kontemplation betreten. Wenn ihr alle eure Bindungen vollständig abgebrochen habt, brecht ihr durch diesen Bereich der Kontemplation hindurch und ihr gelangt in den Bereich der Meditation.

Man kann diese Schritte auch so beschreiben: man beginnt mit Selbstvertrauen, gelangt zur Zufriedenheit mit sich selbst, dann zur Selbstaufopferung, und der letzte Schritt ist die Selbstverwirklichung. Der letzte Schritt, die Selbstverwirklichung, hängt von der Basis, dem Selbstvertrauen, ab. Ihr müßt deshalb zunächst Vertrauen in euer eigenes Selbst entwickeln. Wenn ihr, ohne Vertrauen in euch selbst zu haben oder zu entwickeln, die ganze Zeit von irgendeiner Kraft redet, die irgendjemand besitzt, und dann von einer noch anderen Kraft, die einem anderen eigen ist, und wenn ihr auf diese Weise ständig unterwegs und von der Kraft, die andere besitzen, abhängig seid, wann werdet ihr euch dann daranmachen, eine eigene Kraft und das Vertrauen in euer *eigenes* Selbst zu erwerben? Friede und Seligkeit sind in euch. Friede und Seligkeit sind in euch, sie sind nichts, was außerhalb von euch ist. Ihr mögt daran denken, in den Himalaya zu gehen, um Frieden zu erlangen. Ja, euer Körper mag in den Himalaya gehen, um Frieden zu erlangen, aber euer Geist bleibt in der Stadt zurück. Wie wollt ihr Frieden erlangen? Ihr habt euren Körper nach Indien gebracht; wenn ihr jedoch noch die gleichen Gewohnheiten habt, die ihr in Amerika habt, was nützt es da, den Körper nach Indien zu bringen? Der Körper ist nicht das Wesentliche. Die Transformation sollte sich in eurem Geist vollziehen, die Verwandlung sollte in eurem Geist geschehen. Viele Leute sammeln einen Berg von Informationen an, sie nehmen viele Informationen auf, aber sie nutzen sie nicht, um eine Transformation ihres eigenen Selbst zustandezubringen. Information ist nutzlos, aber die Transformation in euch ist wesentlich. Ihr könnt die Namen vieler Nahrungsmittel aufzählen. Aber stillt ihr so euren Hunger? Wenn ihr jedoch nur eine Sache wirklich eßt, wird euer Hunger gestillt. Wenn ihr deshalb in der Lage seid, anstatt über so viele Dinge zu sprechen und zu reden (all das ist nur Buchwissen), eins von den Dingen, über die ihr redet, in die Praxis umzusetzen, dann wird das von Nutzen sein.

Brindavan, Karfreitag, 28. 3. 1975

Gebt ihnen ihren Lohn

Es ist die heilige Pflicht jedes Sohnes und jeder Tochter dieses Landes Bharath, in das Herz jedes Kindes dieses Landes die Grundlektionen einzupflanzen, die die Begründer der Bharathiya-Kultur für wertvoll erachteten. Dies sollte das erste Gelübde sein, daß alle Eltern, jeder Lehrer und jede Person, die sich dem Dienst am menschlichen Wohl widmen, befolgen sollten. Denn die Bharathiya-Kultur ist das kostbare Erbe der gesamten Welt und jeder menschlichen Gemeinschaft. Die Lektion, daß der Atma oder das göttliche Prinzip, das in jedem enthalten ist, der eigentliche Kern des Universums und der höchste Herrscher des Kosmos ist, wird sicherlich die gesamte Menschheit vereinen und Frieden und Harmonie zwischen den Nationen sichern. Welchen Nutzen hat das Leben, wenn man die Wahrheit nicht kennt? Warum sollte man den Kindern diesen großen Schatz verweigern und wegsehen, wenn sie ein schales Leben führen? Ein jeder Mensch muß versuchen, seine eigene Wahrheit zu erkennen und sein Kind zu jener Bewußtheit zu führen.

Was heute geschieht, ist das genaue Gegenteil! Eltern, Lehrer und Führer fachen die Leidenschaften des jugendlichen Geistes an und ermutigen die Jugend zu Gewalttaten. Die gleichen Leute, die die Botschaft des Friedens predigen, die über die grundlegenden Prinzipien der Kindeserziehung sprechen, die auf Liebe, Harmonie und gegenseitiger Liebe herumreiten und an den Prinzipien sozialen Fortschritts herumdoktern, untergraben selbst diese Hoffnungen durch ihr Beispiel.

Die Bharathiya-Kultur betont, daß Bescheidenheit, Ernsthaftigkeit und Einheit das beste Mittel gegen solche emotionale Verirrung ist. Mehr als die Jagd nach luxuriösem Leben oder Komfort, nach Wohlstand und Macht, die alle schnellem Niedergang unterworfen sind, wird das Ideal des einfachen Lebens und erhabenen Denkens, wie es von den indischen Weisen aufgezeigt worden ist, zu glücklichem Leben und größerem sozialen Frieden führen.

Ihr habt bestimmt tief berührt die Theaterstücke angeschaut, die jetzt von den Kindern der Sathya Sai Bala Vikas aufgeführt worden sind. Die Stücke waren inspirierend und lehrreich; die Aufführung war ansprechend und attraktiv; die Bedeutung ist tief ins Herz der Kinder wie auch der Älteren, die die Stücke sahen, eingedrungen. Aber ich möchte euch sagen, daß dies nicht ausreicht. Zusammen mit den Bala Vikas müssen auch die Älteren Vikas erfahren und ein beispielhaftes Leben in Einfachheit und Ernsthaftigkeit, in stetiger sprituellen Disziplin führen. Die Kinder sind heutzutage eigensinnig und böse, da sie keine anderen Beispiele haben, denen sie folgen können. Lernt die Lektion über Pflicht, Hingabe und Disziplin von den Lippen dieser Kinder; laßt jedes Kind ein Sonnenstrahl im Heim sein, das Licht und Liebe verbreitet. Der Wunsch des Kindes, anderen Kindern und Behinderten der Umgebung zu helfen, möge euch eine Inspiration sein. Kinder sagen nicht etwas und tun dann das Gegenteil. Sie sind zu aufrichtig und unschuldig. Übernehmt nun diese Art von ihnen; denn die Älteren haben sich von diesem Ideal weit entfernt.

Die Zeichen stehen günstig. Der Ruf dieses Landes wird nicht abnehmen; er wird im Laufe der Zeit nur wachsen. Sehr bald wird Indien frei von Furcht sein und seine alte Stellung als Lehrer der Menschheit wiedererlangt haben.

Neu Delhi, 31. 3. 1975

Der mittlere Pfad

Der Mensch kann die Launen des Geistes, die durch ihr Schwanken und ihre Selbstgefälligkeit Enttäuschungen und Leid verursachen, durch beständiges und konsequentes Sadhana beherrschen. Ein Sprichwort in Telugu sagt, ,,Sadhana kann das, was unmöglich scheint, erreichen.“

Es ist nötig, daß einem das bösartige Spiel des Geistes bewußt wird. Er präsentiert der Aufmerksamkeit eine Quelle zeitlicher Freuden nach der anderen; er erlaubt euch keine Pause, um das Für und Wider abzuwägen. Wenn der Hunger nach Nahrung gestillt ist, hält er die Attraktionen des Films vors Auge, er erinnert das Ohr an den Reiz der Musik und macht die Zunge nach dem angenehmen Geschmack von irgendetwas wässrig, nach dem sie verlangt. Der Wunsch wird sehr bald der Drang zum Handeln, der Drang sammelt Kraft, und das Verlangen wird unkontrollierbar. Langsam wird die Last der Wünsche zu schwer, und der Mensch wird entmutigt und traurig. Trainiert den Geist dazu, sich wegen Führung und Inspiration an die Intelligenz zu wenden und nicht um der Abenteuer und Erfolge wegen an die Sinne zu richten. Dies läßt ihn zu einem Werkzeug werden, das eure Launen verringern und Zeit und Energie für wichtigere Dinge sparen kann.

Wenn Wünsche erfüllt sind, rufen sie neue Wünsche hervor; sind sie unerfüllt, führen sie zu weiteren Leben auf der Erde, um von dem Drang fort und zur Ruhe zu gelangen. Nur dadurch, daß man alle Handlungen Gott weiht und sie im Geist der Verehrung durchführt, kann man die Täuschung – den Wunsch – vernichten. Ihr überlaßt Ihm die Konsequenzen und hört somit auf, euch selbst an sie zu binden. Betrachtet jeden als Verkörperung des Göttlichen und verehrt so jeden, indem ihr ihm Liebe, Verständnis und Dienst erweist. Nur der Blinde wird gegenüber der schlimmen Lage eines anderen gleichgültig sein; nur der Taube wird vom Stöhnen anderer nicht berührt. In Wirklichkeit gibt es keine ‚anderen‘! Ihr seid alle ‚lebendige Zellen‘ des Körpers Gottes, und eine jede erfüllt ihre Funktion, um sich Seinem Willen entsprechend einzusetzen.

Die Freude, die man erlangt, wenn man die Freude eines anderen erregt, ist unvergleichlich. Euer Herz muß vor Mitleid schmelzen, wenn eure Augen einen anderen Menschen leiden sehen. Das ist das Zeichen eines sathwischen (reinen) Menschen. Der thamasische (dumpfe) Mensch wird gleichgültig bleiben; er ist zu stumpf, zu dumm, um betroffen zu sein.

Der rajasische (von Leidenschaft getriebene) Mensch wird hinzueilen, um denjenigen, der das Leid verursacht hat, zu bestrafen, und darüber kann er sogar vergessen, dem Betroffenen in seinem Elend beizustehen! Gefühlslosigkeit ist die eigentliche Ursache aller Grausamkeit, die in allen Ländern der Erde die göttliche Natur des Menschen unkenntlich macht.

Unter der Schirmherrschaft der Sathya Sai Seva Samithis gibt es Tausende von aktiven Bhajan Mandalis in der ganzen Welt. Sie halten ein- oder zweimal in der Woche ein Bhajan-Treffen für ungefähr eine Stunde ab und gehen danach auseinander. Sie besingen die Herrlichkeit Gottes mit Seinen verschiedenen Namen und Seinen verschiedenen Formen und freuen sich über dieses Erlebnis.

Der Zweck dieses lauten gemeinsamen Betens ist ein anderer als der der stillen, individuellen Gebete. Es ist ein gemeinsam unternommenes und gegenseitig hilfreiches Bestreben, oder ein Sadhana (Übung), um die sechs inneren Feinde des Menschen, Lust, Zorn, Gier, Bindung, Stolz und Haß zu überwinden. Diese Nachtvögel fallen in den Lebensbaum ein und beschmutzen das Herz, in dem sie ihre Nester bauen. Wenn wir die Herrlichkeit Gottes laut besingen, wird das Herz erleuchtet, und sie können kein Licht ertragen. Außerdem erschreckt sie die Stimme, die sich aus vielen Kehlen erhebt, und sie fliegen davon.

Es ist empfehlenswert für alle, dem mittleren Pfad zu folgen. ,,Athi Sarvathra Varjayet" ist ein sehr altes Axiom; es bedeutet, ,,Vermeide bei allem das Übermaß". Ihr müßt die Grenzen respektieren, die in den heiligen Texten aus der Erfahrung der alten Zeit gesetzt worden sind. Sie dienen als Damm, der der Wasserflut Einhalt gebietet; sie lenken die wilden Leidenschaften in harmlose Kanäle und bewahren euch vor dem Ruin. Selbstverständlich hat der Mensch elementare physische geistige und intellektuelle Bedürfnisse. Diese müssen bis zu einem gewissen Ausmaß befriedigt werden. Aber es besteht keine Notwendigkeit, sich selbst mit unerwünschter Nahrung, überflüssigen Möbeln und Häusern mit vielen Räumen zu überlasten. Luxus schwächt und versklavt.

Die Führer der Menschen müssen in dieser Hinsicht ein Beispiel setzen: denn normalerweise versuchen die Leute zu imitieren und nachzueifern. Beispiele sind wirksamer als Vorschriften. Ein Gramm Praxis hat mehr Wert als eine Tonne Predigt. Deshalb sage Ich, ,,Mein Leben ist Meine Botschaft". Ihr müßt euer Leben zu einem Beispiel des Ideals, das ihr predigt, umwandeln. Die Eltern müssen den Kindern gute Beispiele geben; die Lehrer müssen den Studenten gute Beispiele geben; die Führer müssen jenen gute Beispiele geben, von denen sie erwarten, daß sie ihnen folgen. Enthaltsamkeit zu predigen und Luxus zu praktizieren wird nur die eigene Leere enthüllen.

Die Eltern sprechen von Ehrlichkeit, aber sie lügen in Gegenwart der Kinder, und sie ermutigen sie selbst dazu, die Unwahrheit zu sagen. Der Vater bittet zu Hause das Kind, einem unwillkommenen Besucher zu sagen, er sei nicht zu Hause! Das Kind bekommt so vom Vater seine erste Lektion im Lügen. Man kann ihm keine Vorwürfe machen, wenn es zu einer Gefahr für die Gesellschaft heranwächst.

Der beste Weg, um glücklich zu werden, ist in der Tat, Gott zum Führer und Beschützer zu wählen. Dann wird Er aus dem eigenen Herzen führen und schützen. Der Kaiser Siwaji sandte einst einige Leute des Hofes mit einer großen Menge an Vorräten – Korn, Kleidung, Süßigkeiten und Gefäßen – zu seinem Lehrer Samartha Ramdas. Er fragte sie, „Für wen und weshalb habt ihr diese Dinge gebracht?“ Sie antworteten, „Für Euch. Ihr habt niemanden, der für euch sorgen könnte, und so hat Sivaji Maharaj all dies geschickt.“ Ramdas lachte und sagte, „Ich habe die Vorsehung selbst, die sich um mich kümmert; nur Gott hat niemanden, der sich um Ihn kümmert. Bittet Sivaji, diese Dinge Gott zu schicken.“

Es gibt heutzutage eine Welle der Angst, die sich über die ganze Welt verbreitet; sie entsteht aus dem Steigen der Preise, und man versucht verzweifelt, das Preisniveau zu senken. Die eigentliche Ursache für die Preissteigerung ist die Wertsenkung des Menschen. Der Mensch muß seine Unbezahlbarkeit erkennen; er sollte sich nicht als minderwertigen Dummkopf oder Klotz betrachten, der keinen höheren Zweck im Leben hat. Er sollte wissen, daß er der unzerstörbare, unbesiegbare Atma ist und daß der Körper nur das Fahrzeug für den Atma darstellt.

Ein jeder sollte alle anderen als eigene Verwandte betrachten, die den gleichen göttlichen Funken und die gleiche göttliche Natur besitzen. Dann wird es eine effektive Produktion geben, der Verbrauch wird sparsam und die Verteilung gerecht sein, und das Resultat wird Frieden und mehr Liebe sein. Jetzt fehlt es an Liebe, die in der angeborenen Göttlichkeit gründet, und so gibt es Ausbeutung, Betrug, Gier und Grausamkeit. Wenn der Mensch sich bewußt wird, daß alle Menschen ‚Zellen‘ des göttlichen Körpers sind, dann wird es keine ‚Abwertung‘ des Menschen mehr geben.

Der Mensch ist ein Diamant; aber jetzt wird er von anderen und von sich selbst wie ein Stück Glas behandelt!

Der Mensch kann sich nur dann über seine Mission auf Erden klarsein, wenn er sich selbst als göttlich erkennt und wenn er alle anderen als göttlich verehrt. Und der Mensch muß Gott in der Gestalt des Menschen verehren. Gott erscheint vor ihm als blinder Bettler, als Idiot, als Aussätziger, als Kind, als gebrechlicher alter Mensch, als Krimineller oder als Verrücker. Ihr müßt selbst durch diese Schleier hindurch die göttliche Verkörperung von Liebe, Kraft und Weisheit sehen, den Sai, und Ihm durch Seva dienen.

Gott kann nicht mit nur einem Namen und einer Form identifiziert werden. Er ist alle Namen und alle Formen. Alle Namen sind Sein; Alle Formen sind Sein. Eure Namen sind auch die Seinen, ihr seid Seine Form. Ihr erscheint als getrennte, individuelle Körper, weil das Auge, das sie sieht, nur Körper, die äußeren Hüllen, sucht. Wenn eure Schau klar und heilig wird, und wenn ihr sie mit dem atmischen Auge betrachtet, dem Auge, das hinter das Physische (mit all seinen Attributen und seinem Zubehör) dringt, dann werdet ihr die anderen als Wellen des Ozeans des Absoluten ehren, als die „tausend Köpfe, die tausend Augen, die tausend Füße“ der Höchsten Herrschenden Person, des im Rig-Veda besungenen ‚Purusha‘. Strebt danach, diese Schau zu erlangen und euch selbst mit dieser Seligkeit zu durchdringen.

Neu Delhi, 1. 4. 1975

Himachal

Menschen aus Himachal Pradesh! Lord Shiva wohnt, wie die Puranas sagen, im Himalaya. Die innere Bedeutung dieser Aussage ist: Lord Shiva wohnt in Herzen, die so rein, so weiß und so kühl wie der Schnee (Hima) und auch so fest und unerschütterlich (achal) wie diese Berge sind. Eure Umgebung lehrt euch deshalb eine Lektion, wann immer ihr sie betrachtet. Sie ermahnt euch, Notleidenden gegenüber rein, unbefleckt und trostreich und sowohl vom Glück wie vom Unglück unbewegt zu sein. Ihr seid in dieser Gegend als Ergebnis des Verdienstes geboren worden, den ihr in vielen früheren Leben erworben habt.

Der Mensch muß sich seiner eigenen Natur bewußt werden und in ihr verankert sein. Sonst verliert er das Recht auf seinen Namen. Wenn das Feuer nicht brennt oder das Wasser nicht fließt, können sie da auf ihren Namen bestehen? Echtheit besteht darin, daß man Seinem innersten Wesen treu bleibt.

Wahrheit ist die Natur des Menschen. Das heißt, ihr könnt euch darauf verlassen, daß das Verhalten des Menschen immer echt ist; er wird nur das aussprechen, was er ernstlich fühlt; er wird nach seinen Worten handeln; sein Denken, Sprechen und Handeln wird folgerichtig und einander ergänzend sein. Wenn in einem Falle diese Übereinstimmung fehlt, dann ist diese Person nur der äußeren Form nach ein Mensch. Er ist schlechter als ein Tier, denn Tiere sind frei von der Last des Denkens und Sprechens.

Alle Dinge der Schöpfung sind dem Gesetz der Veränderung unterworfen, auch der Mensch. Aber der Mensch sollte dieses Gesetz zum Fortschritt und nicht zum Abgleiten vom Maß gebrauchen. Dharma ist die Norm, an die er sich zu halten hat, damit er sich vom Guten zum Besseren verändert und vom Besseren zum Besten. Dharma ist das, was „getragen" wird; der Mensch muß die Kleidung des Dharma tragen, damit er vor dem kalten Wind des Ego geschützt ist. Der Mensch ist ausgestattet mit Buddhi oder Intelligenz, damit er bei jedem Schritt entscheiden kann, was gut ist zu befolgen und was schädlich ist. Als Gandhi einst durch eine Gegend ging, in der viel Haß herrschte, betete er, „Sabko san-matide Bhagwan!" (Oh Herr! Gib jedem eine gute Intelligenz!) Die Intelligenz muß scharf, klar und geradlinig sein.

Die Intelligenz kann den Menschen in vier Richtungen leiten: 1. Swartha-Sukha-Buddhi. Dies bezeichnet die ganz egoistische Natur, wo der Mensch sich nicht einmal um seine Frau und seine Kinder kümmert, sondern darauf bedacht ist, als erstes und einziges seine eigenen Bedürfnisse zu befriedigen. Dann haben wir 2. den Swartha-Parartha-Sukha-Buddhi. Dies erlaubt auch eine gewisse Berücksichtigung des Glückes anderer. Vögel füttern ihre Junge und unternehmen große Anstrengungen, um sie aufzuziehen. Die nächste Art ist 3. Parartha-Buddhi. Das sind jene, die sich ebenso um das Glück anderer kümmern wie um das eigene. Sie sind bereit, für andere alle Mühen auf sich zu nehmen, durch die nach ihrem Gefühl auch ihnen Glück beschieden sein wird. Das nächste ist 4. adhyatmische Intelligenz. Sie führt den Menschen auf den Weg des Verzichtes und des Dienens, denn sie allein führen zu spirituellem Fortschritt.

Jahrhundertelang war Indien der Führer und Guru der Menschheit, da die Menschen diese Art von spiritueller Intelligenz entwickelten. Heute hat sie Heuchelei, Falschheit, Ungerechtigkeit und Gier Platz gemacht. Die adhyatmische Intelligenz erkennt die Einheit der Schöpfung, und deshalb fühlt der Einzelne im gleichen Maße, was eine andere Person fühlt. Diese große Menschenversammlung wird der adhyatmsichen Intelligenz als eine Girlande vielfarbiger Blumen erscheinen, die auf einem einzigen Faden, Gott, aufgezogen sind. Entwickelt diese Schau; seht das Eine hinter dem Vielen; seht den Faden, den Brahmasutra, der durch jede Blume geht.

Wenn ihr Gottes Liebe gewinnt, wird Sein Mitgefühl euch zufließen. Liebe gibt und vergibt. Das Ego bekommt und vergißt. Wenn euer Sohn etwas Geld im Haus stiehlt, übergebt ihr ihn nicht der Polizei; aber wenn euer Diener einen Löffel stiehlt, dann habt ihr keine solchen Gewissensbisse. Denn für den Diener empfindet ihr keine Liebe.

Lebt ohne andere zu hassen, andere zu verurteilen und Fehler in anderen zu sehen. Vyasa, der achtzehn umfangreiche Puranas schrieb, faßte alle Puranas in einem einzigen kleinen Vers zusammen: „Anderen Gutes tun ist das einzig Lobenswerte. Schlechtes tun ist die häßlichste Sünde." Wenn ihr meint, daß ihr nichts Gutes tun könnt, tut wenigstens nichts Schlechtes. Das allein ist schon lobenswert! Versucht nicht, Unterschiede zu entdecken; entdeckt die Einheit. Glaubensrichtungen, Kasten, Herkunftsländer mögen verschieden sein, aber der innere Hunger ist bei allen Menschen gleich. Versteht den Zweck des Lebens – die Verkörperung der Liebe, nämlich Gott, durch Liebe kennenzulernen, und zeigt durch eure eigene Liebe, daß ihr Ihn kennt. Die Glieder des Körpers müssen mit dem einen Ziel zusammenarbeiten: den Körper zu erhalten und ihn für seine eigentliche Aufgabe in bester Verfassung zu halten. Wenn nur ein Glied mit dem anderen in Streit liegt oder sich weigert, zu kooperieren oder zu helfen, wird der gesamte Körper, einschließlich des widerspenstigen Gliedes, leiden. Wenn ihr einen Dorn auf der Straße liegen seht, weicht der Fuß aus; das Auge sieht, und sofort warnen gleichgestimmte Schwingungen den Fuß. Die Liebe und Kooperation zwischen Auge und Fuß kommen vom Atma im Innern, der seiner Natur nach Liebe ist. Euer Körper wird durch die Liebe heil und unversehrt erhalten. Möge das Land ebenso heil und unversehrt erhalten bleiben; hat es doch als Führer und Guru der Menschheit eine große Mission zu erfüllen.

Simla, 4. 4. 1975

Fünfunddreißig und fünfundsechzig

Indiens Zukunft liegt in euren Händen. Ihr seid euch der Eigenschaften dieses Kaliyugas, das wir durchmachen, voll bewußt. Um euch herum bemerkt ihr Ungerechtigkeit, Ausschweifungen, Unmoral und Unwahrheit mit all ihren teuflischen Attributen und Greueln. Aber trotz allem müssen wir mit einer ruhigen, toleranten und gütigen Haltung dem Leben gegenüber voranschreiten. Fast alle Bereiche und Berufe sind mit vergifteten Gefühlen besudelt, aber der Erziehungssektor, der der bedeutendste ist, bedarf unserer besonderen Aufmerksamkeit. Wir sollten zunächst genau untersuchen und erforschen, warum Eltern, Schüler oder Lehrer aktiv an diesen anti-akademischen Bewegungen teilnehmen. Der Hauptgrund für diesen Mißstand ist, daß der menschliche Geist von zwei teuflischen Makeln geplagt und beherrscht wird, nämlich Selbstsucht und Ehrgeiz. Diese Kräfte stehen dem Menschen bei der Verwirklichung der seine Menschlichkeit ausmachenden Werte im Wege. Es geziemt dem Menschen nicht, sein wertvolles Leben – das so kostbar wie ein Edelstein ist – gegen weltliche Wünsche und Bestrebungen einzutauschen, die so wertlos wie ein Stück Kohle sind. Der Mensch wird weder durch Taten noch durch Fortpflanzung oder Reichtum unsterblich. Was ihn unsterblich macht ist der Geist des Opfers. So sollten wir zum Nutzen der Gesellschaft und unserer Mitmenschen versuchen, unser Leben durch Verzicht auf persönliche Vorteile sinnvoll zu machen.

Wenn wir heute feststellen, daß die Trends der Erziehung in die Irre gehen und bei den Eltern und der Gesellschaft Angst hervorrufen, so müssen wir die alten Werte zurückholen, durch die allein eine Erziehung, die auf unserem kulturellen Erbe gründet, zu wirklicher Erziehung, zu

Atmavidya, dem Zustand der Selbstverwirklichung, führen kann. Jeder Inder muß die auf der vedischen Kultur basierende Kultur anerkennen. Ihr wißt, wie ruhelos und erregt die Jugend Indiens heute versucht, voller Stolz und ohne Fähigkeiten alles bloßzustellen und sich dadurch in sinnloses Tun verstrickt.

Der Student von heute ist nicht in der Lage, zu erkennen, womit er sich im wesentlichen zu beschäftigen hat. Nur dem Namen nach wird er ‚Vidyarthi', Wissenssucher genannt. In der Praxis ist er nur ein ‚Vishayarthi', jemand, der nach weltlichem Vergnügen strebt.

Es ist die Pflicht eines jeden Menschen, seine Eltern zu verstehen und zu respektieren. Ähnlich ist es die Pflicht eines jeden Staatsbürgers, sich mit dem historischen und kulturellen Hintergrund seiner Nation ganz vertraut zu machen, ihn wertzuschätzen und diese zwei Faktoren als Vater und Mutter zu betrachten. In der Tat ist jemand, der das historische und kulturelle Erbe seines Landes nicht kennt, wie ein Dummkopf, der seine Eltern nicht kennt. Wir müssen deshalb heutzutage manchen Fortschritt im Bereich der Erziehung machen, um mit dem allgemein stattfindenden Fortschritt Schritt zu halten. Aber wir kennen nicht einmal unsere eigenen großen Klassiker und Schriften wie das Ramayana, das Mahabharatha und die Bhagavad Gita.

Ein leitender Erziehungsbeamter inspizierte einmal eine Schule. Er bat den Lehrer, er möge von einem der Schüler erfragen, wer das Ramayana schrieb. Der Schüler antwortete ganz unschuldig, „Ich habe es nie geschrieben, Herr Lehrer; vielleicht haben Sie es geschrieben." Da fühlte der Lehrer sich in einer miserablen Klemme, wandte sich dem inspizierenden Beamten zu und versicherte ihm, er habe es auch nicht geschrieben, und versuchte herauszufinden, ob zufälligerweise der Beamte das Werk geschrieben habe. Der Erziehungsbeamte des Bezirks berichtete die Angelegenheit, um sicher zu gehen, dem Vizekanzler, der schließlich bemerkte, irgendein Brahmane müsse es geschrieben haben und wies den betreffenden Beamten an, die Sache auf sich beruhen zu lassen. Dies zeigt den bedauerlichen Zustand in unserem heutigen Erziehungssystem, wo Schüler, Lehrer, Inspektoren und Vizekanzler alle im gleichen Boot sitzen. Niemand kennt den Autor eines Werkes wie das Ramayana. Unter solchen Umständen haben wir kein Recht, uns selbst als gebildet zu bezeichnen. Wir vergeuden unsere wertvolle Zeit mit Imitation. Das Ergebnis der Erziehung ist Charakter, und das Ergebnis des Wissens ist Liebe.

Bildung ist nicht nur Buchwissen und das Bekanntwerden damit. Wenn wir uns auf Kosten der praktischen Anwendung auf das Buchwissen konzentrieren, werden wir den Ruf der Erziehung schädigen. In alten Zeiten erlaubte man nur jenen, die hundert Prozent der Punkte erlangten, einen Test zu bestehen, aber heute reichen 35 von 100 aus, um ein Examen zu bestehen. Dies bedeutet, daß man einem Studenten erlaubt, bei 100 Punkten 65 Fehler zu machen. Wenn ein Student 65 Prozent Fehler machen kann, obwohl er die volle Zeit und Energie zur Verfügung hat, gibt es keinen Grund, weshalb einem Erwachsenen nicht eine Quote von 100 Prozent an Fehlern erlaubt wird. Es ist deshalb die Pflicht eines jeden Studenten, in seinem Wissen 100 prozentige Perfektion zu erlangen. Wenn er dies als Student nicht erreicht, obwohl er den Vorteil seines Alters und seiner Energie hat, wird er nie in der Lage sein, seiner Arbeit gerecht zu werden, wenn er seinen Beruf annimmt und sich falsche Vorstellungen von Ansehen und Würde macht.

Bildung sollte den Menschen bescheiden machen und ihn dadurch qualifizieren. Die Qualifikation verhilft ihm zu dem notwendigen materiellen Wohlstand, der es ihm dann ermöglicht, sich in Wohltätigkeit zu üben. Seine Wohltätigkeit läßt ihn sowohl in dieser wie in einer höheren Welt glücklich sein.

Wir denken heute an unsere Rechte und Verantwortungen. Auf der einen Seite haben wir individuelle Freiheit und Grundrechte, und auf der anderen haben wir Verantwortung und haben unsere Pflichten zu erfüllen. Wir sind selbstverständlich im gleichen Maße um unsere individuelle Freiheit besorgt. Wir sollten unseren sozialen Verpflichtungen gerecht werden und dem Ruf unseres Landes und seiner Kultur Geltung verschaffen. Die heutigen Colleges beachten diesen kulturellen Aspekt nicht genügend. Es wurde deshalb nötig, Sathya Sai Colleges zu errichten, die dem besondere Aufmerksamkeit widmen, obwohl es Tausende und Millionen von Colleges auf der gesamten Welt gibt. Ein Sathya Sai College zielt nicht darauf ab, Graduierte hervorzubringen, die ihre Grade wie eine Bettelschale von Tür zu Tür tragen und um eine Arbeit betteln. Diese Colleges werden errichtet, um den Sinn für Selbstverantwortung und den Geist des Dienstes an der Gesellschaft und der gesamten Menschheit zu fördern. Der Mensch kann nicht isoliert wie ein Tropfen Öl auf dem Wasser leben. Er ist ein Produkt der Gesellschaft. Er muß in ihr leben, mit ihr wachsen und für sie arbeiten. Es heißt, daß die menschliche Geburt selten ist und dem Tierreich nicht leicht gewährt wird.

Wir, die wir das Meer des Samsara (der Kette von Geburt und Tod) überqueren, müssen durch Bhagavathintana (Meditation über Gott) die Kunst des Schwimmens lernen. So gelehrt wir auch sein mögen, wenn wir dies nicht gelernt und entwickelt haben, müssen wir untergehen. Das Leben ist ein Boot, das uns ermöglicht, das Meer des Samsara mit Hilfe der Meditation über Gott zu überqueren.

Ein Land benötigt ein Ideal, so wie ein menschlicher Körper Kraft benötigt. Der Körper ist eine Versammlung verschiedener Organe. Kein einziges Organ kann einen Körper ausmachen. Wenn die verschiedenen Organe voneinander getrennt werden, wird der menschliche Körper geschwächt und verliert sogar seine Existenz. Wenn ähnlich eine Nation sich in verschiedene Teile aufspaltet, wird sie aufgelöst. Es mag verschiedene Staaten innerhalb einer Nation geben, aber im ganzen Land sollte das Gefühl bestehen, ‚eine Nation' zu sein. Wir sollten die Gewohnheit entwickeln, Einheit in der Vielfalt zu sehen und nicht Vielfalt in der göttlichen Einheit. Gott ist überall und in jedem. Das gesamte Universum ist von Ihm bewohnt. Man sollte Gott in jedem Ding erkennen. Diese Ideale finden wir in unseren Schriften. Es gibt verschiedenfarbige Glühbirnen und ihre Stromspannung ist ebenfalls verschieden. Aber gleich welche Farbe und Spannung, der in ihnen fließende Strom ist der gleiche. Diese Art des Denkens ist für unsere Kultur heutzutage von größter Wichtigkeit. Wir respektieren unseren Vater und unsere Mutter als Gott. Nur wenn wir unsere Eltern so respektieren, können wir von unseren Kindern erwarten, daß sie uns respektieren. Bei allen Dingen der Welt gibt es Reaktion, Reflexion, Widerhall. Die jungen Mädchen, die heute in diesem College studieren, werden die Mütter von morgen sein. Es ist deshalb wesentlich, daß sie sich mit all der Kultur, dem Wissen und der Weisheit ausrüsten, die sie in ihrem zukünftigen Leben benötigen. In Indien weisen wir den Frauen einen besonderen Platz zu. Es ist deshalb umso wichtiger, daß die Mädchen, die hier studieren, sich auf eine solche Weise ausbilden, daß sie die Ideale und Ziele einer indischen Frau erfüllen können. Wir betrachten die Frauen als Grihalakshmi (Göttin des Wohlstands), Dharmapatni (Gefährtin auf dem Weg zur Befreiung) usw. Eine Frau muß ihr Haus führen. Sie ist nicht nur Hausfrau, sondern von ihr hängt der Ruhm und alles andere des gesamten Landes ab. Deshalb sagen wir, daß dies unser Mutterland ist. In diesem Geiste nennen wir unser Land Bharatamata. Wir stellen ebenfalls fest, daß die Frauen den ersten Platz bekommen, wenn sie mit ihrem Partner verbunden werden wie in Sita-Rama, Lakshmi-Narayana, Radha-Krishna und Parvathi-Parameshwara. Nur um die in unserem Lande den Frauen gegebene Vorrangstellung zu festigen und unsere jungen Mädchen dementsprechend auszubilden, haben wir die Aufgaben übernommen, solche Colleges zu eröffnen. Ich erwarte von den jungen Mädchen, die in diesem College studieren, daß sie gute Eigenschaften entwickeln, die ihrem Geburtshaus und auch dem Haus, in das sie nach ihrer Hochzeit aufgenommen werden, zu gutem Namen und Ruf verhelfen. Die schlechten Gewohnheiten und das vulgäre Verhalten, die wir bei den meisten heutigen jungen Mädchen finden, sollte bei den Mädchen dieses Colleges keinen Platz haben. Die Mädchen eines Sathya Sai Colleges sollten die Ideale der Institution hochhalten und auf den Ruf ihrer Familie, ihrer Gesellschaft und ihrer Kultur achten. Nur dann wird der Zweck eines solchen Colleges erfüllt.

Jaipur, 10. 4. 1975

Ramayana für Jedermann

Das Ramayana ist ein Reiseführer, ein heiliger Text, eine inspirierende Schrift für jedermann, in allen Ländern, zu allen Zeiten, was auch sein Glauben oder sein Stand sein mag. Denn es verleiht Ausgewogenheit, Gleichgewicht, Gleichmut, innere Stärke und Frieden. Frieden ist der beste Schatz, ohne den Macht, Autorität, Ruf und Glück eine öde Last sind. Thyagaraja sang, daß es ohne inneren Frieden kein Glück geben kann.

Um sich diesen Frieden zu verdienen und um unerschütterlich in ihm gegründet zu sein, muß der Mensch Abhyasa (ständige Übung) und Vairagyam (vollkommene Loslösung) erlangen. Von Geburt bis zum Tod ist der Mensch Sklave von Verhalten und Gewohnheiten. Man muß diese untersuchen und sich immer mehr auf jene verlassen, die einen zu subjektiver Freude anstatt zu objektivem Vergnügen führen. Subjektive Freude kann durch Harmonie im Heim erlangt werden, durch gegenseitige

Zusammenarbeit unter den Mitgliedern der Familie und Gemeinde, durch Dienst am Nächsten und durch Sorge um Wohlergehen und Wohlstand der Gesellschaft, in der man lebt.

Das Ramayana zeigt die Ideale auf, denen Vater, Sohn, Mutter, Bruder, Freund, Diener, Meister, Lehrer und Schüler usw. zu folgen haben. Ein Heim voller Glück ist die Grundzelle des nationalen Organismus. Es schafft eine glückliche Welt, denn die Menschheit ist eine Familie, und wenn eine Einheit traurig ist oder im Elend kämpft, wie kann da der Rest sicher und zufrieden sein?

Vairagyam oder Loslösung bedeutet nicht Verzicht auf Familienbande und Flucht in die Einsamkeit des Dschungels. Die Aufgabe des Gefühls, daß die Dinge dauerhaft sind und höchste Freude vermitteln können, ist damit gemeint. Der Geist spielt dem Menschen Streiche, indem er glaubt, daß manche Dinge gut und manche schlecht, manche ewig und manche vergänglich sind. Ihr mögt einen Teller voller wohlschmeckender Sachen zum Essen vor euch haben, und sie mögen fein und appetitlich aussehen, aber wenn der Koch sagt, eine Eidechse sei in den Topf auf dem Herd gefallen und lebendig mitgekocht worden, wird der ganze Reiz des Essens im Nu verschwunden sein! Es gibt kein Ding ohne Fehler oder Makel; es gibt keine Freude, die nicht mit Schmerz vermischt ist; es gibt keine Handlung, die nicht von Egoismus befleckt ist. Seid deshalb gewarnt und entwickelt die Loslösung, die euch vor Kummer bewahren wird.

Das Ramayana vermittelt diese weise, echte und wertvolle Loslösung oder Thyaga. Rama geht voller Freude in den Wald als Exil in dem Moment, da er weiß, daß der Wunsch seines Vaters war, daß er dies tun solle; und bedenkt: er sollte gerade in dem Augenblick von der gleichen Person zum Herrscher gekrönt werden, die ihm befahl, ins Exil zu gehen. Während im Ramayana jene, deren Anspruch auf Macht zu Recht besteht, auf ihre Autoritätspositionen verzichten, sehen wir heute, daß Personen ohne Macht nach Autoritätspositionen verlangen! Pflicht ist Gott; das ist die Lektion, die das Ramayana lehrt. Das Wort Pflicht wird gebraucht, um die Methoden aufzuzeigen, die man bei der Ausübung seiner Autorität anwendet. Nein. Pflicht ist die Verantwortung, die ihr an Respekt und Verehrung anderen gegenüber habt, um ihnen auf bestmögliche Weise zu dienen. Ihr behauptet, das Recht zu haben, im Gehen euren Wanderstab um euch herumzuschwenken; aber der Mensch hinter euch hat die gleiche Freiheit wie ihr, die Straße zu benutzen. Eure Freiheit so zum Ausdruck zu bringen, daß sie die Freiheit anderer nicht begrenzt oder behindert – das ist die Pflicht, die zur Verehrung wird.

Als Rama, Sita und Lakshmana das Ufer des Ganges erreichten, konnte Sumanthra, der greise Minister des Hofes, der sie soweit im königlichen Wagen begleitet hatte, ihnen nicht weiter folgen; es war seine Pflicht, in die Hauptstadt zurückzukehren. So kehrte er mit Tränen in den Augen um; Guha ruderte sie über den Fluß. Sie gingen in den Wald und fingen an, in einer Reihe hintereinander in den dichten Dschungel einzudringen, Rama, Sita in der Mitte und Lakshmana zum Schluß. Bald erreichten sie die Einsiedelei Valmikis. Als der Weise herauskam, um sie willkommen zu heißen, bat ihn Rama, Ihm einen Platz zum Lagern anzuweisen. Valmiki sagte, ,,Wir Weisen wohnen in Dir; Du wohnst in uns. Wo sonst könnte ich Dich zu wohnen bitten? Obwohl Du diese menschliche Form angenommen hast, verrätst Du Dich doch selbst durch die Schönheit, die in Dir erstrahlt.“

Ramas Schönheit war die Schönheit inneren Friedens, der Glanz, der einen erfüllt, wenn man sich des Lebens im Dharma (Rechtschaffenheit) bewußt ist. Das Ramayana lehrt uns ebenfalls die Notwendigkeit, die falsche Identifikation mit dem Körper aufzugeben. Als Rama Tara über dem Leichnam Valis weinen sah, gab Er ihr eine Lektion über das Dahinschwinden des Körpers und über die Torheit, die Person mit dem Fahrzeug gleichzusetzen, das sie für ihre Reise zur Göttlichkeit benutzt.

Wenn der Wunsch nach dem Vergänglichen den Menschen überkommt, geht er seinem Verderben entgegen; er entfernt sich von seinem Ziel. Betrachtet Sita. Sie verzichtete auf alles, von dem sie dachte, es würde ihr in den Palästen ihres Vaters und Schwiegervaters Bequemlichkeit bereiten, und zog es vor, Rama in die Wälder zu folgen. So gewann sie die Nähe und Gegenwart des Herrn. Aber, ob weh, als sie die falsche Form des goldenen Hirschen sah, hatte sie danach Verlangen und sandte Rama wie auch Lakshmana nach ihm aus, damit sie ihn streicheln und füttern und als Haustier haben könnte. Was war das Ergebnis dieses fatalen Wunsches? Sie wurde gezwungen, weit weg vom Herrn zu leben und sich in großen Seelenqualen nach Ihm zu sehnen.

Wenn Rama im Herzen wohnt, wird euch alles übrige hinzugegeben – Ruhm, Glück, Freiheit, Fülle. Hanuman war nur ein Affenführer, bis er Rama traf; er war ein Minister am Hofe seines Meisters. Aber als Rama ihm den Auftrag gab, Sita zu suchen, und ihn lossandte, das heißt, als

Rama als Führer und Schützer in seinem Herzen wohnte, wurde Hanuman als der ideale Gott Hingegebene unsterblich.

Das Ramayana hat eine tiefe Grundströmung von höchster Bedeutung. Dasaratha bedeutet: der, ‚der, der in einem zehnspännigen Wagen fährt', das bedeutet *Mensch*. Er ist durch die drei Gunas oder die drei Frauen, wie im Ramayana, gebunden. Er hat vier Söhne, die Purusharthas (Ziele des Lebens): Dharma – Rechtschaffenheit (Rama), Artha – Wohlstand (Lakshmana), Kama – Verlangen (Bharatha) und Moksha – Befreiung (Satrughna). Diese vier Ziele des Menschen müssen ganz systematisch verwirklicht werden, wobei das letzte, Moksha, immer im Auge zu behalten ist. Lakshmana stellt die Buddhi oder Intellekt dar, und Sita ist Wahrheit. Hanuman ist der Geist, und er ist, wenn er kontrolliert und geschult wird, ein Behältnis des Mutes. Sugriva, Hanumans Meister, ist die Unterscheidungskraft. Mit ihrer Hilfe sucht Rama die Wahrheit und hat Erfolg dabei. Das ist die Lektion des Epos für einen jeden Menschen.

Die Kultur dieses Landes beruht auf den hohen Idealen der Rechtschaffenheit, wie sie im Ramayana und Mahabharatha enthalten sind; und in beiden hat Gott die Menschheit in menschlichem Gewand geführt. Es gibt eine Geschichte über Alexander den Großen, die den Ruhm der indischen Kultur illustriert. Es scheint, daß Alexander in Indien des öfteren inkognito in die um sein Lager gelegenen Dörfer ging, um die Sitten und Gewohnheiten dieses merkwürdigen neuen Landes kennenzulernen, in das das Schicksal ihn geführt hatte. Eines Tages traf er einen Mann, der einen anderen bat, einen Topf mit Gold anzunehmen, den der andere sich selbst anzusehen weigerte! Er fand heraus, daß der Topf mit dem Gold im Boden des Ackers gefunden worden war, den der Mann von jenem gekauft hatte, der sich weigerte, ihn anzunehmen. Der Käufer argumentierte, er habe nur das Land gekauft und habe deshalb kein Recht auf den Goldtopf; der Verkäufer sagte, er habe kein Recht mehr auf irgendetwas, was auf oder in dem Platz gefunden wurde, den er verkauft hatte. Alexander beobachtete diesen Streit für eine Weile; beide gaben nicht nach. Schließlich wurden die Dorfältesten geholt, um den Fall zu entscheiden. Und wie Alexander sah, fand man einen glücklichen Ausweg: der Sohn des Käufers solle die Tochter des Verkäufers heiraten, und der Goldtopf solle der Braut als Mitgift gegeben werden! Alexander war beglückt über die Höhe, zu der sich menschliche Tugend erheben kann. Er war aber auch beschämt wegen seines eigenen waghalsigen Ehrgeizes, der ihn das Eigentum anderer mit Waffengewalt erobern ließ. Die der alten indischen Kultur zugrundeliegenden Ideale müssen zumindest von jedem Inder studiert und praktiziert werden, damit die Welt aus den großen Beispielen, die diese zu bieten hat, Nutzen ziehen kann.

Heute, da ihr Ramas Geburt feiert, müßt ihr euer Handeln diesen im Leben Ramas dargelegten Idealen widmen. Die Tatsache, daß ihr heute lebt, ist ein Segen, denn ihr könnt diese Ideale und ebenfalls die Mittel kennenlernen, durch die ihr sie im täglichen Leben verwirklichen könnt. Es gibt viele, die viel Zeit damit verbringen, den Namen Ramas mechanisch zu wiederholen oder das Rmayana nach einem festen Zeitplan lesen oder die als tägliches Ritual mit Pomp und Pedanterie die Bilder von Rama, Sita, Lakshmana und Hanuman verehren. Aber so wie ein Mensch, der einen Fuß vorsetzt, um ihn gleich wieder zurückzuziehen, machen diese Leute überhaupt keinen Fortschritt, obwohl Jahre darüber vergehen. Ohne Reinheit im Denken und Planen zu erlangen, sowie Mitgefühl und dem Drang zu dienen, sind diese äußeren Ausdrucksformen und Zurschaustellungen nur Methoden, um die Gesellschaft, die euch als große Gottverehrer Beifall spendet, zu betrügen. Eure Sicht muß zur Einsicht werden; sie muß nach innen gewendet und zur Reinigung und Klärung benutzt werden.

Die Leute reden gewandt von Sakshatkara, der befreienden Schau. Der Seher und das Gesehene müssen miteinander verschmelzen und Eins werden und als das *Eine* ohne ein Zweites erfahren werden. Das ist der Sakshatkara (Wahrnehmung), der Wert hat. Ihr mögt eine Frucht haben. Ihr mögt die Frucht des Tapas in eurer Hand halten. Aber solange ihr sie nicht eßt, sie verdaut und sie zu einem Teil eurer eigenen Natur macht und daraus Kraft bezieht, seid ihr keineswegs gerettet. Geht in das Göttliche ein, das ihr in Wirklichkeit seid; das ist die Vollendung.

Um dieses Ziel zu erreichen, müßt ihr weit gehen. Untersucht zuerst euer geistiges Rüstzeug; findet seine Mängel heraus, z. B. ob es durch Egoismus, Gier, Heuchelei, Launenhaftigkeit und Faulheit beschädigt ist. Denn es ist schwierig, sich mit diesen Fehlern in Gedanken auf Gott zu konzentrieren, sei es im Inneren oder im Äußeren. Ihr müßt ebenfalls die vollkommene Eigenschaft der Liebe (Prema) entwickeln; denn die Verkörperung von Prema kann nur durch Prema erkannt werden. Das ist die Botschaft, die das Ramayana all jenen gibt, die es mit dem ernsten

Wunsch zu lernen studieren. Das ist die Botschaft, die ich euch heute geben möchte.

Ramavami, Brindavan, 20. 4. 1975

Warum Ich die Dörfer besonders liebe

Die Sonne ist nicht das einzige Geschenk, das sich heute über diesem Dorf erhoben hat. Auch Ananda (Seligkeit) hat sich erhoben. Denn Ich bin hierhergekommen, um euch das Ananda bewußt zu machen, der ihr seid. Ananda ist das Heim, das ihr verlassen habt! Er ist euer Geburtsort. Ihr sucht eure Heimat woanders, und deshalb seid ihr voller Not und Enttäuschung. Wisset, daß Ananda eure eigene Natur ist, eure Nahrung und euer Ziel.

Die Dörfer sind der Ort, wo dieses Wissen den Menschen leichter erreicht und am tiefsten Wurzeln schlägt. Das ist der Grund, weshalb Ich die Dörfer besonders liebe. Denn die Tugenden der Loslösung, Aufrichtigkeit, Ehrlichkeit und Ernsthaftigkeit, die für das Erlangen dieser Bewußtheit wesentliche Vorbedingungen sind, überleben, in welch abgeschwächter Form es auch sein mag, heutzutage nur noch in den Dörfern. Seit langem sind sie aus den Städten verschwunden. Natürlich habt ihr heute Schwierigkeiten und Hindernisse; aber ihr müßt gewiß weniger Hindernisse überwinden, wenn ihr euch zu einem guten Leben entschließt und die Bewußtheit eurer Göttlichkeit erreicht.

Warum ist der Mensch heute so von Angst und Furcht betroffen? Sollen wir die Gründe dafür im Äußeren suchen oder liegen sie in uns? Der Grund liegt in dem großen Gewicht, das wir auf die Dinge der materiellen Welt fälschlicherweise gelegt haben, wobei wir die spirituellen Dinge vernachlässigten. Der Körper, den der Mensch trägt, ist vor allem das Gefäß Gottes. Er ist ein Tempel, in dem Gott wohnt und in dem Gott der Meister ist. Er verdient nicht all die Aufmerksamkeit, die ihr jetzt seinen Trieben, Bedürfnissen und Launen widmet. Er ist mit sehr wertvollen Instrumenten ausgestattet, die euch auf der Reise helfen können; aber ihr benutzt sie selten! Die Sinne bringen euch Eindrücke von der äußeren Welt, aber ihr bewertet diese Eindrücke nicht mit Hilfe des Prüfsteins eines klaren Verstandes oder eines ausgewogenen Geistes. Ihr geht bei dem Gang zur Beseitigung des Ego und zur Einswerdung mit dem Einen nicht schrittweise vor. Die Städter kämpfen gegen Stürme von Gefühl und Leidenschaft, und sie werden von trügerischen Wünschen und wilden Vorstellungen gejagt und verfolgt. Sie haben weder die Neigung noch die Einsicht, ihre Zeit, ihr Können und ihre Tätigkeiten göttlichen Zielen zu widmen.

Das Göttliche ist der Kern, die Essenz eures Seins. Gott ist überall; wenn Er erkannt und verehrt wird als derjenige, der in eurem Körper wohnt, so wird der Körper zu einem Tempel und ist nicht länger eine Last. Gott leuchtet und verkündet Sich Selbst durch euch; Er drückt Sich aus durch jeden Gedanken, jedes Wort und jede Tat, die von euch ausgehen.

In einem erbauten und zusammengefügten Tempel haben wir ein Idol, das vom Menschen gebildet und geformt wurde. Aber in diesem von Gott gegebenen Tempel erstrahlt Er in Seinem eigenen Licht und offenbart Sich in Seiner eigenen Herrlichkeit als Liebe, Macht und Weisheit. Er strahlt und manifestiert Sich also nicht nur in einem einzigen Körper, sondern in allen Körpern. Er wohnt im Inneren eines jeden; wenn ihr also jemand anders beschimpft, beleidigt oder verletzt, so denkt daran, daß ihr den Schmerz zu euch selbst einladet, denn der andere ist niemand anders als euer eigenes Selbst.

Sucht nach dem Edelstein göttlichen Wissens in euch, so wie kostbare Steine im Innern der Erde gesucht werden müssen. Was ihr jetzt sucht, ist wertloser Plunder. Geht tiefer, dorthin, wo der Schatz liegt. Ich weiß, daß ihr in diesem Dorf, wie in den meisten Dörfern, ein großes Wagenfest habt, bei dem eine Nachbildung des „feierlich errichteten Idols“ mit viel Aufwand und Drum und Dran im ganzen Dorf herumgefahren wird. Das Gefährt auf Rädern oder der Baldachin wird mit ehrerbietiger Aufmerksamkeit dekoriert; Musiker und Tänzer werden engagiert, um vor dem Wagen einherzugehen; viele kommen zum Fest, um die Dekoration des Wagens zu bewundern; noch mehr interessieren sich für die Gesänge und Tänze, für die Sänger und Tänzer; nur eine Handvoll werden vom Idol angezogen, das die Hauptfigur all des Frohsinns und der Verehrung ist.

Der menschliche Körper ist auch ein Tempelwagen; der Atma wohnt in seinem Innern; und er wird von Emotionen, Impulsen, Leidenschaften und Drang durch die Straßen des Verlangens gezogen. Erfolg und Fehlschlag, Freude und Leid, Gewinn und Verlust sind die Tänzer, die diese

Prozession des Lebens begleiten. Auch hier gibt es viele, die nur auf den Wagen achten, auf seine Größe, seine Dekoration und sein Vorwärtskommen. Andere wieder kümmern sich um den Tanz der Dualitäten, um das Freude-Leid-Duett, das Teil der Prozession ist. Nur wenige achten auf den Atma, die Krone und Vollendung des menschlichen Daseins.

Aber die Weisen und Heiligen wußten, daß der beachtenswerteste Erfolg der Sinne des Menschen die Verherrlichung des Gottes im Inneren ist. „Das sind keine Augen, es sind nur Glaskugeln, die die Schau Gottes nicht verdienen", sagt jemand. „Das sind keine Ohren, es sind nur Muskelauswüchse, die sich am Lob Gottes nicht erfreuen", sagt ein anderer. Surdas mißbilligt die Hand, die Gott nicht verehrt und nennt solche Hände Holzstücke. Die Welt und ihre Reize mögen eure Instinkte und Impulse ansprechen, aber Gott lockt die Liebe aus euch heraus wie kein weltliches Ding es vermag. Entwickelt die innere Schau, die Gewohnheit, auf die innere Stimme zu hören, und ihr sichert euch unerschütterlichen Frieden und unendliche Freude.

Im Dorf seid ihr ständig in Kontakt mit Gott, mit Seiner Gnade, Seiner Zartheit und Seiner Liebe. In den Städten ist das Leben oberflächlicher. Ihr mögt nicht den Vorteil des Radios oder des elektrischen Stroms haben, aber ihr könnt die Vögel bei Sonnenaufgang singen hören und unter reinem blauen Himmel in der strahlenden Sonne baden. Wenn ihr noch die beiden Gaben der ärztlichen Versorgung und Schuleinrichtungen bekommt, braucht ihr nichts mehr für euren Weg zu Frieden und Glück. Aber ich sehe, daß in manchen Dörfern das Verhalten einiger Personen und einiger Familien das Leben beeinträchtigt und Furcht, Zwistigkeit und Streit hervorruft. Dies kann nur durch die kraftvoll wirkende Medizin der Liebe geheilt werden. Die Kräfte von Brüderlichkeit, gegenseitiger Hilfe und freundlichem Verständnis müssen den finsteren Einfluß dieser Menschen überwältigen und Einheit und Stärke fördern.

Viele Führer dieses Landes versprechen, jeden mit einer gewissen Menge an Nahrung, mit Unterkunft und ein paar Metern Stoff zu versorgen, damit die Leute glücklich sein können. Sie versprechen auch jedem ausreichende Schulbildung, damit man schreiben und Briefe lesen kann, und Zeitungen, um die Nachrichten zu verstehen. Aber dies kann keinen Frieden sichern; denn der Mensch ist nicht nur ein Bündel aus Knochen und Muskeln. Er hat ein Herz und einen Geist, und auch sie müssen genährt und gepflegt werden.

Die Menschen mögen Nahrung, Kleidung und Häuser im Überfluß haben; aber ihre Herzen können leer und ihr Geist finster sein. Beherrschung der Sinne, Selbstverstrauen, Zufriedenheit, Abwesenheit von Haß und Gier – diese sind ein weit wertvollerer Besitz als Land, Geld oder Häuser. Das Seva Samithi, das in eurem Dorf begonnen hat, wird zusammen mit ihren Hilfseinheiten des Mahila Vibhag und des Bala Vikas den Samen dieser Disziplin säen und Frieden und Glück fördern.

Entwickelt vor allen Dingen Einheit und Brüderlichkeit. Eine einzelne Hanffaser kann noch nicht einmal eine Ameise fesseln; werden Tausende von Fasern zu einem Strick zusammengerollt, kann dieser selbst einen wilden Elefanten zu stillschweigender Unterwerfung zwingen. In der Einheit liegen Stärke und Wohlstand. Einmütigkeit in den Dörfern kann eine neue Ära der Freude und des Wohlstands für die gesamte Nation einleiten.

Macht den heute eingeweihten Vinayaka-Tempel zum Zentrum dieser neuen Bewegung. Für das Dorf ist der Tempel das, was für den Körper das Herz ist. Ihr habt euch alle zusammengetan, um ihn zu erbauen und zu erschaffen. Fahrt fort damit, gemeinsam daraus Nutzen zu ziehen und sein Licht miteinander zu teilen. Mit Gottes Gnade kann das, was unmöglich scheint, leicht erreicht werden. Alle sind Kinder Gottes; schädigt niemanden, denn der Schaden wird sehr bald auf euch zurückwirken. Ihr erntet das, was ihr gesät habt; ihr könnt keinen Obstbaum erwarten, wenn ihr Unkraut gesät habt.

Es gibt manche unwissenden Leute, die über die Bhajans und andere Handlungen der Verehrung lachen und sie als Verschwendung kostbarer Zeit bezeichnen! Diese Leute mögen über euch lachen, daß ihr Säcke mit Reissamen auf schlammige Felder ausstreut und diese Handlung auch als Verschwendung kostbarer Nahrungsmittel verurteilen! Aber ihr wißt, daß Mutter Erde euch für jeden Sack Samen in ein paar Wochen das zehn- oder zwanzigfache an Korn zurückgeben wird. Die Zeit, die mit Gedanken an Gott oder Verehrung des Göttlichen verbracht wird, ist in der Tat gut genutzt; denn sie belohnt euch mit einer reichen Ernte an geistigem Frieden und Mut.

Wenn Diebe den Nachbarn überfallen, seid ihr wachsam und auf der Hut. Ihr spürt, daß ihr als nächste an der Reihe sein könntet. So müßt ihr zusehen, daß keine Diebe ins Dorf kommen. Dann werden alle in Sicherheit und Geborgenheit sein. Der Schaden eures Nachbarn ist ebenfalls der eure. Geratet nicht in Wut und laßt sie nicht zu einem Brand anschwellen, der das ganze Dorf zerstören könnte. Bleibt kühl, beruhigt euch. Nehmt ein Glas kalten Wassers zu euch und legt euch für eine Weile hin, bis die Hitze des Zorns nachläßt. Steigert euch nicht in Wut hinein und werft dem Menschen, den ihr nicht mögt, keine gemeinen Beleidigungen an den Kopf. Und seid vorsichtig; erlaubt euch kein schlechtes Benehmen und ahmt es nicht nach. Ihr könnt dieses Verhalten nicht leicht in Gegenwart von Kindern korrigieren; so werden sie dieses Verhalten lernen und zu imitieren beginnen. Ihr könnt sie später nicht mehr leicht korrigieren.

Güte ist Göttlichkeit. Sprecht nie schlecht über andere; verbringt eure Zeit damit, Liebe und gegenseitige Hilfe zu verbreiten. Steht früh auf und besingt in Bhajangruppen die Herrlichkeit Gottes, indem ihr durch die Straßen zieht und so die von Ärger und Haß verunreinigte Atmosphäre reinigt. Achtet darauf, daß die Luft, die ihr atmet, frei von schlechten Schwingungen ist. Wenn ihr vom Himmel sprecht, zeigt ihr mit dem Finger nach oben, um zu zeigen, daß er dort ist. Aber der Himmel ist auch hier. Es ist eines der fünf Elemente, der Pancha-Bhuthas. Sein Zeichen und Symbol ist der Klang. Wo immer es Klang gibt, dort ist, so können wir schließen, der Himmel. Es gibt auch einen inneren Himmel, den Akasha (Raum) im Herzen. So wie Sonne und Mond des äußeren Himmels durch dicke Wolkenschichten verborgen werden, so werden die Sonne (Intellekt) und der Mond (Geist) des inneren Himmels ebenfalls durch die dicken Wolken von Laster und Übel verhüllt und unterdrückt. Macht deshalb alle Anstrengungen, um diese Wolken durch den frischen Wind der Hingabe an Gott wegzublasen.

Wenn ihr irgendetwas in einem Kupferkessel kocht, wird die darin gekochte Nahrung, ganz gleich, wie frisch und gut das Gemüse ist, wie sauber der Dhal (Linsengericht) und das Salz sein mögen, wie rein von Schmutz und Schrot die Tamarind-Früchte auch gewaschen sind, giftig sein, wenn der Kessel nicht mit Zinn beschichtet ist. Ihr kennt alle diese Wahrheit. Auch das Herz ist ein Kupferkessel, in dem ihr für euch und andere verschiedene Arten von Nahrung zubereitet. Achtet darauf, daß es eine gute Beschichtung aus Liebe hat; sonst wird es euch so wie den anderen Schaden und Schmerzen bereiten.

Liebe . . . Liebe . . . Als erstes Liebe . . . Liebe, solange wie das Leben dauert. Über Mich Selbst kann Ich sagen, daß Ich jene mehr mit Segen überschütte, die Mich beschimpfen oder schlecht über Mich reden als über die, die Mich verehren oder anbeten! Denn jene, die Falsches über Mich erzählen, freuen sich daran; Ich bin froh, daß Ich die Ursache für ihre Begeisterung und Freude bin. Auch ihr müßt diese Argumentationsweise akzeptieren und glücklich sein, wenn jemand daran Freude findet, schlecht über euch zu reden. Reagiert nicht, indem ihr schlecht über jene Person redet; sonst wird die Kette des Hasses beide fesseln und beide herabziehen. Das Leben wird zu einer Tragödie. Bezwingt den Zorn durch Stärke; bezwingt Haß durch Liebe. Nährt den Ärger nicht durch Vergeltung; nährt den Haß nicht durch Zorn.

Vergeßt und vergebt all das, was bis zu diesem Augenblick zwischen euch geschehen ist; fangt jetzt mit einem neuen Abschnitt der Liebe und Brüderlichkeit an. Die Professoren und Studenten des Sri Sathya Sai Colleges sind voller Eifer bereit, euch zu helfen, wann immer ihr sie benötigt. Einige junge Leute aus diesem Dorf sind Studenten des Colleges; immer wenn sie nach Hause kommen, müßt ihr sie an die Ideale des Dienens und der Verehrung erinnern, die wir ihnen beibringen. Dieses College versucht, nicht nur ihnen zu einem Universitätsabschluß zu verhelfen, sondern sie auch zu geschickten und begeisterten Dienern der Schwachen und Behinderten sowie zu nützlichen Bürgern der Nation zu machen. Sie sollten sich nicht wie die hochmütige halbgebildete Jugend benehmen, die mit einem Transistorradio auf den Schultern durch die Straßen gehen und den Eitelkeiten der Welt nachjagen und in Schulden und Ausschweifungen fallen. Sie sollten das ererbte Gut erhalten und vermehren (nicht nur Land und Reichtum, sondern auch das kulturelle Erbe); sie sollten nicht Unschuld und Unwissenheit der Eltern ausnutzen, die alles geopfert haben, um sie zum College zu schicken und ihre Unterkunft zu bezahlen. Schickt eure Söhne zum College. Sie können dort lernen, diesen Versuchungen zu entkommen und nützlich und einsatzbereit für die Aufgabe zu sein, die indische Kultur und Spiritualität zu erhalten. Ermutigt eure Söhne dazu, sich den Sinn Meiner Mission klarzumachen und durch das Beispiel ihres Lebens zu geeigneten Werkzeugen bei der Verbreitung der Botschaft zu werden, die der Menschheit zu geben Ich gekommen bin.

Panathur-Dorf, 28. 4. 1975

Der grundlegende Irrtum

Ihr mögt Kühe aus verschiedener Zucht und Rasse, Farbe und Herkunft haben, aber die Milch, die sie geben, ist ihrer Zusammensetzung nach überall die gleiche! Ihr mögt Gold aus verschiedenen Orten bekommen und verschiedene Goldschmiede die verschiedensten Ornamente machen lassen, aber die zugrundeliegende Substanz ist keiner Wertverringerung unterworfen. Sie bleibt die ganze Zeit Gold. Die Lebewesen gehören recht verschiedenen Arten an, aber der Lebensfunken in jedem, der Jiva, ist der gleiche. Gott ist das Ziel eines jeden Gebetes, in welcher Sprache oder welchem Dialekt es auch gesprochen wird. Ihr mögt die Leute knieen oder liegen sehen, mit gefalteten Händen oder ausgestreckten Armen, in Kirchen, Moscheen oder Tempeln, aber alle bitten um Hilfe, Beistand Stärke, Weisheit, Sicherheit oder Glück von dem unerschöpflichen Speicher des Glücks, der Weisheit und der Macht, von Gott. Aber die Leute erkennen in ihrer Beschränktheit diese grundlegende Wahrheit nicht, sie brüsten sich mit ihrer Heiligkeit und setzen die anderen als in die Irre Gegangene herab! Sie haben selbst keinen geistigen Frieden, noch erlauben sie anderen, in Frieden zu leben. So töricht sind die Fanatiker.

Da der Mensch das Einssein der Menschheit im Atma ignoriert, findet er Geschmack an Streit und Zwistigkeit. Er zählt einige seiner Zeitgenossen zu seinen Freunden und andere zu seinen Feinden. Er schafft eine Dualität, wo es im Grunde nur Einheit gibt. Seine eigenen Zu- und Abneigungen, Vorurteile und Leidenschaften, werden reflektiert und rufen diese Reaktionen von Liebe und Haß hervor, diesen Widerhall des Echos der Zwistigkeit und Gespaltenheit. Freundschaft und Feindschaft entstehen in eurem Herzen; sie sind von euch angebrachte Beschriftungen und nicht Zeichen, mit denen die anderen Menschen geboren werden. Die gleiche Person ist der beste Freund des einen und der tödliche Feind des anderen – beides aufgrund eines Wortes oder einer Tat von ihm!

Das Beste ist natürlich, nicht zuviel Anhänglichkeit an andere zu entwickeln und sich weder mit dem seidenen Band der Freundschaft noch mit der eisernen Kette des Hasses zu verwickeln. Aber wenn ihr mich fragt, ist es vorteilhafter, „Feindschaft zu pflegen“. Kabir hat häufig gesagt, daß er gut und hilfreich ist, einen Feind zu haben, der darauf aus ist, eure Fehler zu kritisieren, als einen Freund, der blind für sie ist. Der Feind freut sich, wenn er euch schmähen kann, und in den Puranen heißt es, daß er dadurch die Missetaten, die ihr in Elend auszuleben habt, verringert und von eurem Konto wegnimmt. Je schneller und schlimmer er euch schmäht, desto schneller und besser werden eure Zukunftsaussichten lichter werden. Der Feind übernimmt eure Sünden und ihre Auswirkungen.

Da ihr euch überdies immer des Feindes und seiner Schliche bewußt seid, paßt ihr auf, um ihm keine Gelegenheit zu geben, seinen Finger voll Spott auf euch zu richten. Er ist euer Zensor, euer Besserungsmittel und euer Gewissen. Seid dem, der schlecht über euch spricht, dankbar, denn er erweist euch gewiß einen sehr großen Dienst, indem er jede eurer Handlungen auf dem Prüfstein von Moral, Wahrheit und Richtigkeit untersucht.

Aber es ist der beste Pfad für einen Sadhaka (geistig Strebenden), alle Dualitäten zu transzendieren und die Einheit des Atma jenseits und hinter der Vielfalt der Natur zu sehen. Das Eine für das Viele zu halten ist der grundlegende Irrtum, der den Menschen in Leid und Elend geführt hat. Er sieht Vielfalt, er engagiert sich in mannigfaltigen Tätigkeiten, er wird in viele Richtungen gezogen, er wird abgelenkt und in Not gebracht. Er hat keine Zeit, um über die eine grundlegende Wahrheit zu meditieren. Er wird durch die kaleidoskopischen Verwandlungen verwirrt. Er wird zwischen Haß und Liebe, zwischen Bindung und Abstoßung herumgeworfen. Erst kürzlich, als ich in der Gegend von Delhi herumreiste, fragte ich ein paar Leute, die mit der Klage zu mir kamen, ihnen drohe, daß ihre Namen von der Mitgliederliste gestrichen würden, da sie nicht 60% der Bhajans, der Komiteetreffen usw. besucht hätten, ,,Weshalb konntet ihr nicht einmal diese Anzahl von Treffen besuchen?“ Ihr werdet über die Antwort, die sie mit gaben, überrascht sein. ,,Swamiji! Wir haben noch nicht einmal Zeit zum Sterben!“ In diese traurige Lage hat dieses schwerwiegende Nichtwissen um das *Eine,* das als Vieles erscheint, die Menschen getrieben.

Der Mensch dringt nicht tief in die Bedeutung all dessen ein, was um ihn herum geschieht. Siddhartha, der zum Buddha wurde, hatte diesen Drang zu wissen und zu untersuchen. Die meisten Leute leben ein oberflächliches Leben. Sie sind wie Holzklötze, die dumpf und leblos von den Wellen der See hin- und hergeschleudert werden. Hast führt sie zur Verschwendung, Verschwendung vermehrt die Sorgen. Sie haben keine Zeit, sich hinzusetzen und über die Realität ihrer eigenen Existenz, über ihr eigenes Wissen und ihre eigene Freude zu meditieren. Wenn sie dies tun, können sie mit der Quelle aller Existenz, allen Wisens und aller Seligkeit Kontakt bekommen. Sie unternehmen noch nicht einmal den ersten Schritt zu ihrer Selbsterforschung. Wie können sie dann Selbstzufriedenheit aus ihrer Unbegrenztheit, Unzerstörbarkeit, aus ihrer unendlichen Macht und Weisheit beziehen?

Es liegt in eurer Macht, eure Tage auf Erden zu einem blumigen Weg statt zu einem dornigen Weg zu machen. Erkennt den Sai, der in jedem Herzen wohnt, und alles wird glatt, sanft und lieblich für euch. Sai wird der Quell der Liebe in eurem Herzen und im Herzen all derer sein, mit denen ihr zusammenkommt. Wißt, daß Sai allgegenwärtig ist; und so ist Er in jedem Lebewesen und in euch. Verehrt jeden, so wie ihr Sai verehrt. Vergönnt dem anderen soviel Freiheit, wie ihr selbst genießt; behandelt ihn so, wie auch ihr gern behandelt werden möchtet. Fügt ihm nicht zu, was ihr nicht möchtet, daß es euch zugefügt werde. Das ist die Summe und Substanz des Sadhana (spirituelle Disziplin).

Ein Mensch geht die Straße entlang und schwenkt voller Freude seinen Wanderstab. Er ist mit sich und mit seiner Lage ganz zufrieden. Er hat das Recht, das zu sein. Aber er muß daran denken, daß auch andere mit vollem Recht die Straße entlanggehen. So sollte er seinen Stock so schwenken, daß für andere rechtmäßige Straßenbenutzer kein Schaden oder Leid entsteht. Eure Freiheit wird durch die Freiheit beschränkt, die ihr den anderen Mitgliedern der Gesellschaft, in der ihr lebt und strebt, zuzustehen habt. In der Tat, gäbe es keine ,,anderen", hättet ihr überhaupt keine Pflichten. Pflicht entsteht, wo ihr es mit einem anderen Menschen zu tun habt. Ihr habt eine Pflicht dem anderen gegenüber, und er hat die Verantwortung, zuzusehen, daß er die Pflicht verdient, die ihr ihm gegenüber zu tun verspürt. Die Pflicht muß vom anderen verdient werden; sie muß mit Geschick, Ernsthaftigkeit und Liebe erfüllt werden. Dies ist leicht, wenn ihr spürt, daß die Pflicht ein Teil der Verehrung ist, die ihr dem Sai in der anderen Person zuteil werden laßt. Die Pflicht habt ihr eurem eigenen Selbst gegenüber, dem Sai gegenüber, der euer eigentlicher Kern ist. Ihr werdet Sai gegenüber falsch sein, wenn ihr sie aufschiebt oder sie steif und halbherzig erfüllt. Euer Status, eure Bedeutung, eure Bekanntschaft mit anderen, euer Status als Vater oder Sohn, Ehemann oder Frau, Meister oder Diener, Lehrer oder Schüler, alles hat sein eigenes Swadharma (eigene Gesetzlichkeit) – sowohl an Pflichten wie auch an

Verantwortlichkeiten. Befolgt sie; seid euch ihrer immer bewußt. Die Bharathiya-Kultur hat dies in jeder Schrift und jedem Epos betont.

Beginnt euer Sadhana damit, daß ihr die Freude des Jiva (des Einzelnen) dem Deva (dem Göttlichen) darbringt. Natürlich braucht der Deva nicht die vom Jiva dargebrachte Freudengabe. Das Wasser des Sees braucht nicht die Fische, die in ihm schwimmen; seine Freude wird durch ihre Abwesenheit nicht verringert. Aber die Fische benötigen das Wasser. Laßt euch nicht dazu verführen, zu glauben, Gott würde ein Gefühl von Leere verspüren, wenn es keine Gottesverehrer und keine Betenden gäbe! Ein Mensch, der im Herzen Verehrung spürt, dessen Gehirn nach der Wahrheit dürstet, dessen Gemüt sich in vollkommener Hingabe verzehrt, würde sich verloren vorkommen, wenn es keinen Gott gäbe, dem er sich nähern und den er verehren könnte.

Vertrauen zu Gott muß in Handlung übertragen werden. Verehrung verlangt, daß man all seine Pflichten und Verantwortlichkeiten gewissenhaft erfüllt. Es ist gefährlich, wenn die richtige Arbeit von der richtigen Person nicht zur richtigen Zeit getan wird. Ihr müßt bestrebt sein, eure Pflicht so gut wie möglich zu erfüllen. Erhaltet euch durch diese Haltung und dieses Pflichtbewußtsein eure Selbstachtung. Ihr müßt auch auf die Ehre und den Ruf eurer Familie und eurer Vorväter bedacht sein.

Es gab einst einen Wäscher in einem Dorf, der zu einer Familie gehörte, die seit Generationen die Kleider der Bewohner wusch. Es war der von ihm ererbte Beruf. Ein jeder, ob hoch oder niedrig, reich oder arm, gab ihm seine Kleider zum Reinigen und Bügeln. Er hatte zwei Esel, um die schmutzige Wäsche vom Haus zum Fluß und die Last der gewaschenen Kleidung vom Fluß zu den Straßen und Häusern seiner Kunden zu tragen. Er hatte auch einen Hund, der über die an freien Plätzen entlang des Flusses zum Trocknen aufgehängte gewaschene Kleidung wachte. Eines Tages mußte der Wäscher einen großen Berg seidener Saris und Dhotis waschen, da im Hause des reichsten Mannes des Dorfes Hochzeit gefeiert wurde, und sie lagen in einem der Räume der Hütte fein gewaschen und gebügelt. Es war nachts. Der Hund und die Esel waren im Hof des Hauses eingedöst. In seiner Sorge, all die Kleidung gewaschen zu bekommen, hatte der Wäscher an jenem Abend vergessen, den Hund zu füttern, und das arme Tier war hungrig und verärgert. Als ein Dieb sich in der Dunkelheit an ihm vorbeischlich und sich anschickte, in die Hütte einzubrechen, um die seidenen Kleider zu stehlen, gab der Hund deshalb keinen Laut von sich. Die Esel bemerkten ihn und waren ganz aufgeregt, da ihr Herr direkt vor ihren Augen ausgeraubt wurde. Sie fingen an zu lärmen und zu schreien so laut sie konnten. Der Wäscher wachte durch den Lärm auf; er kam mit rotem Kopfe aus dem Haus, weil die Esel seinen Schlaf gestört hatten. Er nahm einen Stock und schlug unbarmherzig auf die Esel ein! Sie litten, weil sie eine Pflicht übernommen hatten, die ihnen nicht rechtmäßig zukam. Es war nicht ihr Swa-Dharma.

Bescheidenheit, Geduld, Aufrichtigkeit – dies sind die Haupttugenden eines echten Sohnes oder einer Tochter Bharaths. Es ist eure Pflicht, sie zu entwickeln und die Stadt Bombay, die der Magen von Bharath ist, gesund und rein zu machen. Nur dann kann Bharath glücklich sein. Deshalb sind Dharmakshetra und die Dharma-Stupa zuerst in eurer Stadt errichtet worden.

Dharmakshetra, 11. 5. 1975

Vier Marksteine auf dem Weg zum Ziel

Der Erziehungsprozeß muß den Einzelnen zu einem glücklicheren und nützlicheren Menschen machen; er muß ihn auch zu einem besseren Bürger machen, der willig und imstande ist, den Fortschritt der Nation, zu der er gehört, zu fördern. Die Erziehung muß ablassen von dem gegenwärtigen Bestreben, „Grade“ zu vergeben, die doch nur Bettelschalen sind, mit denen die Graduierten auf der Suche nach Posten im Land umherreisen.

Man redet heutzutage viel über ‚Pflicht‘ und die Verantwortung der einzelnen Gruppen bei der Erfüllung der Pflichten. Dies ist alles in Ordnung. Aber die Bedeutung der Worte wird nicht richtig verstanden. Die Studenten denken, es wäre nur ihre ‚Pflicht‘, in der Schule oder im College pünktlich und während der Vorlesungen und anderer akademischer Übungen aufmerksam zu sein. Auch die Lehrer betrachten ihre Pflicht als erfüllt, wenn sie die vorgeschriebenen Stunden abhalten und die ihnen übertragenen Aufgaben erfüllen.

Diese falsche Vorstellung muß aufgegeben werden. Die Erziehung muß als ein Sadhana begrüßt werden, um im Herzen des Einzelnen und der

Gesellschaft wie überhaupt des menschlichen Gemeinwesens Frieden zu errichten. Erziehung ist ein spirituelles Bestreben unter dem Vorsitz der Göttin Saraswathi. Saraswathi ist die Sakthi Brahmas (ausübende Kraft Brahmas), des Ersten der Trinität, der der Quell und Erhalter aller kreativen Aktivität ist. Das Gayathri – das wichtigste vedische Manthra, das den Quell des Lichtes bittet, den Intellekt des Aspiranten zu erleuchten – ist ebenfalls ein wichtiger Aspekt dieser Sakthi.

Das Gayathri-Manthra ist ein universaler, ewiger Ruf aus dem menschlichen Herzen an die Verkörperung der Liebe und des Lichtes. Es ist die eigentliche Grundlage aller Erziehungsbestrebungen aller Länder und aller Zeiten. Aber die Leute kennen heute weder Saraswathi noch Gayathri; sie haben Lakshmi, die Göttin des Reichtums, auf den Altar der Erziehung gestellt. Die Betonung liegt auf bequemen Sitzen, bequemen Lehrplänen, bequemen Tests und sanfter Behandlung für die Faulen und selbst für die Böswilligen. Das Ziel ist, soviel wie möglich vom Besitz der Allgemeinheit zu bekommen und nicht, selbst sein Bestes und Höchstes dazu beizutragen. Die Lehrer und Studenten versuchen, was das Lehren und Lernen angeht, nur eben das Minimum zu tun.

Dieses College wird von ganz anderen Prinzipien geleitet. Hier liegt die Betonung auf Geben und Vergeben, nicht auf Bekommen und Vergessen derjenigen, die euch das gaben, was ihr bekamt. Wir ermuntern auch zum Dienen, insbesondere den Ungebildeten und Bedürftigen der umgebenden Dörfer zu helfen. Wir versuchen, die Verantwortlichkeiten der Jugend mehr herauszustellen als ihre Rechte. Die Rechte verdient man nur durch die richtige Erfüllung der Pflicht. Wenn ihr euch vor den Pflichten drückt, habt ihr kein Recht, euer Recht zu fordern. Bedenkt, daß die Jahre, die ihr in diesem College verbringt, die wertvollsten eures Lebens sind; wenn ihr sie in Gleichgültigkeit oder ausgesprochener Faulheit vergeudet, werdet ihr es den Rest eures Lebens bereuen. Es ist ein besonders großes Glück, in diesem College sein zu dürfen, und wenn ihr wegen Nachlässigkeit oder Launenhaftigkeit nicht unsere Erwartungen erfüllt, ist der Verlust nicht wieder gutzumachen.

Ihr werdet hier wertvolle Lektionen üben in Unabhängigkeit, liebevollem Dienen, Brüderlichkeit, Bescheidenheit, Aufrichtigkeit, Tapferkeit und Furchtlosigkeit. Haltet sie wert, denn sie werden euch ein verläßlicher Besitz sein, wenn die tätige Welt euch umgibt.

Im College schreitet ihr von kleinen zu größeren Wahrheiten voran, bis euch das Wissen vermittelt wird, wie man die letzte Wahrheit erreicht. Es gibt da keine falschen Lehren. Was so genannt wird, ist nur ein Ergebnis von Unwissenheit. Es gibt keine vorsätzliche Falschheit. Es handelt sich nur um die von Unsicherheit oder Ungeschick umkleidete Wahrheit. Ihr streift die unklare Schau ab und erlangt eine klare Schau; und das läßt die Wahrheit offenbar werden. Ihr gebt das unsichere Wissen auf und erlangt ein freies, vollständiges und klares Verständnis. Das ist der Zweck dieses Lernens, dieses gesamten Lehrplans.

Ihr seid jetzt am Ausgangspunkt einer langen Reise. Ihr müßt euch dafür besser ausrüsten. Ihr müßt wissen, wohin sie führt. Hütet euch vor den Ablenkungen auf dem Weg, die euch veranlassen könnten, aus dem Zug auszusteigen, damit ihr das Ziel verliert. Seid fest im Glauben; das wird euch die Reise angenehm machen. Habt Vertrauen in die Lehrer, die euch führen, und in Gott, der euer Schicksal bestimmt, euch Kraft gibt und euch erhält.

Stört eure Reise nicht und verschiebt sie nicht dadurch, daß ihr euch in wildem, zornigen Aufruhr oder Unzufriedenheit ergeht. Euer Dharma als Studenten ist das Studium. Es ist das Dharma der Lehrer, zu lehren. In diesem Swadharma (eurer rechtmäßigen Pflicht) liegt Sicherheit, Fortschritt und Frieden. Jeder Augenblick, der mit leerem Zeitvertreib verbracht wird, ist vergeudete Zeit, die sogar Schaden verursachen kann.

Denkt daran, daß ihr das Indien von Morgen gestaltet, führt und leitet. Eure Schultern müssen stärker sein als die der gegenwärtigen Generation von Führern; denn im Laufe der Jahre wird die Bürde schwerer. Eure Herzen müssen weiter, eure Intelligenz schärfer und klarer werden, denn ihr müßt große Dinge für euch selbst und für die Menschheit tun.

Ihr müßt beweisen, daß ihr gute Beispiele für das Erziehungssystem seid, das Indien für seinen Fortschritt und für den Fortschritt der ganzen Menschheit übernehmen muß. Nehmt deshalb die Ideale von Pflicht, Hingabe und Disziplin während der Jahre, die ihr hier verbringt, in euch auf. Die Hingabe muß im Feuer der Disziplin geprüft werden. Die Pflicht muß ihre Richtschnur sein. Dharmaraja, der Älteste der Pandavas, war die Verkörperung der Hingabe an Lord Krishna. Aber zu seiner einen Seite stand die Pflicht in Gestalt von Arjuna und zur anderen die Disziplin in Gestalt von Bhima. So war er in der Lage, eine Feinde zu schlagen und sich selbst zum Herrscher zu krönen.

Stopft eure Köpfe nicht voll mit Banalitäten, die die Spalten der Illustrierten füllen, oder mit den absurden Details über das Leben der Stars irgendeines Bereiches. Regt euch nicht über äußerliche Ereignisse auf; laßt euch nicht von Ereignissen bedrücken, die wie Fehlschläge aussehen. Haltet euren Kopf hoch über die Fluten des Wassers; laßt euch nicht wie ein Bündel Stroh wegschwemmen.

Ich schätze den Studenten, der nicht nur akademischen Erfolg hat, sondern auch voller Bhakthi (Hingabe) und Prema (Liebe) für alle ist. Der Student, der bei den Examen der Universität den ersten Platz erlangte, heißt, ich freue mich, das sagen zu können, Premananda! Als die Ergebnisse verkündet wurden und bekannt wurde, daß er diese besondere Auszeichnung erlangt hatte, versammelten sich die Studenten und drängten ihn, ihnen Süßigkeiten zu geben. Ich bat ihn auch um Süßigkeiten. Wißt ihr, was er antwortete? Er hielt meine Hände und sagte mit einem Aufblitzen von Freude in den Augen: „Baba! Du bist die Süße selbst; wie könnte ich Dir Süßigkeiten geben?"

Ein solcher Glaube und eine derartige Hingabe muß jeder Student entwickeln. Seid voller Hingabe und seid diszipliniert wie Arjuna. Seid so intelligent und stark wie Bhima. Seid standhaft und aufrichtig wie Dharmaraja. Dann kann euch kein Schaden treffen; ihr werdet bei all euren Bemühungen Erfolg haben.

Es gibt vier Dinge, auf die ihr eure Aufmerksamkeit zu richten habt: 1. Folgt dem Meister; 2. schaut dem Teufel ins Auge; 3. kämpft bis zum Ende und 4. erreicht das Ziel. Folgt dem Meister bedeutet, befolgt das Dharma. Schaut dem Teufel ins Auge heißt, bezwingt die Versuchungen, die euch überfallen, wenn ihr versucht, Artha, Wohlstand oder die Mittel für ein angenehmes Leben zu verdienen. Kämpft bis zum Ende bedeutet, kämpft unaufhörlich; führt Krieg gegen die sechs Feinde, die von Kama oder Lust angeführt werden. Und schließlich, erreicht das Ziel heißt, hört nicht auf, bevor ihr das Ziel von Moksha oder Befreiung von Unwissenheit erreicht habt und die Täuschung endet. Diese vier Dinge sind wesentlich für das Erreichen der vier Purushartha (Lebensziele) – Dharma, Artha, Kama und Moksha.

Ich werde immer bei euch sein, wo immer ihr seid, euch beschützen und euch führen. Geht vorwärts, fürchtet euch nicht.

Sathya Sai College, Brindavan, 6. 7. 1975

In guter Gesellschaft

Kamal Sahani, von der 2. B. Com.-Klasse des Colleges redete gerade und benutzte schöne, einfache und passende Worte, um über den menschlichen Körper und den Zweck, zu dem er euch gegeben wurde, zu sprechen. Er sagte, daß die Welt eine Bühne ist und der Körper ein Kostüm, das man zu tragen hat, um in der Rolle zu spielen, die Gott euch in dem Spiel gegeben hat, das von Ihm gemacht und dirigiert wird.

Das ist eine richtige Interpretation. Aber wenn ihr eine Rolle zugewiesen bekommen habt, ist es eure Pflicht, sie gut zu erfüllen und das Lob des Leiters zu erlangen.

Die Bühne, auf der ihr eure Rolle spielt, ist ein unendlich kleiner Fleck, verglichen mit dem großen, unbegrenzten kosmischen Raum. Die Zeit, während der ihr in diesem oder einem anderen Kostüm über die Bühne stolziert, ist ebenfalls winzig. Dipak, aus diesem College, spielte in der Shanmukhananda-Halle in Bombay auf der Bühne den Sankaracharya. Aber dadurch verlor er nicht seine Dipakheit; selbst als er Sankaracharya war, war er Dipak. Seine Sankaracharyaschaft war nur eine vorübergehende Phase. So ist auch der Atma die ewige Wahrheit; der Körper, der sie ausdrückt, ist nur zeitlich, und die Rolle, die er spielt, ist auch kurz. Oder, um es auf eine andere Weise zu illustrieren – die mit Träumen verbrachte Zeit ist äußerst kurz im Vergleich zu der im Wachzustand verbrachten Zeit. Der ‚Wach'-Zustand stellt den Zustand der Weisheit und Erleuchtung, des Atma, dar; der Traumzustand stellt den verschwommenen Zustand zwischen Nicht-Wissen und Wissen im menschlichen Leben dar.

Man mag mit Recht fragen, warum oder wie dieses ewige, universale atmische Prinzip in diesen vergänglichen, besonderen Körperkasten eingezogen ist. Ihr bewahrt Diamanten nicht in einer diamantenen Schachtel auf, nicht wahr? Wenn ihr es tätet, hätten die Räuber doppelten Vorteil. Ihr verwahrt sie nur in einem eisernen Kasten. Natürlich wird der eiserne Behälter oder der Safe kunstvoll und schön sein; denn er sollte dem Wert oder Heiligkeit des Inhalts angemessen sein. Um Milch zu trinken, nehmt ihr einen schönen, sauberen Becher oder eine Tasse. Aber für einen Spucknapf reicht ein minderwertiges Metall oder Ton.

Der Körper ist ein Kelch, in dem ihr den Nektar der göttlichen Gnade ansammelt. Das ist der Hauptzweck, zu dem er euch gegeben wurde. Denn ohne einen Becher oder einen Kelch, ein Gefäß oder einen Krug könnte man den Nektar nicht empfangen. ‚Raso vai sah', sagen die Veden;" Er ist nektargleich, nichts minderes". Und wenn Seine Gnade ausfließt, dann erschauert der Körper. Der Körper muß immer sauber und rein gehalten werden, er darf nicht von Schmutz, Krankheit,Not oder Niedergeschlagenheit beeinträchtigt werden. Nara und Narayana, Mensch und Gott, sind wie Eisen und Magnet. Gott zieht durch die Ihm eigene Natur den Menschen zu Sich, denn im Menschen ist das Göttliche. Wenn der Magnet das Eisenstück nicht anziehen kann, denkt das Eisenstück dummerweise, daß der Magnet seine Kraft verloren hat! Der eigentliche Grund ist: das Eisenstück ist zu dick mit Rost und Staub bedeckt. Es erkennt seine eigenen Fehler nicht; es macht schnell Gott (dem Magneten) Vorwürfe oder leugnet Ihn gar!

Die leichteste und fruchtbarste Weise, um euch selbst frei von Staub und Rost zu halten, ist der Sathsang. Die Gemeinschaft mit guten und göttlichen Menschen wird langsam und sicher diejenigen reinigen und säubern, die die Neigung haben, vom geraden Pfad der Selbstverwirklichung abzuweichen. Ihr müßt darauf achten, daß ihr euch der rechten Gesellschaft anschließt und bei ihr bleibt. Eine Tasse Wasser hat keinen Barwert; aber wenn man sie mit zehn Tassen Milch vermischt, bekommt sie den Wert, den die Leute der Milch zumessen! Wenn man andererseits eine Tasse Milch mit zehn Tassen Wasser vermischt, verliert sie den Wert, den sie hatte, und wird für nutzlos gehalten. So muß der Sathsang, dem ihr euch anschließt, reiner, ehrwürdiger als ihr selbst sein und höheren Tugend- und Wahrheitsidealen folgen. Wenn ein Raucher zu einer Gruppe Nichtraucher kommt, ist es recht wahrscheinlich, daß er seine schlechte Gewohnheit aufgibt; aber wenn ein Nichtraucher in eine Rauchergruppe fällt, wird er sicherlich auch bald ihr Opfer sein. So verhält es sich mit dem subtilen Einfluß der Gesellschaft, in der man sich bewegt. Die Gesellschaft, der ihr euch anschließt, muß qualitativ und quantitativ größer und höher sein als jene, in der ihr euch jetzt befindet.

In eurem Herzen sind wertvolle Edelsteine der Weisheit, die ausgegraben werden müssen, damit ihr Nutzen von ihnen habt. Intelligenz ist das Werkzeug, das ihr benutzen müßt, um sie zu erlangen. Zunächst werdet ihr einen Felsblock finden, der euch den Weg versperrt – das ist das Körperbewußtsein, das Ego. Wünsche sind die losen Felsbrocken, die ausgegraben und beiseite gelegt werden müssen. Dann kommt ihr an ein

Sandbett – gute Gedanken, gute Worte, gute Taten. Wenn diese Schicht erreicht ist, nähert ihr euch dem Erfolg. Wenn ihr euch weiter jeden Tag an den Sathsang haltet, werden eure Herzen unvermindert ihre Reinheit behalten; aber wenn ihr nur ab und zu gute Gesellschaft aufsucht, wird es schwierig sein, Gnade zu erlangen oder an ihr teilzuhaben; denn das Gefäß wird verschmutzt und unrein. Ihr habt in eurem eigenen Haushalt bestimmt festgestellt, daß ein ständig gebrauchter Kessel sauber ist und glänzt; Kessel jedoch, die aufbewahrt und nur dann und wann benutzt werden, müssen recht kräftig gescheuert werden, damit sie zu glänzen beginnen.

Ihr müßt alle Mühen auf euch nehmen, um Sathsang aufzusuchen und darin zu verweilen. Denn es ist kein rühmliches Zeichen, als Mensch geboren zu werden; als Mensch zu leben, dies verleiht die Würde.

Brindavan, 7. 7. 1975

Fülle minus Fülle

Das ist Fülle. Dies ist Fülle. Wenn der Fülle Fülle entnommen wird, verbleibt Fülle – dies ist das upanischadische Axiom! Das Göttliche ist Fülle. Die Schöpfung ist Fülle. Selbst als die Schöpfung geschah und der Kosmos als vom Göttlichen hervorgebracht erschien, gab es keine Abnahme der Fülle des Vollkommenen. Fülle ist das Attribut, die Natur des Höchsten. Sie kann nicht durch den Vorgang der Schöpfung des Kosmos vermindert werden. Warum wird die Schöpfung ebenfalls Fülle genannt? Weil sie aus der Fülle kommt.

Ihr geht auf den Markt und kauft ein Kilo Jaggery. Der Ladenbesitzer bringt einen großen Klumpen aus seinem Lager und schneidet einen Teil ab, der ungefähr 1 Kilo wiegt. Dann wiegt er es und gibt uns als Gegenwert des festgesetzten Preises ein Kilo Jaggery. Wir probieren ein Stück vom großen Klumpen und erwarten, daß es so süß ist wie der Originalklumpen. Wir gehen nach Hause und nehmen ein wenig davon, um die süße Erfrischung, die Panaka genannt wird, zuzubereiten. Das Panaka ist süß; das Kilo Jaggery und der ursprüngliche Klumpen – alle sind gleich süß. Fülle ist die Eigenschaft des Göttlichen; man findet sie im Stück oder im

Teil, im Halben wie im Ganzen. Menge ist kein Kriterium, sondern Qualität. In der sichtbaren Welt, die der Substanz des Göttlichen entnommen wurde, bleibt diese Qualität in gleicher Fülle. Wir sollen die Welt nicht als etwas Geringeres als Gott ansehen.

Es gibt natürlich Gelehrte, die behaupten, die Welt sei eine leere Null, die keine verborgene oder zwingende Kraft hat, sondern nur ein Traum und eine Täuschung ist. Dies ist ein Zeichen der Blindheit der Unwissenheit. Gott ist sehr wohl in der Welt enthalten, in und durch jedes Ding in ihr, ohne Ausnahme. Der Herr erklärt in der Gita, ,,Unter den Lebewesen bin ich der Mensch, unter den Tieren die Kuh, unter den Raubtieren der Löwe, unter den Schlangen die Kobra, unter den Vögeln der Adler, unter den Rakshasas Prahlada usw.“ Kein Ding wird als Gottes nicht würdig angesehen. Es gibt keinen Körper, den Er nicht belebt, keine Form, in der Er nicht wohnt. Er ist Duft, Glanz, Süße und Geschmack, Intelligenz, Heldenmut, Enthaltsamkeit, Ruhm, Zufriedenheit – alle wünschenswerten und selbst nicht wünschenswerten Dinge und Qualitäten. Unvermischte Seligkeit kann man nur dadurch erlangen, daß man diese universale, allumfassende Herrlichkeit des Herrn erkennt.

Es gibt vier Stadien beim Erlangen der Gnade des Herrn. 1. Die Ausrichtung des Geistes auf Gott; 2. die Liebe zur Gestalt Gottes, auf die der Geist ausgerichtet worden ist; 3. die Errichtung dieser Form im Herzen; und 4. all das, was man hat und tut, dieser so errichteten Form zu weihen. Ihr habt im Mahabharatha das große Beispiel von einem, der all diese Stadien erfolgreich durchmachte und das Ziel des Lebens erreichte, nämlich Ekalavya. Obwohl Dronacharya ihn nicht als Schüler annahm, richtete Ekalavya sich geistig auf ihn als Guru aus; er setzte ihn in seinem Herzen ein und legte ihm schließlich all das Können und den Ruhm, den er durch Dronacharyas Gnade gewonnen hatte, zu Füßen.

Das Feiern des Guru-Purnima-Festes ist zu einer Routineangelegenheit geworden. An diesem Tag wird der Guru verehrt und die Götter durch Gesänge und Feiern geehrt, gelobt und günstig gestimmt. Aber ist dies genug, möchte ich fragen. Das Feiern kann nur Frucht bringen, wenn die tiefere Bedeutung des Tages begriffen wird und man darüber meditiert. Der Guru ist die Person, die die Dunkelheit der Unwissenheit durch seine eigene Erleuchtung zerstört. Die meisten Gurus haben nur ein schwaches, geborgtes Licht; die Dunkelheit muß vollständig beseitigt werden; nicht die Spur eines verborgenen Schattens darf zurückbleiben. Wie der

Vollmond, der jedes Jahr auf diesen Tag fällt, muß der Geist des Menschen angenehm klar, ruhig und voll sein. Diese Gabe des Lichtes kann nur von Gott kommen, denn Er ist aus Sich Selbst erleuchtet. Er ist die Quelle des Lichtes aller Planeten und Sterne wie auch aller Wesen.

Im vedischen Vokabular sind Chith und A-Chith zwei Begriffe, die einander entgegengesetzt sind und gemeinsam das geschaffene Universum enthalten. Chith bedeutet ‚intelligent' und ‚A-Chith' ‚unintelligent'. Zwei derartige Gegensätze gibt es nicht. Es gibt Grade, die langsam von einem zum anderen übergehen, vom weniger Intelligenten zum ganz Intelligenten. In der Tat gibt es drei Grade und nicht zwei!

Der erste ist Suddha Thathwa, der zweite Misra Thathwa und der dritte Vasana Thathwa. 1. Das Suddha Thathwa ist das, was Christus das Königreich Gottes nannte. Es ist weit jenseits des Bereiches des Geistes, es ist der Bereich reinen Gleichmutes. 2. Misra Thathwa ist dieses irdische Königreich, das zwischen Ruhe und Aktivität, zwischen Müßiggang und Abenteuer, zwischen Thamas und Rajas wechselt. Während das erste als Nithya Vibhuti (die ewige Herrlichkeit des Göttlichen) angesprochen wird, wird dies zweite als Lila Vibhuti, als die Bühne des ständig veränderlichen, immer neuen Spiels Gottes angesehen. 3. Dies ist der Bereich von Inaktivität, Unwissenheit und Trägheit, dem Thamoguna.

Das Universum ist der Bereich, in dem Gott spielt. Seid euch dieser Tatsache während jedes Momentes des Wachens bewußt, und ihr benötigt nichts weiter für ein glückliches Leben. Denn ihr seid dann durch jeden Gedanken, an jedem Ort und in jedem Moment mit Gott in jedem Ding verbunden. Seine Lila (Spiel) zeigt sich in der kleinsten Blume und im entferntesten Stern. Die Freude, die ihr aus der Betrachtung dieser Beweise der Vorsehung gewinnen könnt, ist unbeschreiblich. Krishna sagte in der Gita, Er ist immer an der Seite eines freudvollen Wesens. Seid voller Freude und laßt andere auch an dieser Freude teilhaben. Sich selbst zu begrenzen und ego-bezogen glücklich zu sein, ist schlecht.

Der dritte Grad wird Vasana Thathwa genannt. Dies ist der Fall, wenn euer enger, selbstsüchtiger Wille euch befehligt und versklavt. Vasana ist die seit Ewigkeiten in Fleisch und Blut übergegangene Kraft der Versklavung an die Sinne. Ihr müßt ihren geschickt gesteuerten Einfluß bezwingen und euren Willen aus ihren Fängen befreien.

Gewöhnt euch mit Hilfe des Gebetes und systematischer Übung ein unabhängiges Verhalten an, eine gewisse Sorglosigkeit, ein Umgehen des

Dranges. Dies wird euch zu Dharma (richtigem Verhalten) und Wahrheit führen; dann seid ihr rechtmäßig Dharmastambha oder Sathyastambha, Säulen der Rechtschaffenheit oder Wahrheit. Dies wird auch der vedantische Standpunkt genannt. Vedanta bedeutet nicht, daß man von zu Hause und aus der Gemeinschaft der Menschen wegläuft und in die Einsamkeit des Dschungels flieht. (Das Heim wird euch gewiß überall hin verfolgen, wo ihr auch Zuflucht suchen mögt.) Es bedeutet, all dies (idam) als göttliches Purnam (Fülle) zu erkennen und alle Gedanken, Worte und Taten dem Göttlichen zu weihen. Wenn ihr die vedantische Sehweise habt, dann wird der Ort, an dem ihr euch befindet, für euch Kailas sein.

Die Sonne kann Gott nicht erleuchten; Gott ist der Quell des Leuchtens der Sonne. Die Wellen können sagen, daß sie zur See gehören; aber sie können nicht behaupten, die See gehöre ihnen. Der Einzelne kann zu Gott sagen, ,,Ich bin Dein"; er kann aber nicht Gott sagen, ,,Du bis mein"; Gott ist die Stütze des Lilavibhuti, die See ist die Grundlage, auf der sich die Wellen erheben. Wenn die Lila Gott verlockt, so nimmt sie acht Formen an: Suddhabrahmamayi (die Leuchtende) Characharamayi (das Bewegende und das Bewegungslose), Jyothirmayi (das Lichte), Vangmayi (die Tönende), Nithyanandamayi (die ewige Glückselige), Parathparamayi (das Transzendieren dieser Welt), Mayamayi (die durch ihren Reiz Bezaubernde) und Srimayi (die im Wohlstand Strahlende). Der eigenschaftslose Gott wird zum Schein Geist, Intelligenz und Ego, und das großartige Spiel beginnt!

Die Erfahrungen des Wachzustandes hören auf, wenn die Träume beginnen; die Traumerlebnisse verschwinden, wenn Schlaf eintritt. Auch das Sein verliert sich im Werden. Christus sagte, ,,Das Leben verliert sich in Träume". Aber was auch immer in einem dieser drei Zustände erfahren wird, geschieht auf der allem zugrundeliegenden Wahrheit, die Gott ist . . . so wie all die Furcht und Besorgnis die ganze Geschäftigkeit, die Schlange zu schlagen und zu töten als Ausgangspunkt den Strick hat, der irrtümlicherweise für eine Schlange gehalten wurde.

Der Mensch muß danach streben, dieser Täuschung zu entgehen und den Zustand der voll erleuchteten Weisheit zu erlangen. Die beste spirituelle Disziplin dazu ist Liebe. Pflegt das winzige Samenkorn der Liebe, das sich an ‚mich' und ‚mein' klammert, laßt es zur Liebe für die Gruppe um euch herankeimen und zur Liebe für die ganze Menschheit wachsen und seine Zweige über Tiere, über alles, was da kreucht und fleucht, ausbreiten, und laßt die Liebe alle Dinge und Wesen aller Welten umfassen. Schreitet fort von ein wenig Liebe zu mehr Liebe, begrenzter Liebe zu sich weitender Liebe. Die Aussage, ,,Von der Unwahrheit zur Wahrheit“ ist nicht richtig. Der Fortschritt ist immer von geringerer Wahrheit zur Wahrheit, die Gott ist.

Es gibt da eine Geschichte über die Götter. Sie handelt von der Gier der Menschen. Es war ein schöner Tag im Himmel. Sriman Narayana und Seine Gemahlin Lakshmi unterhielten sich seit Stunden, als Narada, der wandernde Sänger, hereinkam und ihre Aufmerksamkeit auf sich zog. Narayana fragte Narada, ob die Bewohner der Erde glücklich wären. Narada antwortete, da sie Ihn verehrten und Seine Gnade erlangten, seien die Menschen überall recht glücklich und es ginge ihnen gut.

Da war Lakshmi (die die Göttin des Reichtums ist) neidisch und ärgerlich, denn ihr Anteil am Glück der Menschen wurde nicht hervorgehoben. Sie forderte Narada auf, zu beweisen, daß Narayana auf Erden mehr verehrt würde als Sie selbst.

Narayana nahm die Herausforderung an; Er legte ockerfarbene Kleidung an, verwandelte Sich in einen Mönch und ging hinab in die Dörfer und Städte, um den Weg zu lehren. Tausende kamen zu diesem Treffen zusammen und lauschten den bezaubernden Reden. Sie folgten Ihm von Ort zu Ort und verehrten Ihn mit überschwenglicher Begeisterung. Er wurde von einer großen Welle der Verehrung und Schmeichelei getragen.

Lakshmi sah dies und konnte sich nicht zurückhalten; Sie war überwältigt von Neid. So legte auch sie die Sannyasirobe an und kam in der gleichen Gegend herab, die Narayana für Sich Selbst erobert hatte. Die Leute wurden durch den Glanz ihrer Gegenwart angezogen, viele gingen von den von Narayana veranstalteten Treffen fort, um sich in ihrer Gegenwart zu sonnen.

Einige luden Sie zu sich nach Hause zum Essen ein. Sie willigte ein, aber erklärte, sie habe ein Gelübde getan, nur von Ihrem eigenen Teller zu essen. Sie sagte, Sie würde Ihr eigenes Geschirr, Teller, Tasse usw. mitbringen. Der Gastgeber war nur zu froh, Ihr diese Bitte zu erfüllen, denn das ersparte ihm doch eine der vielen Mühen!

Als Lakshmi zum Haus Ihres Gastgebers ging, nahm Sie einen Teller aus Gold, eine Tasse und ein Wassergefäß mit, und alle drei waren aus Gold! Der Gastgeber bewunderte und verehrte Sie wegen dieses Zurschaustellens von Reichtum und Pomp umso mehr. Aber er war fassungslos und erfreut, als Lakshmi nach dem Essen sagte, Sie würde den Teller usw. im Hause des Gastgebers lassen, da auch dies ein Teil Ihres Gelübdes sei.

Als die Neuigkeit sich verbreitete, daß es recht lohnend sei, Lakshmi zum Essen einzuladen und Sie zu verehren, verlangte man allenthalben nach Ihrer Gnade, und Millionen verließen Narayanas Vorträge und scharten sich um die Spenderin des Goldes. Die Leute baten Narayana, Er möge dahin zurückkehren, wo Er herkam; denn sie hätten keine Zeit, Ihn zu empfangen oder Ihm zuzuhören. Lakshmi beanspruchte ihre ganze Aufmerksamkeit!

Als Lakshmi in den Himmel zurückkam, traf sie Narayana, der schon da war. Sie fragte Narada, „Wer wird mehr verehrt, Narayana oder Lakshmi?"

Narada antwortete mit einer Gegenfrage: „Wen verehrst Du, bitte?" Lakshmi antwortete, „Warum? Ich verehre Narayana." Dann sagte Narada, „Wisse, daß es Narayanas Gnade ist, die Dir hilft, diese Gaben aus Gold zu vergeben, die die Menschen dazu bringen, dich zu verehren."

Lakshmis Stolz war gedemütigt; aber die menschliche Dummheit besteht weiterhin. Man verehrt Vasudeva, nicht Vaasudeva, Lakshmi und nicht Narayana!

Die Wahrheit inspiriert zu richtigem Handeln. Wahrheit ist die Grundlage aller Glaubensrichtungen; ebenfalls Sittlichkeit und Liebe. Ich bin gekommen, um diesen dreien Geltung zu verschaffen. Dieser Tag ist Guru Purnima. Heute morgen legte ich den Grundstein für die Säule der Wahrheit, die die Zwillingstugenden der Liebe und Sittlichkeit stützt und erhält. Beim vedischen Ritus zur Heiligung des Platzes, an dem die Säule errichtet wird, habt ihr gesehen, daß neun verschiedene Körner, die auf der Erde wachsen, und neun wertvolle Edelsteine, die es in der Erde gibt, benutzt wurden. Sie stellen die neun Formen der Bhakthi (Hingabe) dar, die neun Stadien der Reise des Menschen zu Gott, die Nava-vidha-Bhakthi. Von diesen ist die wichtigste Seva oder Dienst am Nächsten. Ich fordere euch auf, euch ganz dieser Aufgabe zu widmen und in der vollen Erkenntnis dieser Hauptpflicht von euch zu leben – dem Dienen.

Prasanthi Nilayam, 23. 7. 1975

Mein Wunsch, mein Gelübde

Dieser Tag ist ein Treffen von Vergangenheit und Gegenwart, wie alle Tage; denn wir, in diesem College, wünschen allen, die weggehen, alles gute, und heißen jene willkommen, die erst gerade mit den Klassen begonnen haben. Alle Augenblicke sind Augenblicke der Krise, in denen wichtige Entscheidungen dringend getroffen werden müssen. Das Leben ist ein Kampf zwischen den Kräften des Guten und des Bösen, zwischen Freude und Leid, zwischen Erfolg und Fehlschlag.

Es mag der Zweifel entstehen, ob der Mensch angesichts dieses ständigen Kampfes den Banden der Dualität je entkommen kann. Ist es letztlich nur eine vergebliche Hoffnung oder eine verlockende Aussicht, oder ist es Gottes Spiel? Es ist in der Tat die unentrinnbare Bestimmung des Menschen, und um euch auf diese Bestimmung vorzubereiten ist dieses College gegründet worden.

Der Student, der vor ein paar Minuten sprach, sagte, daß das Durchlesen einer Menge Bücher keine Erziehung sei. Ja, sie muß außer der Intelligenz den Körper, den Geist und die Seele pflegen. Sie kann nicht auf die vier Mauern eines Gebäudes beschränkt bleiben. Das Universum ist eine Universität für jene, die lernen und beobachten wollen. Bewußtheit ist Leben; deshalb müssen alle, Bauer, Schreiner, Schmied, Bildhauer, Kaufmann, sich ihrer Pflichten und Verantwortungen, ihrer Fertigkeiten und Regeln bewußt sein, die die Erziehung fördern und festigen muß.

Erziehung ist keine Angelegenheit für Bücherwürmer; der Vorgang muß das Studium und die Wertschätzung aller Erwerbszweige, Berufe und Zünfte umfassen. Sie muß dazu ermutigen, das Gute anzunehmen und das Schlechte zurückzuweisen. Spirituelle Erziehung ist keine fest umrissene und für sich bestehende Disziplin; sie ist ein wesentlicher Bestandteil aller Arten und Ebenen der Erziehung. Sie ist in der Tat die eigentliche Grundlage, auf der ein dauerhaftes Gebäude errichtet werden kann. Weltliche und spirituelle Erziehung sind wie die zwei Hälften des Samens einer Hülsenfrucht; der Keim, der sprießt, ist dazwischen; er wird von beiden genährt.

Das Weibliche ist die Grundlage, auf der eine friedvolle und glückliche Welt errichtet werden kann. Wenn die Frauen aufrichtig und tapfer, freundlich und mitfühlend, tugendhaft und fromm sind, dann kann es in der Welt eine Zeit des Friedens und der Freude geben. Die jungen Menschen haben die Fähigkeit, starke, aufrechte Sadhaks (geistig Strebende) zu werden, die die Höhen des spirituellen Abenteuers erreichen; sie haben jedoch nicht die richtige Führung. Auf der anderen Seite ist die Jugend schlechten Versuchungen ausgesetzt, schlechtes Beispiel und schlechte Ratschläge werden nach allen Seiten verbreitet und sind eine große Verlockung.

Es gibt zwei Sirenen, die sie zu Oberflächigkeit und Frivolität verleiten und sie dem Untergang entgegenführen. Eine von ihnen heißt Frau Kino und die andere wird Frau Roman genannt. Der Film vergiftet und verdirbt; er beschmutzt junge und unschuldige Seelen; er lehrt Verbrechen, Gewalt und Gier; er zerstört das eigentlich Menschliche und führt abwärts zur Bestialität. Selbst in ockerfarbene Gewänder gekleidete Mönche werden ständig durch ihren hinterlistigen Einfluß in die Sünde getrieben.

Frau Roman verdirbt ebenfalls mit geilen Darstellungen des Bestialischen. Beide führen die Jugend in die Wildnis des Lasters. Man weiß nicht, noch kümmert man sich darum, wie man die Jugend zu selbständigen Bürgern voller Selbstvertrauen und Selbstbewußsein macht. Man beachtet die wichtigsten Dinge nicht.

Es gab einmal einen Studenten, der seine Hand einem Handleser zum Lesen hinhielt. Er untersuchte aufmerksam die Linien und erklärte, seine Fortbildung würde recht gute Fortschritte machen. Der Junge war sehr froh. Er sagte voraus, daß er viel Geld ansammeln würde; die Freude des Studenten kannte keine Grenzen. Er erklärte, daß die Linien Glück und Ruhm verhießen. Dies füllte den Becher der Freude bis an den Rand; mehr konnte er nicht fassen. Dann verkündete der Handleser, daß die Lebenslinie sehr kurz sei und recht bald sehr plötzlich endete. Der Student fiel in Ohnmacht.

Auch die Bildung hat heutzutage keine lange Lebenslinie; sie sichert nicht die für ein friedfertiges und zufriedenes Leben notwendigen Fertigkeiten und die Zufriedenheit. Sie ist nicht vollständig noch wirkt sie so umfassend, daß sie alle Bedürfnisse und Ziele berücksichtigt. Sie begnügt sich damit, über Büchern zu büffeln, sie aus dem Gedächtnis wiederzugeben, Belanglosigkeiten zu erforschen und Grade zu verleihen, die nichts besonderes bedeuten. Und ihre Erzeugnisse stellen ihre Ziellosigkeit zur Schau, schreien, daß Gott tot ist und daß Tugend Aberglauben sei. Wie kann der Mensch ohne Gott oder Gott getrennt vom

Menschen existieren? Ohne die Schnur, die durch die Blumen geht, kann es keine Girlande geben; ohne die innere Verwandtschaft, die Gott jedem verleiht, gibt es keine Menschen. Gott ist das Brahmasutra – die unsichtbare, aber unersetzliche Brahmanschnur.

Millionen von Rupies sind für dieses College ausgegeben worden, nicht aus dem Wunsch, ein College mehr den Hunderten hinzuzufügen, die über das ganze Land verstreut sind, sondern um eine Generation von Frauen heranzubilden, die wissen, wie man die in der Bharathiya-Kultur enthaltenen Ideale lebt, und die die Würde und die Bestimmung des Frauseins aufrechterhalten werden.

Der Grund für die Errichtung dieses Colleges ist der Bedarf an Frauen, die als Mütter die Ausweitung der Liebe fördern, damit diese alle anderen Wesen überall umschließt. Der erste Schritt bei dieser Ausdehnung ist das Heim, in dem ihr die Eltern, die euch diese Gelegenheit zum Leben und Lernen gaben, verehren und erfreuen müßt. Wie könnt ihr, wenn ihr sie schlecht behandelt oder ihnen Kummer bereitet, je andere durch Dienst und Verstehen beglücken? Ausdehnung ist das Schlüsselwort der Erziehung. Ihr wißt, wenn ein Ballon aufgeblasen wird, platzt er, und die Luft im Inneren vermischt sich mit der grenzenlosen Weite draußen. Auch eure Liebe muß euer Heim und eure Gesellschaft erfüllen und schließlich selbst diese Bande sprengen und weltweit werden. Ein Tropfen Wasser, der in der Hand gehalten wird, verdunstet bald; er ist zu sehr allein. Aber laßt ihn ins Meer fallen; dort überlebt er als Teil des Meeres. Er nimmt Name und Geschmack, Majestät und Macht des Meeres an!

Entfaltet Liebe; sät den Samen der Liebe in alle Herzen. Gießt Liebe in den Sand der Wüste aus, laßt die grünen Schößlinge, die lieblichen Blumen, die köstlichen Früchte, die reiche Ernte des Nektars der Menschheit zugute kommen. Das ist Mein Wunsch, Meine Mission, Mein Gelübde. Wenn ihr einen Grad erlangt und dieses College verlaßt, dann fragt nicht, „Was gibt das Land mir?“, fragt vielmehr, „Was kann ich jetzt meinem Land geben?“

Die Studenten, die irgendwo Not oder Verzweiflung vorfinden, machen sich nicht daran, sie zu verhindern. Sie gießen Öl auf die Flammen und freuen sich am Schaden, den sie verursachen. Mein Ziel beim Begründen und Führen dieses Colleges ist, hier wirklich die ideale Mutter, die ideale Schwester und die ideale Ehefrau, die ideale Frau überhaupt auszubilden. Der Lehrplan, dem ihr folgt, um euch auf die Universitätsprüfungen vorzubereiten, ist nur ein Köder, um euch zu diesem höheren Lehrplan heranzuziehen. Ein bißchen Information ohne die notwendige Transformation ist für euch nur eine Sache des Stolzes, für den es nur sehr wenig Anlaß gibt.

Die Erde ist nur ein kleiner Fleck im ungeheuren Kosmos; Indien ist ein winziger Teil dieses Flecks. Anantapur ist ein mikroskopisches Teilchen darinnen, und ihr seid einer der vielen Hunderttausende von Menschen, die hier leben. Aus welchem Grund seid ihr stolz über die Beachtung durch die anderen und fühlt euch überlegen?

Weibliche Studenten und Lehrer müssen immer darauf achten, daß sie nicht durch ihre Kleidung, Bewegung, Lachen oder Verhalten die Augen und Zungen junger Männer anziehen. Seid ein wenig hinter der Zeit zurück; das macht nichts; es ist besser, als die Moden mitzumachen, die die Traditionen und Gewohnheiten dieses Landes und seiner Kultur verletzen.

Bereitet euren Eltern keine Unehre und enttäuscht sie nicht, indem ihr ihren liebsten Plänen entgegenhandelt. Ich möchte euch versichern, daß die Verehrung, die ihr euren Eltern erweist, die Verehrung ist, die Mich erreicht. Es gibt einige besondere Lektionen und Dinge, die in diesem College festgelegt sind, um euch Glauben und spirituelle Disziplin zu vermitteln. Die Lehrer und Studenten müssen an ihnen besonderes Interesse zeigen; denn sie sind einzigartige Eigenschaften dieses Colleges, das zu eurem Guten und zum Guten des gesamten Landes entworfen wurden. Auch die Lehrer müssen Beispiele an Aufrichtigkeit, Einfachheit und gegenseitiger Kooperation und Liebe sein; auch sie müssen Interesse an Gebet und anderen Dingen von spiritueller Bedeutung zeigen.

Anantapur, Sathya Sai College für Frauen, 25. 7. 1975

WÖRTERVERZEICHNIS

Abhisheka	rituelle Waschung
Abhyasa	systematische oder stetige Praxis
Ahamkara	„Ich", Ich-Bewußtsein
Aishvarya	Glanz
Amrtha Putra	Kind, Sohn der Unsterblichkeit
Ananda	Seligkeit, Freude
Artha	Wohlstand, Reichtum
Ashrama	Lebensstadien
Asurisch	dämonisch
Atma	Selbst, Seele, innerer göttlicher Kern
Atma vicharana	Untersuchung der Natur des Selbst
Avatar	Inkarnation des formlosen göttlichen Prinzips in menschlicher Gestalt
Bala Vikas	Erziehungsorganisation
Bhagavad Gita	der Gesang des Herrn, episches indisches Gedicht
Bhagavatam	indisches Epos aus den Puranen, erzählt das Leben Lord Krishnas
Bhajans	spirituelle Gesänge zu Ehren Gottes
Bhajan Mandalis	Bhajan-Singegruppe
Bhakthi	Hingabe, Liebe zu Gott
Bharath	Indien, das Land, das Bindung (rathi) an Gott (Bhagavan) hat
Bharathiya	Kind Bharaths, Indiens
Bhoga	Sinnesreize, Sinnesfreuden
Brahma	der Schöpfer, einer der göttlichen Dreieinigkeit
Brahmacharya	der Weg, der zur Erkenntnis Brahmans führt, Enthaltsamkeit
Chith, Chitta	reines Bewußtsein
Chittasuddhi	Reinigung des Bewußtseins
Darshan	einen großen Menschen sehen; die Form des Herrn sehen und ihren Segen zu bekommen
Deva	Gott, der Herr
Dharma	Rechtschaffenheit, göttliches Gesetz
Dhyana	Meditation, Kontemplation
Ghi	gereinigte Butter

Gita	Bhagavad Gita
Guna	Element, Qualität; die Natur (Prakrithi) besteht aus drei Gunas, Sathwa (das Reine), Rajas (Aktivität) und Thamas (Dumpfheit)
Guru	spiritueller Lehrer
Iswara	Gott, der Herr
Jagath	Universum, Schöpfung, Welt, gegenständlich und veränderlich
Japa	ständige Wiederholung des Namen des Herrn
Jiva, Jivi	die individuelle Seele, Person, das Ich-Bewußtsein
Jivatman	Seele, Mensch, Selbst
Jnana	Weisheit
Jnani	Weiser
Kama	Gier, Lust, Begierde
Karma	Handlung, Konsequenz des Handelns
Karmayogi	einer, der durch Geschick im Handeln Befreiung erlangt
Krishna	Name eines Avatars, dessen Leben im Mahabharata und im Bhagavatham beschrieben wird
Kshetra	Körper, das Feld der Sinne
Kshetrajna	der im Körper Wohnende, Gott, der ‚Kenner' des Feldes
Lila	göttliches Spiel, das die Schöpfung hervorbringt, Gottes Wille
Lingam	Eiförmiges Symbol für die formlose Gestalt Gottes
Mahabharata	indisches Epos, das die Schlacht zwischen den Pandavas und Kauravas beschreibt
Mahila Vibhag	soziale Hilfsorganisation von Frauen
Moksha	Befreiung
Nara	der Mensch
Narayana	die Urperson, Gott
Pada	Wort, Fuß
Paisa	kleine indische Münze
Pandit	vedischer Gelehrter
Paramatma	das höchste Selbst
Prakrithi	die Natur

Prema	göttliche Liebe
Puja	rituelle Opferhandlung
Puranas	indische Heiligenerzählungen
Purusha	der Höchste, der Herr, Gott, die ‚Erste Person', von der die gesamte Vielfalt ausging
Purusharthas	die Ziele des menschlichen Lebens
Rajas	das Aktive, Leidenschaftliche, eines der drei Gunas
Rama	ein Avatar, dessen Leben im Ramayana beschrieben wird
Ramayana	indisches Epos, das das Leben Ramas beschreibt
Rishi	Weiser, Seher
Rithwiks	Opferpriester
Sadhak(a)	einer, der Sadhana ausführt
Sadhana	spirituelle Disziplin, geistige Übung
Samachitta	innerer Gleichmut
Samsara	Kreislauf von Geburt und Tod
Samskar	Reinigung, Ritual der Reinigung
Sanskrit	alte indische Sprache der Gelehrten, in der die heiligen Schriften abgefaßt sind
Sakthi	die große universale Kraft oder Macht, die große Mutter, Gemahlin Shivas
Sastras	heilige Schriften, die Verhaltensweisen umfassen
Sath	Wirklichkeit, Sein, Existenz
Sathchithananda	Sein, Bewußtsein, Seligkeit, höchstes Bewußtsein
Sathsang	Gemeinschaft, Zusammensein zu Gebet und spirituellen Tätigkeiten
Sathwa	das Reine, eines der drei Gunas
Seva	Dienst am Nächsten
Seva Dal, Seva Samithi	Dienstorganisationen
Shiva	der Gütige, einer der drei Aspekte Gottes, der für Auflösung verantwortlich ist
Sila	Tugend
Smarana	Erinnerung, Vorstellung der göttlichen Gnade
Smrithi	indische Schriften
Sruthi	göttliche Klänge der Veden
Stotra	Geschichten aus den heiligen Schriften

Subramanya	zweiter Sohn Shivas, der die höchstmögliche Entwicklung der Evolution repräsentiert
Thamas	das Dumpfe, Träge, eines der drei Gunas
Thapovan	Einsiedelei
Upanishad	indische Schriften, Weisheitslehre
Vaak	Stimme, Sprache, Klang
Vairagyam	Loslösung
Vedanta	das Ziel der Veden, Befreiung, philos. Syst.
Veden	heilige Schriften
Vibhuti	heilige Asche
Vishnu	der Beschützer, einer der göttlichen Dreifaltigkeit
Yaga	Opfer
Yajna	spirituelle Übung, Opfer
Yoga	geistige Disziplin, Selbstkontrolle zur Beherrschung des Geistes
Yogi	einer, der Yoga praktiziert